——— IP 知识产权专题研究书系 ———

SHANGBIAOBAOHU YU SHANGYEBIAODA ZIYOU

商标保护与商业表达自由

孙敏洁 著

知识产权出版社
全国百佳图书出版单位

责任编辑：刘　睿　刘　江　　　责任校对：韩秀天
文字编辑：刘　江　　　　　　　　责任出版：卢运霞

图书在版编目（CIP）数据

商标保护与商业表达自由／孙敏洁著 .—北京：知识产权出版社，2013.5
ISBN 978-7-5130-2041-1
Ⅰ.①商… Ⅱ.①孙… Ⅲ.①商标法-研究 Ⅳ.①D913.04
中国版本图书馆 CIP 数据核字（2013）第 090228 号

商标保护与商业表达自由
Shangbiao Baohu yu Shangye Biaoda Ziyou
孙敏洁　著

出版发行：知识产权出版社	
社　　址：北京市海淀区马甸南村1号	邮　编：100088
网　　址：http://www.ipph.cn	邮　箱：bjb@cnipr.com
发行电话：010-82000860 转 8101/8102	传　真：010-82005070/82000893
责编电话：010-82000860 转 8113	责编邮箱：liurui@cnipr.com
印　　刷：知识产权出版社电子制印中心	经　销：新华书店及相关销售网点
开　　本：720mm×960mm　1/16	印　张：19
版　　次：2013年5月第一版	印　次：2013年5月第一次印刷
字　　数：272 千字	定　价：45.00 元
ISBN 978-7-5130-2041-1	

出版权专有　侵权必究
如有印装质量问题，本社负责调换。

摘　要

与物权相比，知识产权更容易受到侵害。于是，知识产权的脆弱性造成一个反弹现象：在法律制度上，包括商标在内的知识产权保护被空前强化。[1] 但是，法律对商标进行保护的目的从来都不是消灭竞争，商标法也从来不意味着仅仅授予商标权人以财产权，消费者和商标所有人的竞争者们在市场中同样享有合法的利益。法律要求平衡这些相互竞争的权利，商标保护因此需要在商标所有者的利益、竞争者的利益与公众利益之间实现精妙的平衡，从商业表达自由的角度探讨商标法律保护中商标权利与竞争者利益的平衡，正是这样一种尝试。

商标是商标法上最基本的概念。各国有关商标的法律界定无不着眼于商标的构成要素以及商标的功能，但立法对标志可注册性标准的降低，彰显了商标权利的扩张及其对自由竞争的抑制。商标天生是符号，但商标法所保护的并非单纯的符号，而是作为区分商品或服务的符号的商标。这种指代符号源自公共领域，被固定使用在商品和服务上，建立起其自身与商品及服务提供者的联系，同时也承载了不同于符号自身内容的有关商品和服务的信息。商标所具有的表彰商品来源和区分的功能、品质保障的功能、承载商誉和广告宣传的功能，构成商标保护制度的基础。而商标所具有的交流和传达信息的功能，则是竞争者在一定条件下享有正当、合理使用他人商标之自由的前提。

现有的用于证明商标权利正当性的理论主要有两类，其中，经济理论

---

[1] 李琛：《论知识产权法的体系化》，北京大学出版社2005年版，第148页。

可以为保护商标的前三项功能和反对混淆提供一定的正当性，却不足以支持商标法对商标承载商誉和广告宣传功能进行保护的正当性。此外，法律通常采用禁止不当利用和反对淡化的方式，通过保护商标的显著性和商标声誉，实现对商标承载商誉和广告宣传功能的保护，但经济原理无法充分证明这种权利赋予的正当性。从道德和公平层面看，诚信原则由于与商标权的结构不符，不能为商标权提供正当性；不当得利原则又缺乏财产权正当性所需要的规范标准，并且该原则的运用并不意味着任何以他人成果为基础的得利都当然是不正当的，因此，商标权的法律保护只能获得有限的正当性。洛克的劳动理论经延伸，可用于证明法律对商誉和商标广告功能提供保护的正当性，却依旧不够充分。简言之，经济原理、道德原理或者公平原理都不能为商标权利提供全部的正当性依据。商标权利及其相关理论也没有就商标权会对竞争者的商业表达自由构成限制这一事实给予足够的关注，因此需要转而求助表达自由这一理论基础。

商标的作用与使用方式随着经济和贸易的发展而发生了改变，当代的商标不仅是一个标识产品或服务来源的符号，更具备区分产品、保障品质、承载商誉和广告宣传等多项功能。此外，商标还是一种交流工具；在商业领域，竞争者在一定情况下需要借助他人商标传递相关信息，否则就无法与消费者进行交流。随着商标功能的演变，商标法不仅给予商标所有人以商标专用权，更赋予商标所有人以商标禁止权，通过反对混淆、反对搭便车、反对模糊和玷污，通过保护商标的显著性和商标的声誉来保护商标的功能。然而，这种保护可能与竞争者想要告知消费者相关信息的商业表达自由相冲突。这种类型的冲突具有纯粹的商业特征，即全部内容不过是提供信息和开通接近消息者的通道。商业表达自由的正当性，建立在商业表达对当代社会公民所具有的积极效用的基础上，它源自消费者获取有关商品或服务的不同信息的利益，而这种利益反射为经营者向消费者信息的权利，具体体现为竞争者对他人商标的描述性使用、指示性使用及比较广告中的合理与正当使用。当然，鉴于商业表达具有的负面效应，该正当性的可拓展范围要比非商业表达自由的范围小得多。目前，商业表达自由对商标权利所具有的限制作用，已经得到欧洲国家及美国立法与司法机关的支持，主要问题已经不再拘泥于是否保护，而在于如何保护、如何减少商标法律保护对第三人的负面效应以及实现商标所有人与竞争者利益的平衡。

  商标法对商标权利与竞争者权益的平衡始于商标权的取得。就商标权的取得而言，各国通常采用注册主义。注册制度有助于实现法律的确定性，具有明显的经济效益。但注册不以商标标志的实际使用为条件，因此可能带来标志或符号被锁定而导致其他经营者无权使用的情况，并影响竞争者的商业表达自由。为避免该不良效应，商标法规定了有关拒绝注册的理由。与商业表达自由相关的、可拒绝注册的标志主要包括：缺乏显著性的标志、描述性标志和通用名称。这三类标志在有关商品和服务的属性、特征的信息交流中具有重要的作用，但它们同时也缺乏作为商标所需要的区分和识别功能，如果就此类标志赋予某一经营者具有垄断性质的商标权，势必对公平竞争造成恶劣影响。为了保护建立在商业表达基础之上的竞争者与消费者的共同利益，立法需要拒绝这三类标志的注册诉求，将此类标志留下供所有的市场参与者免费使用。这些拒绝理由对商标注册申请构成限制，并为压缩商标权排斥第三人的成本提供了实质性帮助。但如果上述标志通过使用获得了显著性，可以注册为商标。因此需要考虑获得显著性的评估、获得显著性的证据、获得显著性的部分排除等问题。获得显著性构成上述商标注册拒绝理由的限制条件，有助于制止搭便车等商标侵权行为。

  为了保护商标所有人的利益，商标法授予权利人使用其商标的排他性权利，商标权人有权禁止他人在相同的商品或服务上使用相同的标识，有权禁止他人在相似或不相似的商品或服务上使用其商标以避免混淆，有权禁止他人利用其商标的声誉及显著性进行不公平竞争。但法律对商标权利的行使亦实施了限制，在不会引起混淆和淡化的前提下，商标法允许其他竞争者对商标的正常合理及必要的使用。与商业表达自由有关的使用行为主要有：描述性使用、指示性使用及比较广告中的合理使用。从商业表达自由的角度看，商标法之所以保护这些使用行为，是因为缺乏足够信息会导致消费者"自由选择"在实质上落空，为此，商标法需要赋予其他经营者在其商业交流中使用他人商标向消费者提供信息或进行交流的权利和自由。这类使用行为构成商标侵权的免责事由，使用他人商标的竞争者也往往以此进行抗辩。通常情况下，司法机关根据混淆理论判断有关使用行为是否构成商标侵权；但如果竞争者不正当地利用或者攀附、损害他人商标的显著性和声誉，即使不存在混淆，也应禁止。然而，对商标的显著性和声誉的保护很容易使责任范围过分扩张，因此在判断商标侵权责任是否成立时，应当权衡消费者的利益和公平的竞争秩序，避免增加其他交易者和消费者的成本支出。

　　我国目前的商标法律制度仍有不足，这种不足不仅存在于立法上，也存在于商标注册审查及商标侵权的司法救济中。对商标法律保护与商业表达自由之间冲突与平衡的研究，为我国相关制度建设提供了一个新视角。商标法律制度的完善应当是全方位的，商标法当然要保护商标权，但也需要限定商标权利的范围，在商标法律保护与商业表达自由之间取得平衡。因此，我国不仅要完善商标合理使用制度，对比较广告作出详细具体的规定，更需要在商标注册的审核及司法审判的实务中权衡各方利益，在保障商标权利的同时保证市场竞争的公平，在促进经济发展的同时维护消费者的权益，平衡私益与公益的冲突。

Abstract

Comparing to right in rem, intellectual property is more likely suffering infringement. Therefore, the fragility of intellectual property right results in a rebounce situation: the protection on intellectual property including trademark is enforced unprecedentedly in legal system. However, the purpose of trademark legal protection does not eradicate competition at all times. Trademark Law has never meant granting only trademark owner with property, while consumers and the competitors against trademark owner enjoy the same degree legal protection in market. The aim of law is to balance various competing rights; therefore, trademark protection requires an intrinsic balance among the interests of trademark owner, competitors' interests and public interests. Here is the attempt to study the balance between commercial rights and competitors' interests from the aspects of commercial expression freedom.

Trademark is a basic concept of trademark law. No definition of trademark all over the world does not focus on its constituent and functions of trademark. However, legislation lowering down the standard on registration mark shows the right expansion of trademark and the restraint against free competition. Trademark is inborn a symbol. While the marks protected by trademark law are not merely trademark, but the mark as a symbol which can distinguish goods and services from others' firms. The referring symbol from public domain, is used on goods or services, and creates a connection between the symbol and goods or services, at the same time, carry goods or services related information which is different from the symbol itself. The functions owned by trademark such as goods source demonstration and differentiation, quality guarantee function, goodwill undertaking function and advertizing function, constitutes the basis of trademark protection. While the communication and information convey functions owned by trademark, under certain competition circumstances, the competitors is entitled to use them reasonably.

There are two kinds of main existing theories which can be used to support the rationale of trademark rights. Among which, economic rationale can provide certain protection for the first three functions of trademark and against confusion, however it cannot provide sufficient rationale for trademark goodwill and advertising functions granted by trademark law. The laws protect trademark repute and advertising functions by protection of trademark distinctiveness and trademark reputation and by prohibition of taking unfair advantage and anti-dilution, while this kind rights and its rationale cannot be supported sufficiently by economic theory. From the aspects of ethic and fairness, principles of truth cannot provide rationale for trademark rights due to its different right structure. Unjust enrichment principle lacks the criteria and norm required by property rationale, and the application of this principle does not mean that any achievement based on others property is unfair. Therefore, the legal protection of trademark can just acquired limited rationale. The extension of Lockie's labor theory can be used to support the legal rationale of goodwill and advertising functions granted by law, however it is still not sufficient. In short, economic theory, ethical theory and fairness theory do not provide full rationale to trademark rights. Trademark right and its related theories do not provide sufficient attention to the limitation to competitor's commercial expression freedom by trademark right. In the end, it is necessary to turn to expression freedom theory.

With the development of economy and trade, the functions and usage of

Abstract

trademarks are changing. Modern trademark is not only a symbol to demonstrate certain goods or service source, but with various functions such as product distinguish, quality guarantee, goodwill carrier and advertising functions. Furthermore, trademark is a kind of communication tool. In commercial and trade field, competitors are in virtue of under circumstances others' trademark to send related information; otherwise they cannot communicate with consumers. With the change of trademark functions, trademark law grant trademark owner not only the exclusive right, but also trademark blocking right by the way of anti-confusion, anti-free riding, anti-blurring or tarnishment to protect trademark's functions by protection of its distinctiveness and repute. However, this protection may conflict with commercial expression freedom which can be used to send information to consumer by competitors. This kind of conflict is of pure commercial character which means only sending information or providing access to consumers. The rationale of commercial expression freedom is based on the positive effect to publics. It comes from the interests gained by consumers from related goods or services. The interest reflects the right of traders sending information to consumers. Specifically speaking, it is reasonable and fair to use others' trademark in a descriptive way or indicative way or to use in comparative advertisement. Whereas the negative effect of commercial expression, its extendable rationales scope is much less than non-commercial expression. The limiting function to trademarks of commercial expression freedom has already been supported by European countries and American legislation and judicial authority. The main concerns are not to protect it or not, but how to protect, how to reduce the negative effect from trademark law protection to third party, and how to balance the interest between trademark owners and competitors.

Trademark law balance trademark rights and competitors' rights and interests at the acquisition time of trademark rights. As to the acquisition of trademark right, registration standard is adopted for most of the world. The registration regime is helpful to reach the certainty of law, with clear economic efficiency. However the registration is not based on actual use of a mark. As a result, it may bring about the situation that the mark or symbol is confined and others have no right to use it, which may give impact on the commercial expression freedom. In order to avoid the negative effects, trademark law has regulations to deny the registration application when the mark is related to commercial expression freedom such as marks lack of distinctiveness, or descriptive mark, or common name. The above mentioned three kinds of marks have important roles when it is used to show the characters of related goods or services or used as communication tools. But they are lack of distinction role or identification role for a trademark. If these kinds of mark are owned as trademarks exclusively, that may lead to very bad effect to fair play competition. In order to protect the common interests shared by competitors and consumers which are based on commercial expression freedom, legislation denies the registration application of these three kinds of marks, and leave these mark free use for all market participations. These denials constitute a kind of limit to trademark registration application and provide material support to reduce the exclusion cost of trademarks. However, if the above-mentioned marks acquire distinctiveness by use, they can be trademark by registration. Therefore, it is necessary to consider the assessment of the acquired distinctiveness, and the proof of distinctiveness, and partial exclusion issues. Acquired distinctiveness constitutes a limit item to trademark application and it is to restrain free-riding trademark.

In order to protect the interests of trademark owner, Trademark law grants its owner exclusive right to use the mark. That means, the right owner has a right to block others using the same mark on same goods or services, or on similar or non-similar goods or services in order to avoid confusion, and has a right to prohibit others using the repute and or distinctiveness of the mark to compete in an unfair way. However, the law applies restriction to the usage of trademark rights. Under

Abstract

the condition that there is no confusion and or dilution, trademark law allows other competitors use the trademark within the limit of normal or necessary way. The reasonable usages of trademark by others related to commercial expression freedom are descriptive use, referring use and comparative use in advertising. From the aspect of commercial expression freedom, trademark law protect these reasonable usages is the reason that information insufficient may result in "substantial falling" of "free choice" for consumers. Therefore, it is necessary for trademark law to grant the rights and freedom for other traders to use others' trademark and to provide information or communication to consumers. These kinds of usage constitute exemption of trademark infringement, and competitors who use others' trademark often use this reason to plea. Usually, judicial services judge the trademark infringement according to confusion theory. It should be prohibited even if there is no confusion when competitors take unfair advantages, or free-riding, or damage the repute or goodwill of others' trademarks. However, it is likely to expand the obligation scope of others at the time of protecting trademarks' distinctiveness and repute. Therefore, at the time of assessing infringement, it is necessary to balance the consumers' interests and fair competition ordinance to avoid extra cost expenditure of other traders and consumers.

Chinese trademark law system has achieved significantly, however, there are still shortages in not only legislation but trademark registration censoring and trademark infringement judicial relief. The study on the conflict and balance between trademark law protection and commercial expression freedom provide a new perspective for related system development. Trademark law system improvement exists in all-around perspectives. Trademark law of course is to protect trademark rights, also limit the right scope to achieve a balance between legal protection and commercial expression freedom. Therefore, it is necessary not only to improve trademark reasonable usage system, to regulate specifically the comparative advertising, but also to balance the interests of various parties at the time of trademark registration verification and judicial judgment, to achieve the trademark right protection and to achieve market fair competition, to achieve economical development and to protect the consumers' rights, to balance the private and public interests.

目 录

导言 ……………………………………………………………… (1)
  第一节　选题的由来与意义 ………………………………… (2)
  第二节　研究状况与文献综述 ……………………………… (4)
  第三节　总体框架与主要内容 ……………………………… (7)
  第四节　创新之处与学术贡献 ……………………………… (10)

第一章　商标概述 …………………………………………… (12)
  第一节　商标的法律界定 …………………………………… (12)
  第二节　商标结构的符号学分析 …………………………… (23)
  第三节　商标的功能 ………………………………………… (30)
  本章小结 ……………………………………………………… (40)

第二章　商标权保护的理论基础 …………………………… (42)
  第一节　商标权的内容 ……………………………………… (43)
  第二节　禁止混淆的经济分析 ……………………………… (50)
  第三节　反对淡化的经济分析 ……………………………… (57)
  第四节　商标权保护的道德与公平原理 …………………… (67)
  本章小结 ……………………………………………………… (80)

第三章　商业表达自由与商标使用的冲突 ………………… (83)
  第一节　商业表达自由的正当性 …………………………… (84)
  第二节　商业表达自由与商标使用冲突的形成与发展 …… (97)
  第三节　商业表达自由的法律保护 ………………………… (109)
  本章小结 ……………………………………………………… (123)

第四章　商标权的取得与商业表达自由 (126)

 第一节　商标权的取得模式 (127)
 第二节　商标注册与商业表达自由 (134)
 第三节　描述性标志与商标权的取得 (143)
 第四节　通用化、缺乏显著性与拒绝注册 (158)
 第五节　获得显著性与商业表达自由的保护 (177)
 本章小结 (186)

第五章　商标权的效力范围与商业表达自由 (189)

 第一节　合理使用与商业表达自由 (190)
 第二节　禁止混淆与识别保护 (201)
 第三节　反淡化与商标声誉的保护 (216)
 本章小结 (227)

第六章　我国商标权保护与商业表达自由的平衡 (230)

 第一节　我国现行立法的不足 (231)
 第二节　商标与商业表达自由保护的实践 (237)
 第三节　商标权利保护与商业表达自由的协调 (246)
 本章小结 (260)

结论 (263)

参考文献 (269)

后记 (280)

导　言

商标权被惯常定义为商标所有人对其商标进行支配的权利，一经授予，便依法受到保护。较之其他知识产权，商标权的法律保护有一大特征，即法律为商标权提供的保护可以通过续展得以无限延续，这意味着商标权可以不像专利权、版权那样最终进入"公共领域"。如果可能，商标的权利人希望得到绝对并且永久的保护，然而，竞争对手则希望对方得到更少的保护，从而使自己能够得到更多传递信息和表达自己产品或服务特征的机会。

法律明确承认一种权利——它保护任何超出最低付出的劳动、技术、精力、对时间和金钱投资的成果，因此，商标法赋予商标所有人对商标使用的独占权和垄断权；但是，法律对权利的保护并不是漫无边际的。在商业领域，商标一直是提供产品来源和产品质量等重要和主要信息的标志符号，当其他经营者为了向消费者传递有关产品或服务的信息以帮助消费者理性决策，从而需要使用他人商标时，商标权保护与商业表达自由的冲突由此产生。

正如非商业表达自由对于民主政治所具有的意义与作用，商业表达自由构成市场经济和公平竞争不可或缺的必要内容。商标法作为规制市场经济秩序的重要法律机制，需要在至少三个利益不同的团体要求中取得平衡：(1) 商标所有人的利益；(2) 竞争者的利益；(3) 商品或服务的消费者或使用者的利益。事实上，大部分（如果不是全部）知识产权纠纷是由竞争者提出的，消费者的利益也存在，但与竞争者的利益属于不同类别。❶ 商业表达自由对当代社会公民具有积极的效用，其正当性源自消费者获取有关商品或服务的不同信息的利益，法律因此必须将这种自由和权利授予经营者，以便他们为消费者提供相关信息。

然而，长期以来，商标法律制度过于关注对商标权利的保护，太少关注与这种权利保护尾随而来的负面效应，因而带来了其他市场竞争者和消费者的利益面临着被忽视的危险。对商标权利的限制，如同对商标权利的保护一样，是知识产权制度中不可或缺的部分。对商标权利保护与商业表达自由之间冲突与平衡的研究，能够为限制商标权利的过度扩张、维持和促进公平竞争提供一个新视角。

第一节 选题的由来与意义

商标是生产者、经营者用以表彰其生产、销售的商品或所提供服务的标识，目的是与他人生产的商品或提供的服务相区别，以便在市场上发挥公平竞争的效用。作为经营者联结消费者的最重要、最直接的纽带，商标成为这个时代极为复杂的生产机制和商品分配的不可替代的服务工具。❷

美国学者兰德斯和波斯纳在《商标法：经济分析的视角》一文中指出，对商标法的最好解释建立在法律总是试图促进效率这一基本假设之上。❸ 具体来说，商标对效率的促进主要表现在两个方面，即降低消费者搜寻成本和激励企业提高产品质量。在市场经济条件下，商品或服务的生产者和经营者必然需要借助商标在生产和流通领域展开竞争，商标法通过

---

❶ Pendleton, Excising Consumer Protection—The Key To Reforming Trade Mark Law, *Intellecutal Property Journal* 110.3 (1992).

❷ [荷] 维尔克曼著，许振中译：《商标——创造、心理、理解》，北京经济学院出版社1992年版，第7页。

❸ William M. Landes & Richard A. Posner, Trademark Law: An Economic Perspctive, *Journal of Law and Economics*, Vol. 30, No. 2. 265–309 (1987).

赋予商标所有人禁止混淆、禁止损害其声誉的权利，阻止其他竞争者对其商标的不正当使用，指引消费者认牌购物、保护消费者免于混淆或受骗。

然而，随着经济的发展，商标的商业作用已经有了重大演变，更在区分、识别和品质保障的功能之外衍生出交流、宣传和承载商誉的功能。当商标所有人的权利扩张至禁止混淆范围以外的领域时，当其他竞争者为描述、指示等目的必须使用他人商标向消费者传递有关自己商品或服务的信息时，商标权利与商业表达自由之间的矛盾便产生了。竞争者的这种使用行为发生在商业领域，商标在此种情况下被当做交流工具加以使用，竞争者得以向消费者传达信息，这些信息通常与商标所覆盖的产品或服务无关，却与商标权利相互抵触。尽管授予商标权利人就商标符号的某些含义享有独占的权利在法律上具有正当的理由，对第三人而言，这种排斥却不应当给商标符号其他含义的使用者带来过分沉重的负担，因为他们也需要使用商标符号的这些意义，或者说，他们对商标符号的这种使用具有建立在商业表达自由基础上的正当性。商业表达主要涉及对商标的指示性使用、描述性使用及比较广告中的使用。这类使用行为构成对商标权利的限制。保护商业表达自由的目的不在于获得经济上的最佳结果，而在于帮助改善消费者的信息状况，其正面效应超过负面效应。此外，如果商业表达有害于商标所有人的权益，法律也为其提供了相应的权利和救济。

数百年来，立法者尤其是法院一直在持续关注对商标权的保护，就商标法律制度的现状来看，无论欧美商标法制发达国家还是我国，对商标权的保护力度都远远高于对商标权的限制程度，以至形成了重商标权保护、轻商标权限制的局面，商标法对商标权所有人的利益、其他市场竞争者利益、消费者的利益的保护处于失衡状态。在这一领域，自由竞争受到不正当的限制或者使消费者利益受到了损害。商标权所有人的利益并不构成商标法律保护的全部内容，正如美国联邦最高法院2004年在KP permanent Make-Up, Inc. v. Lasting Impression, Inc. 商标侵害诉讼中所指出的："商标法的目的之一在于避免消费者对产品或服务的来源产生混淆，但这并不是唯一目的。除此之外，商标法还肩负着维护消费者低成本地获取信息、保护社会公共利益、促进公平竞争之重任。在法定合理使用之抗辩上，国会尤其强调社会公众有权在非商标意义上、善意地、合理地使用描述性词语，以维护社会公众利益。"❶

中国法院网的《商标案件中正当使用问题的调研报告》指出，在司法实践中，随着社会商标意识的增强，以及商标本身作用的扩展，法院受理的商标纠纷近年来数量逐渐增加。与之相应，在商标案件中需要涉及和处理的法律问题也越来越多。就商业表达自由的保护而言，商标案件中的正当使用问题一直是较为复杂的问题，多起案件的处理引起了较大争议和讨论，更不乏引发整个行业震动的纠纷。这固然存在立法不完善的问题，但也与相关理论研究的滞后有关。目前，我国有关知识产权限制方面的研究多集中于专利权和著作权，有关商标权利限制的成果不多，更缺乏从商业表达自由的角度研究商标权利限制问题者。在这种背景下，笔者选择《商标保护与商业表达自由》作为博士论文研究方向，主要有两点考虑：(1) 扩展和深化对商标权利保护的认识；(2) 提升商标权利限制方面的理论研究。

第二节 研究状况与文献综述

在商标法律问题研究方面，美国和欧盟不仅理论研究相当突出，其制度建设亦较其他国家和地区更为完备。从总体上看，外国学者们讨论专利权、版权的著作不少，但有关商标的研究则通常被纳入知识产权的制度研究中，与专利权、版权一并进行。例如，威廉·科尼西（William Cornish）

---

❶ KP公司和Lasting公司均为从事永久彩绘美容行业的经营者。Lasting公司从1992年开始把"micro color"作为商标使用在自己的商品上，并于1993年成功申请为注册商标。1999年，该商标取得了毋庸置疑的资格。KP公司于1990年开始在传单上使用"micro color"，从1991年开始在自己生产的色素颜料商品上使用该标志，并于1999年在其产品目录中使用"micro color"。2000年1月，Lasting公司通知KP公司，其使用系未获授权的使用，构成商标侵权，并要求停止使用。KP公司向加州法院提起诉讼，主张"micro color"为通用名称，Lasting公司不能获得商标保护。Lasting公司则提起反诉，主张KP公司侵权。

和戴维德·卢埃林（David Llewelyn）合著的《知识产权：专利、版权、商标及相关权利》（*Intellectual Property：Patent，Copyright，Trade Marks and Allied Right*）。在商标法律保护问题上，对商标权利限制的研究及商标与表达自由的研究多见诸期刊，新近的相关专著包括：J. 奥尔德（J. Aldred）所著《商标的经济合理性——一个经济学家的批判》（*The economic rationale of trademarks：an economist's critique*）；L. 阿特曼（L. Altman）和 M. 波拉克（M. Pollack）合著的《考尔曼：不公平竞争、商标与垄断》（*Callmann on Unfair Competition，Trademarks and Monopolies*）；G. B. 丁伍迪（G. B. Dinwoodie）所著《商标法的合理限制》（*The Rational Limits of Trademark Law*，2000）（plus 2005 Postscript）；R. C. 德赖弗斯（R. C. Dreyfuss）所著《商标权利与表达价值的调和：如何少点担忧，多点含糊》（*Reconciling trademark rights and expressive values：how to stop worrying and learn to love ambiguity*）；J. F. 麦卡锡（J. T. McCarthy）所著《麦卡锡论商标法与不公平竞争》（*McCarthy on Trademarks and Unfair Competition*）；杰瑞米·菲利普斯（Jeremy Phillips）和纳内·西蒙（Ilanah Simon）合著的《商标的使用》（*Trade Mark Use*）；杰瑞·飞利浦（Jeremy Phillips）所著《商标的限制》（*Trade Mark at the Limit*）等。这些著作有的涉及商标的使用，有的涉及商标的经济分析，有的涉及商标与不正当竞争，有的涉及商标权利的限制。欧美学者的研究通常以本国商标法律制度为重心，其比较研究也多集中于欧洲与美国之间，商标权利的限制是其研究的一个方向，但从表达自由角度进行的研究则以2010年欧洲学者沃尔夫冈·萨库林（Wolfgang Sakulin）所著《商标保护与表达自由》（*Trademark Protection and Freedom of Expression*）为代表。该专著主要针对欧洲商标立法及司法实践，结合大量案例就包括商业与非商业在内的表达自由开展讨论，其重点是非商业表达自由。概言之，美国及欧洲学者的相关研究多集中于商标法律保护与非商业表达自由的冲突，专门针对商标权利限制与商业表达自由之间关系进行的研究虽有，但并不多，且通常是在讨论政治文化言论自由对商标权限制的同时，或者在整体谈论商标权限制时提及，当然，也有不少学者单独就商标的合理使用或比较广告撰写专文加以讨论的。

表达自由包括商业表达自由与非商业表达自由。沃尔夫冈·萨库林在《商标保护与表达自由》中指出："近年来，表达自由已经扩展至包括商业领域，用于拓展商业信息的自由。在实际情形下，商业表达自由与非商业表达自由均包括了第三人使用商标的权利，特别是在艺术政治表达中，当然，也包括商业表达，例如，比较广告、指示性使用、描述性使用……"❶ 在商标权利的限制这个问题上，表达自由一直得到美国及欧盟各国立法机关与司法机关的支持。美国宪法对表达自由的保护，依据的是宪法第一修正案，该条涵盖了言论自由的主要内容，并因美国宪法修订案第 14 条的通过得以适用于美国各州。1975 年，美国联邦最高法院于 Bigelow v. Virginia 一案中就指出，言论并不因其以商业广告的形式表达而被排除在宪法修正案的保护范围之外。1976 年，在 Virginia State Board of Pharmacy v. Virginia Citizens Consumer Council 一案中，美国联邦最高法院表示，即使是纯粹的商业性言论，也受宪法第一修正案的保护。欧洲人权公约（European Convention on Human Rights，ECHR）第 10 条授予所有个人表达自由的权利。该项基本权利被认为不仅是个人自我发展所必备的，也是社会政治、经济持续发展所必需的。美国和欧盟虽属不同的法系，但在商标与商业表达自由问题上，二者有互相影响和融合的地方。如今，二者均承认对商业表达自由的保护，其有关指示性使用、描述性使用及比较广告的立法与司法实践也相当丰富，更不乏典型的案例和精彩的判决，其中，欧洲法院 2009 年对 L'Oreal v. Bellure 比较广告商标侵权案的裁定更是影响重大。

在我国，较之专利权及著作权，学界对商标权限制的研究相对较少，在有关商标权限制的学术研究中，涉及商业表达自由的更少。目前，关于商标权利限制以及与商业表达自由有关联的著作及文章主要有：冯晓青的《知识产权利益平衡理论》主要从利益平衡的角度阐明知识产权制度的原

---

❶ Wolfgang Sakulin, *Trademark Protection and Freedom of Expression*, the Netherlands: Boxpress BV, Oisterwijk, 41（2010）.

理与宗旨；曾陈明汝的《商标法原理》对商标法律制度进行较为全面的阐述，其中涉及商标的合理使用；王先林的《知识产权滥用及其法律规制》从司法实践以及理论分析的角度，在第五章"商标权滥用及其法律规制"中总结商标滥用的行为类型，并对滥用商标权的新趋势进行剖析；黄晖的《商标权利范围的比较研究》采用比较研究的方法较为深入地探讨商标的保护问题；彭学龙的《商标的符号学分析》运用符号学原理研究商标法律问题，对本书所涉及的商标权保护与商业表达自由有较大启发；崔立红与潘晓宁的博士论文《商标权私益扩张之研究》（2002年）、《商标权限制制度比较》（2010年）分别从商标权利的扩张与限制展开探讨；邓宏光的《商标法的理论基础》以商标的显著性为中心，对商标法的基础理论进行探讨；文学的《商标使用与商标保护研究》从商标使用的角度探讨了商标的功能和商标权的保护；孔祥俊的《商业标志权利冲突司法处理的逻辑标准与政策标准》一文对商业标志之间以及商业标志与其他知识产权之间冲突的司法处理进行了实务上的归纳和总结。邱进前的《从 KP Permanent Make-up Inc. V. Lasting Impression Inc. 一案看美国商标法定合理使用原则》通过美国最高法院对该案的判决，阐述美国法定合理使用原则及抗辩的构成要件，对于澄清法定合理使用之抗辩与混淆可能的关系具有重要意义。

与欧美有关商标权利限制的立法、司法及理论研究相比，我国相关立法仍有待完善，司法实践积累了较为丰富的经验但仍存不足，理论研究则依旧薄弱。目前，国内尚无学者专门从商业表达自由的角度讨论商标权利的限制问题，本书尝试在国内外现有研究成果尤其是欧洲立法与司法实践的基础上，以商业表达自由为切入点，就商标权利的授予、商标权利的保护范围、商标的合理使用以及我国商标法律制度的完善等问题一表管见。

第三节 总体框架与主要内容

本书试图就商标的法律保护与商业表达自由之间的冲突与平衡进行分析，研究涵盖商标权利法律保护的正当性、商业表达自由与商标使用的冲突、商标权利的取得与商业表达自由、商标的权利范围与商业表达自由、我国相关商标法律制度的完善等问题。本书共6章,前为导言,后有结语。

总体构架与主要内容如下:

第一章概述,为后续章节作铺垫。第一节通过研究商标的法律界定,说明商标受法律保护的立论基础与商标的特性及功能息息相关,而商标法律界定的扩张,在一定程度上说明自由竞争的空间因此受到相应的限制。第二节对商标的结构进行符号学分析,意在探讨作为符号的商标对商业信息的表达和交流所具有的作用。第三节探讨商标的基本功能及其发展,为下文对商标权利的保护及竞争者对他人商标的合理使用的研究奠定基础。

第二章讨论商标权利保护的理论基础。第一节概述商标权的内容,主要讨论商标专用权及商标禁止权。第二节对商标所有人禁止混淆权利的正当性进行分析。第三节对商标所有人反对淡化权利的正当性进行分析,这一分析意在追踪法律保护商标广告宣传功能和承载商誉功能的理由。第四节研究商标权利的道德基础与公平原理,从"应有权利"的角度出发,分析商标权利授予的正当性。法律通过对商标所有人赋予权利的方式实现对商标的保护,但商标权利所具有的限制模仿和竞争的效用,阻碍了竞争者利用商标符号提供信息和交流信息的自由。出于平衡商标权利保护及表达自由背后的正当利益的需要,有必要对赋予商标权利的正当性基础展开深入探讨。本章通过展示法理和学说所采用的"功能路径"的不足,论证该路径没有对需要保护的第三人的权益及其比例给予足够的关注,因此需要转而求助表达自由的理论基础。

第三章的主题是商业表达自由与商标使用的冲突。本章从商标的使用与商业表达冲突的原因及其演变入手,涉及商标的商业作用与功能的发展变化,而后论证商业表达自由的正当性。有关商业表达自由正当性的分析,构成商标法中的商标合理使用等制度的理论基础。虽然存在针对商业表达的批判,但商业表达自由的积极效应大于并且可以抵消其消极效应。最后,在介绍欧洲及美国对商业表达自由法律保护的基础上,对二者进行比较和总结。欧美国家有关表达自由法律保护在商业领域的扩张及其对商业言论保护所呈现出的增长态势，值得关注，其相关论争也可为我国的商标理论研究提供借鉴。

第四章关注"商标权利的取得与商业表达自由"的关系。商业表达自由与商标使用的冲突始于商标权利的取得。商标权利取得模式主要有注册与使用取得，驰名是商标权利取得的特殊途径。文章主要针对目前商标权利取得的主导模式，即注册取得中的商业表达自由进行研究。商标注册的基本要求是具备最低显著性，为了实现商标权利取得与商业表达自由保护的平衡，商标法规定了得拒绝注册的标志，具体包括描述性标志、通用标志和缺乏显著性标志。本章就描述性标志的判断标准、描述性概念的扩张、通用标志的拒绝及商标通用化、缺乏显著性与消费者的感知、标语的缺乏显著性、获得显著性的检验及相关证据、获得显著性的部分排除等问题进行探讨，相关论述围绕商标权利的取得与商业表达自由的平衡展开。

第五章研究商标权效力范围与商业表达自由的保护。商业表达自由与商标使用的冲突集中体现在这一阶段，它也是商标所有人的权利与竞争者的利益最需要平衡和协调的阶段。第一节针对描述性使用、指示性使用及比较广告中的使用这三种商业表达自由的主要形式进行分析，涉及商标权利与上述使用的冲突，同时阐述这类使用的正当性。第二节讨论禁止混淆与商标法上的识别保护。本节结合欧美的立法及案例，就此类商标使用行为的构成要件及这类使用与禁止混淆的关系进行研究，尝试在正当合理的使用与混淆侵权之间划出清晰的界线。第三节探寻这类使用与商标法对商标显著性、商标声誉的保护之间的关系，内容涉及欧美国家的立法与司法实践，重点探究欧洲对声誉商标的法律保护，其中，欧洲法院的典型案例所带来的对商业表达自由法律保护的影响，值得深入研究。

第六章就我国相关商标法律制度的完善提出建议和看法。第一节重点分析我国立法上的不足，同时指出司法实践对平衡与协调商标权利与商业表达自由之间的利益冲突所具有的重要性。第二节以相关案例为依据，研究商标主管机关在商标权取得与竞争者商业表达自由保护问题上的实践，从而得出结论，在商标注册即商标权的赋予阶段应当充分考虑各方利益，慎重决定,以避免损害公平竞争。然后就商标合理使用、比较广告以及驰名商标的声誉保护,结合我国典型案例,论证司法机关应当考虑利益平衡与公平竞争这两大政策目标,对商标权利进行适当、适度的保护。第三节就商标注册的审查、合理使用的立法提出若干建议,并就驰名商标声誉的保护提出印象转移准则的判决准则。

第四节　创新之处与学术贡献

任何理论研究都应有实践价值,否则一项研究就会成为无源之水,最终以干涸而告之结束。同时,理论也需要创新。创新可以表现为多种形态,本书即尝试从商业表达自由的角度讨论商标权的限制问题,以期对商标法律保护与商标权限制的立法与司法有所裨益。本书的创新之处与学术贡献主要包括以下几点。

(1)尝试从商业表达自由的角度,重新审视商标法律保护中的其他竞争者的利益。商标权是区别于专利权和著作权的一种知识产权形式。在历史上,商标被作为交易商品的来源或者出处的指示而得到使用;现代商标已经成为有价值的资产,进而得到世人的关注与重视。随着商标在市场经济中重要性的彰显,当代商标法在加强对商标权利保护的道路上渐行渐远。商标权人希望通过商标保护这道"后门"获取近乎涉足一切领域使用商标的垄断权利,以致其他竞争者对他人商标标志的正当合理使用也被打上侵权的标签,面临诉讼的负累。商标的功能决定了它与竞争、市场之间存在不可分割的联系,商标法对权利的保护并不仅仅局限于商标所有人,它同时也意味着赋予商标权人以外的社会公众特别是与商标权人相竞争的经营者合法使用其商标的权利与自由。只有这样,才能实现商标法增强有效竞争、维护公平竞争秩序的目的。如何看待商标权利的扩张及其对其他竞争者造成的负面影响,是当今各国面临的共同问题,商业表达自由为限制商标权人的过度保护提供了新思路。

(2)尝试以经济分析的方法,依托商标的功能,分别对商标所有人禁止混淆权利和反对淡化权利的正当性进行分析。商标禁止权主要包括两项权能，即制止混淆的权利和禁止搭便车、弱化、丑化商标的权利。有关商标的经济分析，能够为禁止混淆权利提供正当性，以保护商标的来源指示功能、区分功能和品质保障功能，却不足以论证用于保护商标广告功能和商誉承载功能的反对淡化权利的正当性。有关诚信原则、不当得利研究及洛克劳动理论的延伸解读，也不足以在道德和公平的层面上证明商标权利的全部正当性，因此，商业表达自由的理论研究具有独有的价值。而这方面的研究恰恰是国内学者鲜少关注的，本书的探索因此而有意义。

（3）从商标的交流功能着手，针对商标注册的显著性要求和与商业表达有关的拒绝理由进行分析。这一新视角有助于重新认识商标法有关描述性标志、通用标志及缺乏显著性标志拒绝其注册的规定，对商标注册主管机关对注册申请的审查工作具有较高的理论价值和指导意义。本书有关描述性概念的扩张、通用标志的判断标准、获得显著性的检验及相关证据、显著性的部分排除等内容的论述，都不乏创新之处，也体现出本书对学术的贡献。

（4）有关商标权利的保护范围与商业表达自由之间关系的论述是本书重要的学术贡献。这部分就与商业表达自由有关的描述性使用、指示性使用及比较广告中的使用问题进行重点研究。在研究的过程中，将商标的功能与禁止混淆和反对损害商标的显著性、反对损害商标声誉的权利相结合，并对欧美尤其是欧洲的立法与司法判例进行分析，通过引入大量新近资料，证明以商业表达自由对商标权利进行限制的必要性和重要性。

（5）在我国相关商标法律制度的建设与完善方面，笔者在研究立法与司法实践的基础上提出，对描述性判断的实质标准是"提供有关商品和服务相关信息"的看法；对包含描述性部分的标志的判断提出自己的意见；就驰名商标的声誉保护提出采用印象转移准则来帮助判断这种使用行为的可诉性。相对既往局限于商标权限的抽象研究，更注重于对实践的作用，具有一定或者说局部的创新性。

第一章 商标概述

在社会生活中,人们经常需要使用各种不同的标志、符号。这些标志和符号表达着特定的意义,广泛而深刻地影响着每个人的生活。其中,与日常关系最为密切的,莫过于商标。商标之所以受到法律保护,与其特性和功能息息相关。从符号学的视角分析,商标是一种具有功能的指代符号,在结构上表现为商标标志(能指、代表项)、特定的商品或服务(所指、指称对象)、商标标志所表达的有关商品的出处和商誉等有关信息(对象、解释项)这样一种三元结构模式。商标从产生到发展,无不与功能相关联。在人类已经进入信息化的时代,商标这种最早用于表彰商品来源的标志,已经随着社会的发展演变为承载浓缩的资讯信息的符号和语言。

第一节 商标的法律界定

用一种东西或事物来代表或指示其他东西或事物的意义的情形,学者们称之为无声的语言。商标形式上的意义和功能在于表彰或识别。在商业领域,商标一直是产品来源和产品质量的重要和主要的标志符号;作为一种极其重要的"无声语言",发挥着传递信息的作用。在商标立法有关商标的定义日益发展的情形下,可成为商标的标志成员名单不断增加,商标法对商标的界定也因此变得更加复杂、微妙和具有容纳性。

一、商标法中的商标

商标是商标法上最基本的概念。考察不同国家有关商标的法律规定,不难发现，无论注册主义抑或使用主义，各国商标法对商标的界定、有关商标权利取得要件的立法，始终围绕着商标的构成条件以及商标的功能这两大要素展开。

美国商标法曾长期坚持以使用作为获得商标专用权以及商标注册的前提，1988年商标法修正案则改为有真诚使用意图的商标同样可获得注册。❶美国联邦商标法《兰哈姆法》第1127条规定，商标是指"（1）由一个人使用的；或（2）一个人有真诚的意图在商业中使用的，并申请在本法建立的主注册簿上注册的，用以对其商品，包括独特的产品，于他人生产或销售的商品予以识别和区别的，用以表明商品来源（即使该来源未指出）的任何文字、名称、符号或图形，或其组合"。❷其有关服务商标的定义，除适用对象为服务外，并无差异。

在英国法律中，商标指任何能够以图示表示的、能够将某一企业的商品或服务与其他企业的商品或服务区分开来的标志。商标可以尤其是可以由文字（包括人名）、图形、字母、数字或商品形状或商品包装构成。❸

德国现行商标法是《德国商标和其他标志保护法（商标法）》。该法规定："任何能够将其使用的商品或服务与使用其他标志的商品或服务相区别的标志，可以作为商标获得保护，尤其是文字（包括人名）、图案、字母、数字、声音标志、三维造型（包括商品或其包装以及容器的形状），还包括颜色或颜色的组合。"❹

《法国知识产权法典》L.711-1条规定："制造、商业❺或服务商标指用以区别自然人或法人的商品或服务可用书写描绘的标志。尤其可以构成这

---

❶ 李明德：《美国知识产权法》，法律出版社2003年版，第261页。
❷ "兰哈姆法"于1946年颁布，历经多次修改，迄今有效，依旧是美国联邦商标法的代称。
❸ http://www.cta315.com/fa_gui_vewe.asp?infor_id=644&class1_id=8，中国商标信息中心网，访问日期：2011年11月9日。
❹ 同上。
❺ 在法国，商品商标包括制造商标和商业商标。制造商标是指生产商持有的商标，商业商标是销售商持有的商标。

样的标志是：(1) 各种形式的文字，如字、字的搭配、姓氏、地名、假名、数字、缩写词；(2) 音响标志，如声音、乐句；(3) 图形标志，如图画、标签、戳记、边纹、全息图像、徽标、合成图像；外形，尤其是商品及其包装的外形或表示服务特征的外形；颜色的排列、组合或色调。"❶

《欧共体商标条例》（1993 年 12 月 20 日第［EC］40/94 号令）第 4 条规定："共同体商标可以由能用书写表示的任何标志，特别是文字，其中包括人名、图案、字母、数字、商品形状或其包装组成，只要这些标志能够将一个企业的商品或服务同其他企业的商品或服务区别开来。"❷

在日本，商标权因设定注册而产生。《日本商标法》第 2 条规定了商标的定义："本法所称的商标，是指下列各项规定的文字、图形、记号、立体图形或者它们的组合，或者它们与颜色的组合（以下称为标志）：（一）以营业为目的生产、证明或者转让商品者在其商品上使用的标志；（二）以营业为目的提供或者证明服务者在其服务商使用的标志。"❸ 随即又分别在第 3~4 条就商标注册的要件、不能获得注册的标志作出规定。

从某种程度上简要地说，商标就是用以将某一企业所生产的某一商品或者服务与其他企业的商品或者服务区别开来的一种文字、符号或者其他标志（signifier）。❹ 现代商业标志诞生至今，历经几个世纪。作为商标，与早期简单的商品标志相比，早已从简单的商品标志，演变成为受到法律保护的、具有特定含义的无形资产。❺ 但即使在当代，商标法对商标的界定依旧着眼于商标的构成要素与商标标示来源的功能，这无疑是令人吃惊的。

---

❶ 黄晖：《驰名商标和著名商标的法律保护》，法律出版社 2001 年版，第 443 页。

❷ http://www.cta315.com/fa_gui.asp?class1_id=8，中国商标信息中心网，访问日期：2011 年 11 月 9 日。

❸ 1959 年 4 月 13 日颁布，1960 年 4 月 1 日实施。最近一次修改是 2008 年。李扬：《日本商标法》，知识产权出版社 2011 年版，第 4 页。

❹ ［美］威廉·M. 兰德斯、理查德·A. 波斯纳著，金梅军译：《知识产权法的经济结构》，北京大学出版社 2006 年版，第 166 页。

❺ 王莲峰主编：《商标法案例教程》，清华大学出版社 2008 年版，第 2 页。

显然，商标不同于专利和作品，商标权利的产生也并不依赖于新颖性、发明、发现或者任何脑力的劳动。❶ 商标受法律保护的理论基础与商标的特性与功能息息相关，❷ 人们早已认识到商标标志的构成要素是符号。商标标志是一种人为创设的符号，符号的基本功能之一就是指代，对商标符号的保护其实就是保护商标的社会属性。

二、商标与其他商业标志

在我国，商标一词实为舶来品。根据清朝人仉佶五编著的《燕市商标》记载，"凡商贾工艺之各种牌匾贴报而用以广招徕者，统谓之'商标'"。可见，古代商标是商业的标志。❸ 中国传统用于识别商品的标志被商家称以"图记""印记"或者"仿单"等，至于店家用以识别和招揽顾客的标志，则被称为"招子""望子""招牌"等。截至清朝末年，仍无统一的、用于识别商品的标志，使用较多的说法有"牌子""唛头"。据有关商标史料记载，在清朝与外国签订的条约中，则使用了诸如"牌号"❹"商牌"❺"商标"之类的用语。在当代，通说将商标界定为"表彰商品或服务的标志""将某一厂商所提供的商品或服务与其他厂商所提供的商品或服务区别开来的标志"。❻ 事实上，迄今为止，用于标志商品的标志不仅众多，称呼也各不相同。大致的情形有以下几种：

（1）注册商标，指经过官方审查合法、正式注册的商标。在美国，唯有在联邦获得注册的商标方可使用®的标志。

（2）商标，英文为 trade mark 或者 mark，泛指一切识别商品标志的通

---

❶ Frank I. Schechter, *The Historical Foundations of the Law Relating to Trade-marks*, New York：Columbia University Press, 11（1925）.

❷ 曾陈明汝：《商标法原理》，中国人民大学出版社2003年版，第9页。

❸ 马东岐、康为民：《中华商标与文化》，中国文史出版社2007年版，第10页。

❹ 参见1902年9月5日中英两国签订的《续议通商行船条约》即《马凯条约》。

❺ 参见1904年2月，清政府海关副总税务司英国人裴式楷起草、海关总税务司赫德修订的《商牌挂号章程》。

❻ 李明德：《美国知识产权法》，法律出版社2003年版，第258页。

称,又称为牌子、厂牌、品牌。在美国,采用 SM(服务标志)或 TM 加注于商标旁,以示区分,表明相关标志并非通用标志或者广告。除此之外,更有 brand、logo、trade dress 等。

(3) brand,源出古挪威文 brandr,意思是"烧灼",是指制造者在木桶、箱子或者商品上的烙印。最初,人类采用这种方式来标志家畜等需要与其他人相区别的私有财产。中世纪欧洲的手工艺匠人用这种打烙印的方法在自己的手工艺品上烙下标志,以便顾客识别产品的产地和生产者。❶现在 brand 一词亦与其他词汇相组合,例如,famous brand,最通俗的理解就是知名品牌;brand name 是商业用语,也是商标的口语用法。

(4) logo,即 logo type,企业标志,通常是指营利性企业、组织甚至个人经过特殊设计、用于帮助提升公众认知度的特殊的图文设计或标志,由纯粹的图案组成或者由组织者的字号、名称组成。在活字印刷时代,活字被独特固定并形成字体或版本;在当今的大众传媒时代和通用场合,公司的标志虽然通常与其商标或品牌具有相同的内涵,但不具备商标的法律意蕴,除非该 logo 被注册为商标。❷

(5) trade dress,即商业外观,包括产品的外形或者形状、产品的包装、在产品或其包装上使用的颜色或者设计、所使用的颜色与其他因素的整体形象和全部视觉效果。该词源自美国判例。根据美国的法律,商业外观是指产品中受保护的装饰性外观。但是如果产品外观的任一方面、形状或颜色是出于效用性或功能性的目的,它们就不能被认定为是受保护的商业外观的一部分。❸ 以法律观点而言,使用与他人注册商标相同或近似的商标的,构成商标侵权;而使用与他人相同的商业外观,则构成不正当竞争。

(6) 商号,是指企业名称。商号虽然也是商业标志,但功能与商标不

---

❶ http://wiki.mbalib.com/wiki/%E5%93%81%E7%89%8C,访问日期:2011 年 11 月 7 日。

❷ http://en.wikipedia.org/wiki/Logo,访问日期:2011 年 11 月 8 日。

❸ http://www.junzejun.com/cn/article.asp?id=5,访问时期:2011 年 11 月 8 日。

同。前者用于区分经营的主体——公司、组织或个人，❶后者用于区分不同来源的商品或服务；前者具有人身权属性，后者属于财产权；此外，商标不经注册亦可使用，商号不经登记不得使用。二者注册后的法律效果也不同：经营者注册商号后，在主管机关管辖区域内享有商号权；而商标登记注册后享有商标专有使用权和商标禁止权。

（7）原产地名称，是用以表示某类产品的原产地的一个国家或地区的地理名称。❷原产地名称不同于商标：商标权利人就商标享有专有使用权；而原产地名称不具有专有性，凡产自同一地区的产品均可使用，民事主体不得申请注册，更不存在转让与许可使用的可能。

（8）地理标志。它与商标的区别在于，前者通过标示商品的产地，表明产品所具有的特色、质量和信誉，与产地的自然或人文环境密切相关，可以申请为证明商标，由标示地区范围内的经营者共同使用；商标用于识别商品或服务的来源，并不具有地理标志那种显示产品的特色、质量和信誉的功能。

（9）商务标语，是为了推销商品或宣传服务项目而使用的口号，常常伴随商标或其他商业标志出现。商务标语在通常情况下不具备商标的识别和区分功能，一般通过对产品或服务的推崇、赞美实现其宣传商品或服务的目的。其变动性较大：如果符合法律有关作品的要求，可获得著作权法的保护。实践中也有以商务标语申请注册商标的实例。因此，如果商务标语具有显著性，也可成为商标。❸

（10）域名，是互联网上用户在网络中的名称和地址，由字母、数字组成。虽然域名具有商业标志的某些功能，但与商标的差别较大。域名的唯一性、国际性及其必须注册方可使用的要求，明显不同于商标标志的地

---

❶ 参见《保护工业产权巴黎公约》第 1 条关于工业产权的定义以及《保护工业产权巴黎公约指南》的解释。

❷ 吴汉东主编：《知识产权法》，中国政法大学出版社 2004 年版，第 233 页。

❸ 详细内容参见第四章第四节相关内容的论述。

域性、兼容性❶和不注册亦可使用性。

商标是商品经济的产物。在古代自给自足的农业社会，存在展示制作者姓名、证明所有权和保证质量的标志，却没有现代意义上的具有区分和识别商品与服务之功能的商标。在市场经济条件下，社会分工细致，商业中使用的标志众多，无论生产还是生活，都需要消费、需要凭牌购物，可以说，离开商标几乎寸步难行。与此同时，上述标志也往往伴随着商标一同出现在商品上或服务中，发挥自己不同于商标的特殊功用。其中，有些商业标志已经在一些国家获得法律保护，但其法律效力不同于商标，因此应当注意区分。

三、商标法律界定的扩张

商标可以是而且通常是采用某些已经存在的东西，以之作为使用者的显著标志。❷ 可作为商标使用的标志或者符号，一直随着经济的发展而发展，有关商标的立法界定也随之拓展。事实上，法律是经济的产物，法学是实践之学。尽管商标的功能随着经济的发展有了长足的变化，其表示商品来源或出处的原始的符号指代功能却始终存在，并构成其他功能的基础，因此，商标法对商标的界定一方面遵循着标示来源和出处的历史进程，另一方面行走于商标权利保护扩张的道路。

（一）商标权客体的扩大

商标法律界定的扩张首先表现为商标权利客体的扩大。在传统商标法中，商标的概念局限于可视性的二度空间标志，包括文字、图形、数字等可视性符号及其组合，可作为商标的事项并不包括产品包装、设计、构造、色彩或者气味。随着科技和经济的发展，不少国家商标法中商标的定义已经扩展至产品外形、声音、颜色、气味，有的国家如法国甚至包括全息图

---

❶ 从技术上看，域名是唯一的。互联网覆盖全球，每台计算机的 IP 地址是唯一的，因此与之对应的域名也是唯一的。商标则不然，相同或近似的商标可以为不同的商标权人拥有，并分别在不同类别的商品或服务上使用。

❷ Trade-mark Cases，100U. S. 82（1879）.

像。在美国，1946年之前，商品包装、设计、构造都不能获得商标法的保护。然而，美国专利商标局在1958年海戈公司商标申请复议案中，否定了原审查决定，认可作为产品容器的威士忌酒瓶作为商标准予注册，从而打开了就产品外观申请商标注册的大门。❶ 1992年，美国最高法院通过双比索公司诉玉米面屋公司（Two Pesos, Inc. v. Taco Cabana, Inc.）一案，确认餐馆外部装潢设计这种商品装饰本身就可以指认产品或服务的来源，因此不需要具有第二含义即可获得商标法和反不正当竞争法的保护。❷

此后，美国联邦巡回上诉法院又于1985年通过欧文斯—柯宁公司案突破了商标法不保护色彩本身的传统规则。❸ 在英国，商标局已经核准注册了几个气味商标，如浸入飞镖中的苦味、轮胎中的玫瑰花味、家具打光料上的肉桂味道。❹ 在美国，米高梅公司成功地将在影片开头的狮子吼叫声注册为声音商标；人猿泰山的尖叫声不仅在美国成功注册为声音商标（No. 2210506），在香港同样也获得注册；哥伦比亚电影公司片头出现的一位女士手持火炬缓缓走近的影像也被注册为活动影像商标。

对此，有学者指出，产品的外部特征诸如包装、外形、色彩等是产品的一部分，而并非附着于产品的标志。❺ 也许我们已经在商标到商品的道路上走得太远。因为商品的颜色、气味、声音、味道乃至质地已更多地在

---

❶ Ex parte Haig & Haig Ltd, .118 U. S. P. Q.（BNA）229.

❷ Taco Cabana 在美国得州经营提供墨西哥食物的连锁速食店，并于1978年在San Antonio 开设了第一家店面。1985年，Two Pesos 在休斯敦开设一家餐馆，采用了与 Taco Cabana 非常类似的设计。1987年，Taco Cabana 向地区法院控诉 Two Pesos 在兰哈姆法第43（a）下侵犯其商品装饰，在得州州法下窃取其营业秘密。Two Pesos, Inc. v. Taco Cabana, Inc., 505 U. S. 1244（1992）.

❸ 欧文斯—柯宁公司在家用绝缘产品上使用粉红色，并申请将此粉红色注册为商标，在专利商标局驳回申请后，美国联邦巡回上诉法院在其判决中认定该粉红色获得第二含义，能够注册为商标。事实上，该颜色在很大程度上是通过在广告中使用粉红色猎豹这一卡通形象来获得公众认可的。In re Owen-Corning Fiberglad Corp. , 774 F. 2d 1116（Fe. Cir. 1985）.

❹ ［美］韦斯顿·安森著，李艳译：《知识产权价值评估基础》，知识产权出版社2009年版，第67页。

❺ W. L. P. A. Molengraaff, The nature of the Trade-Mark, *The Yale Law Journal*, Vol. 29, No. 1, 303 – 306（1919）.

识别商品本身而不是出处，因此在取得商标保护上通常有着不可跨越的障碍。❶ 但这些元素在本质上具有识别性，也有能力指出或者展现商品或服务特定的来源。但这一点并不能解释全部。随着商务交易的客体日益复杂和日趋无形，与往昔更为简单的世界相比，广告和商标在交易中的作用更加重要。商人们为了使自己的产品、服务能够区分与竞争者的产品，有着推动商标法对产品的包装、外形、声音、颜色、气味等进行保护的直接需求。然而，在满足了上述需求的同时，不可否认，自由竞争的空间受到了相当的限制。在这一意义上，表达上以保护消费者不受欺诈或混淆的商标法则在现实上成为"反模仿法"——禁止竞争者对其产品从标志到外观等方面的任何模仿。❷

（二）商标整体概念的弹性化

商标法律界定的扩张其次表现为商标整体概念的弹性化。《与贸易有关知识产权协议》（TRIPs 协议）第 15（1）条对商标作出了明确规定："任何能够将一个企业的商品或服务区别于另一个企业的商品或服务的符号或符号组合都能够构成商标。这样的符号，特别是字符，包括个人姓名、字母、数字、图形要素和颜色组合以及任何这些符号的组合都应能够注册成为商标。如果符号本质上不能够区分出相关的商品或服务，缔约方可以根据实际使用所取得的特别程序确定其可注册性。作为注册的一个条件，缔约方可以要求符号是从视觉上能够辨认的。"学者们注意到，TRIPs 协议虽然把"从视觉上能够辨认"作为可以获得注册的条件之一，但这一要求并非强制性的。❸ 此外，TRIPs 协议并没有对 sign 一词进行定义，因此，sign（标志、符号）应具有最宽泛的含义。作为一项多边贸易协定，TRIPs 协议有关商标的开放和留有余地的界定，已经并将继续对成员国商标法产生重大影响。

---

❶ 黄晖：《驰名商标和著名商标的法律保护》，法律出版社 2001 年版，第 36 页。

❷ 黄海峰：《知识产权的话语与现实——版权、专利与商标史论》，华中科技大学出版社 2011 年版，第 247 页。

❸ 该条在规定这一要求时，所使用的词语是 may，而不是 shall。

我国在2001年修改商标法之前，曾经拒绝立体商标的注册申请；在2011年修改商标法之后，依据第8条，任何能够将自然人、法人或者其他组织的商品与他人的商品区分开的可视性标志，包括文字、图形、字母、数字、三维标志和颜色组合，以及上述要素的组合，均可作为商标申请注册。❶较之过去仅就不得注册的标志进行了规范的旧法条，这一规定更为准确，概念上的拓展亦显而易见。此外，在中国香港特别行政区，旧《商标条例》第2条规定，"标志"指的是任何视觉可以感知并能够以图绘❷表示的记号，尤其可由文字、个人姓名、字母、数字、图形要素或颜色组合组成，并包括该等记号的任何组合。除此之外，旧"条例"并没有对标志进一步定义，但在定义的第二部分提供了非穷尽的标志范例列表。2003年4月4日正式生效的新"条例"❸第3条第1款则规定，商标指任何能够将某一企业或服务同其他企业的货品或服务作出区别并能够藉书写或图绘方式表述的标志。❹较之旧规定，现行《商标条例》对商标的定义显然更为

---

❶ 2003年4月，国家商标局核准注册了北京德高尼文化艺术发展有限公司申请注册的DEGONEY及图立体商标，这是中国第一个立体商标。http://www.hangzhou.com.cn/20011125/ca57343.htm，访问日期：2011年11月9日。
2007年，意大利最知名的巧克力品牌"费列罗"成为我国首个通过司法程序予以认定的立体商标。http://www.gdsjpt.com/anlifenxi-20.htm，更新时间：2007年5月15日，访问日期：2011年11月9日。

❷ 指能够藉书写或绘图方式表述。

❸ 在英国制定了新的商标指令（1994年）之后，香港特别行政区根据本法域的普通法传统，结合自身特殊情况，紧随《1994年英国商标法令》进行了相应的修改，新《商标条例》最终于2003年4月4日正式生效。

❹ D. F. Libling, The Concept of Property: Property in Intangibles, 94 *Law Quarterly Review*, 103, 103（1978）. 转引自［澳］彭道敦、李雪菁著，谢琳译：《普通法视角下的知识产权》，法律出版社2010年版，第2页。

精确、简明和富有弹性。2010 年再次修订的澳大利亚商标法❶更规定，商标是使用或意图使用的标志，用于在贸易过程中将一人交易或提供的商品或服务与其他人交易或提供的商品或服务区别开来。❷

　　法律维护商标作为符号的指代功能，只要符号能够起到记号的作用，就可以成为权利的对象。商业标志的价值，来源于商业活动。❸ 显然，无论是文字还是个人姓名、字母、数字、图形要素或颜色组合，不过是标志的形式，只是为商誉提供了载体而存在，自身并无独立的价值。因此，只要能够发挥区分和识别的功能，就可以成为商品或服务的标志。立法中商标概念的扩张，反映出人们对商标符号功能认识的深入，同时也意味着注册商标门槛进一步降低至最低著性标准以及对竞争者使用相同或类似标志的空间的压缩。可以预期，未来可以作为商标标志的符号，其外延将持续扩张，而商标权利人与竞争者之间有关标志使用的争夺战亦将随之延绵。

　　在一篇开创性的文章中，D. F. 李柏林（D. F. Libling）论证，知识产权所有权的依据在于时间、精力、劳动和金钱的支出。因此，这样创造出来的有价值的信息应当归属于创造者的所有权，使他们能在商业上利用该信息。❹ 毫无疑问，如果没有法律强制力对智力成果的保护，社会将会缺乏创造新信息的动力，将会缺乏物质进步的动力。然而，这一说法太过简单。日光之下无新事，人们如果不以既有和公用的知识信息为基础，那么

---

❶ 澳大利亚作为英联邦国家，其商标法律制度秉承英国法律，深受英国商标法律的影响，明显带有英国商标法律制度的烙印。随着英国商标法的修订，澳大利亚也在 1994 年对其最早颁布的 1955 年商际法进行了修订。1995 年，澳大利亚再次对商标法进行修订。1995 年商标法于 1996 年 1 月 1 日正式生效，同时 1955 年商标法和 1994 年商标法废止。http://www.0571r.com/html/gjsbsw/dyzfzgj/193.html，更新时间：2009 年 3 月 8 日，访问日期：2011 年 11 月 10 日。

❷ Part 3 Trade marks and trade mark rights17 What is a trade mark? A trade mark is a sign used, or intended to be used, to distinguish goods or services dealt with or provided in the course of trade by a person from goods or services so dealt with or provided by any other person.

❸ 李琛：《论知识产权法的体系化》，北京大学出版社 2005 年版，第 137 页。

❹ [澳] 彭道敦、李雪菁著，谢琳译：《普通法视角下的知识产权》，法律出版社 2010 年版，第 2 页。

事实上就不可能创新。因此，问题不在于不保护，而在于如何保护和平衡彼此冲突的利益与权利。笔者并不是主张废除商标权利，而是强调法律需要平衡相互竞争的权利，或者说，立法和司法机关应当充分考虑和权衡商标权人、竞争者和消费者各自的利益。

第二节　商标结构的符号学分析

符号学是"研究符号的性质和功能以及隐含意义、表达、表现及其传播之中的系统和过程的科学"。❶ 符号学以符号为主要研究对象。符号学通过"做什么"（what it does）而非"是什么"（what it is）来给符号下定义，也就是说，对符号的定义是功能性而非本体式的。❷ 商标天生是符号，商标理论研究同样需要致力于对商标的结构、功能的分析和解说。

在瑞士语言学家索绪尔讲授普通语言学课程时，符号学尚未独立和被承认为一门独立的科学；随着时代的发展，符号学如今已经成为一门显学。现代符号学的主要理论脉络可大致分为三条，分别源于皮尔士、索绪尔和卡西尔。❸ 符号学强调结构主义的进路，"大体说来，符号学的疆界（如果它有的话）和解构主义接壤：两个学科的兴趣基本上相同"。❹ 在符号结构问题上，虽然符号学的学者们理论纷呈，但最主要的是索绪尔的二元结构说和皮尔士的三元结构说，卡西尔最突出的贡献则在于建构了以符号为统一基础的文化哲学体系。❺

---

❶ Paul Perron, *Semiotics*, in The Johns Hopkins Guide to Literary Theory & Criticism 658 (Michael Groden & Martin Kreisworth eds, 1994).

❷ Barton Beebe, The Semiotic Analysis of Trademark Law, 51 *UCLA L. Rev.* 621, 623–702 (2004).

❸ 李琛：《论知识产权法的体系化》，北京大学出版社2005年版，第131页。

❹ ［英］霍克斯著，翟铁鹏译：《结构主义和符号学》，上海译文出版社1987年版，第127页。

❺ 李琛：《论知识产权法的体系化》，北京大学出版社2005年版，第131页。

一、索绪尔的二元符号结构

索绪尔认为,语言直接给事物命名(如一个词就直接代表一个事物)是个错误的观点,语言符号连续的不是事物和名称而是概念和音响。在批评、摈弃了那种把符号等同于能指的一元(monadic)符号观之后,索绪尔主张保留符号这个词表示整体,使用所指和能指这样术语分别代替概念和音响,以表明二者彼此间的对立以及它们所从属的整体间的对立。在索绪尔的术语系统中,所指和能指是符号(signe)的组成成分。能指面构成表达面,所指者构成内容面。使所指与能指相对立的唯一区别是,能指是一种中介物,它必须有一种质料,如声音、物品、形象。能指和所指结成一体的行为的结果就是符号。❶ 尽管符号具备理论上的可区分性,能指与所指还是构成相互依赖的结构关系:失去一方,另一方也不能存在。就商标而言,商标是区分商品或服务的标志,其受法律保护的基础便是其作为标志和符号的功能,即法律保护商标的理由是其所代表的东西。也就是说,商标法所保护的并非单纯的商标,而是作为符号的商标。商标无非是一种区分性的标志,是人们标示商品的方法。除此之外,商标别无他用。从法律上讲,离开了其所代表的商誉,商标根本不能独立存在。❷

索绪尔指出,能指和所指的联系是任意的,或者,因为我们所说的符号是能指和所指相连接所产生的整体,所以可以更简单地说,语言符号是任意的。❸ 但他同时也指出,符号的任意性的基本原则并不妨碍我们在每种语言中把根本任意的即不能论证的同相对任意性区别开来。换言之,符号的任意性包括绝对和相对两个方面。结合本书所要探讨的主题,可以说,

---

❶ [瑞士]费尔迪南·德·索绪尔著,岑麒祥译:《普通语言学教程》,商务印书馆1980年版,第102页。

❷ Stephen L. Carter, The Trouble With Trademark, *The Yale Law Journal*, Vol. 99, No. 4. 759 (1990). 转引自彭学龙:《商标法的符号学分析》,法律出版社2007年版,第34页。

❸ [瑞士]费尔迪南·德·索绪尔著,岑麒祥译:《普通语言学教程》,商务印书馆1980年版,第102页。

商标代表商誉,但就商标符号的选择和设立而言,经营者只是恰好选择了此商标而不是彼商标来代表其商誉,在作为能指的标志与作为所指的商誉之间,并不存在必然的联系,因此可以选择的标志的空间是无限的。然而,就符号与符号的组合而言,这种任意性又是相对的。"相对地可以论证的概念包括:(1)把某一要素加以分析,从而得出一种句段关系;(2)唤起一个或几个别的要素,从而得出一种联想关系"。❶ 对任何一个人来说,社会都是前代继承的产物,经营者对可以作为商标的标志进行选择时,只能在现有的语言、文化背景下进行;只有这样,才能得出某种关系、产生某种联想、理解某种含义。

二、皮尔士的三元符号结构

皮尔士采用的符号切分是三分法(trichotomy),即符号由代表项(representaman)、指称对象(object)和解释项(interpretant)构成。❷ 代表项(有时皮尔斯也称它为符号)可以是实物、感官获得的印象或者思想;对象可以是已存在的实体,也可以是头脑中的想象物;解释项即符号的意义,是指符号在人脑中唤起的认知、所产生的心理效果或思想,并且它本身也是一个符号。❸ 简言之,代表项(符号表征、能指)、对象和理解项(符释、所指、意义、意义指示),构成"符号、符号的对象和符号的解释"这样一种合作和三位一体的关系。

皮尔士有关符号构成的主张与索绪尔的主张存在差异。索绪尔的二元符号说由于缺少"符号的解释",被迪利(Deely)认为是有缺陷的模式。因为"它缺乏一个第三者,只有凭借它,符号才有一个转换(transformation)的过程,由此首先转换成对象,而后转换成其他符号"。这个"第三

---

❶ 刘敬涛:"索绪尔语言符号任意性原则初探",载《牡丹江大学学报》2011年第9期。
❷ 丁尔苏:《语言的符号性》,外语与教学出版社2000年版,第52~58页。
❸ 李巧兰:"皮尔斯与索绪尔符号观比较",载《福建师范大学学报(哲学社会科学版)》2004年第1期。

者"就是皮尔斯符号构成中的解释项,它涉及主体依据一定的社会规范对符号所作的感知、解释或认知。❶ 在解释语言符号的过程中,皮尔士强调语言主体在语言符号意义产生中的作用,把语言和外部世界紧密联系起来。❷ 在皮尔士的三元结构中,"符号的解释"(解释项)涉及主体的感知、解释或认知,在符号与对象之间架起了一座桥梁,符号因此成为联系思想与现实的纽带。

皮尔在解释符号时,始终认为符号使用者或解释者的感知参与在很大上决定了符号的性质。❸ 符号本身是无所谓的指称和表达,是人赋予符号以生命,对其作出种种理解和规定,并以符号为工具发展了人自身。不仅如此,皮尔斯还用他所划分的三个哲学范畴来考察符号与所指对象之间的关系,认为二者之间存在像似(iconic)、指标(deictic)和象征(symbolic)三种关系。语言符号是一种象征,通过解释的约定俗成确立语词和所指的关系。❹ 就皮尔士的观点来说,符号不是作为类同和等同出现的。"符号是我们通过对它的认识能知道更多东西的某种东西。"符号是解释的指令,是由最初的刺激导向其最遥远的推论结果的机制。❺

索绪尔和皮尔士都发现了符号的基本功能——代表或者代替他物,其符号模式中也存在重叠的部分。但与索绪尔的二元符号结构相比,皮尔士有关符号构成的模式显然更适宜分析和解释包括商标在内的符号现象。商标适用于特定的商品或服务,具有表彰商品或服务来源及品质的功能,在商标、商品或服务、商誉之间,存在"符号、符号的对象和符号的解释"的三角关系,商标实质上的意义是依据消费者使用商标的商品在主观上的

---

❶ Deely, John, *Basics of Semiotics*, Bloomington: Indiana Univesity Press, 115 (1990).
❷ 杨智慧:"皮尔士的三分法符号及符号象似性",载《学理论》2009 年 29 期。
❸ 李瑾:"感知——解读皮尔士符号理论的关键",载《山东师范大学学报(人文社会科学版)》2008 年第 3 期。
❹ 李巧兰:"皮尔斯与索绪尔符号观比较",载《福建师范大学学报(哲学社会科学版)》2004 年第 1 期。
❺ [意]翁贝尔托·埃科著,王天清译:《符号学与语言哲学》,百花文艺出版社 2006 年版,第 25 页。

印象及感受的一贯性而言的。研究传播的学者认为，人们在看到商标后在心理上产生的联想，事实上是经营者通过商标的使用传达出的一种信念。这种信念被称为 SURT（single universally recognized truth），即"单一而普遍接受的信念"。消费者对于产品产生这种信念之后，自然就为这个标志及其表彰的商品创造特有的附加价值；这正是商标本身具有交换价值的原因。❶

三、商标的符号解读

商标是竞争的精髓所在，正是商标才使得消费者有可能区分不同竞争性商品并进而作出购买的决定。❷ 在运用符号学分析商标法律问题方面，美国学者巴顿·毕比（Barton Beebe）已经作出了富有成效的探索，我国也有学者已经涉足并取得了相应的成果。就本书而言，采用符号学对商标结构进行分析的用意在于，探讨作为符号的商标对商业信息的表达和交流所具有的作用。

在代表美国最高法院对 Qualitex Co. v. Jacobson Product Co. 案所作的分析中，托马斯·麦卡锡对美国兰哈姆法上的商标定义进行了重构，将商标的构成分解为三要素：（1）有形的标志，即词语、姓名、记号或标志或者其任何组合；（2）使用的形式，即商品或服务的生产者或销售者对标志的实际使用；（3）功能，即标示产品并使之区别于其他人所制造或销售的产品。❸ 由此可见，由文字、图形、数字、颜色等符号构成的商标，同样表现为由能指、所指和对象（符号、符号的对象和符号的解释）构成的三元结构。其中，商标标志是作为能指的符号（代表项）；特定的商品或服务即标志被使用的对象，是符号的对象（所指、指称对象）；商标标志所表达的有关商品的出处和商誉等有关信息就是符号的解释（对象、解释项）。

Coca-Cola、🍁、在影片开头的狮子吼叫声、轮胎中的玫瑰花味……

---

❶ 李茂堂：《商标新论》，元照出版公司 2006 年版，第 6 页。
❷ S. Res. 1339, 79th Cong. (enacted) (1946).
❸ McCarthy, supra note 126, 3.01 [1].

这些看起来种类各异之物,它们之间共同的东西是什么?至少可以说,都是符号。当人们在街道上或者生活中穿行遇到这些东西时,(兼有消费者身份的)公众对它们全体,也许并无意识地施以同一行动,即某种解读行动。按照皮尔士的理论,"符号,或者说代表项,在某种程度上向某人代表一样东西。它是针对某个人而言的,也就是说,它在那个人头脑里激起一个相应的符号(心理效应),或者一个更加发达的符号。我把这个后产生的符号称为第一个符号的'意义'(解释项)。符号代表某样东西,即它的'指称对象'。它不是在所有方面,而是通过指称某种观念来代表那个对象"。❶ 这种三元商标符号结构的特点就在于,充分认识到了商标是企业与顾客交流的媒介,商标的所指既可以理解为企业希望赋予的解读,也可以理解为顾客的实际感受,即顾客对符号意义的解读。❷ 商标是一种具有功能的指代符号。"这些符号被固定使用在商品和服务上,成为表征商品和服务提供者所提供服务信息的标志,或者说,成为商品和服务提供者信息的载体,承载了不同于符号自身内容的内容,并建立了与商品和服务提供者的联系"。❸

符号是一个抽象的概念,它通过一定的媒介传达其形态所包含的内容,传递某些含义。"在交际的过程中,通过某种有意义的媒介物传达一种信息,这个'有意义的媒介物'就是符号。"❹ 世界上充满着符号,但是这些符号并非都像字母、公路标志或者像军服那样简单明了,它们是极其复杂的。符号是由区分构成的。因为一个意义永远不可能在隔离的方式中加以分析。意义总是取决于区别。对于洞穴野人而言,其最早发出某种能够表示某种类似于"食物"的东西的声音的前提条件是,这种声音已经并能够同其他声音相区别;而整个世界也已经被划分为食物与非食物两种类型,

---

❶ 皮尔士:"符号学的逻辑:符号理论",见伊尼斯(Robert E. Innis):《符号学文集》,第5页。转引自丁尔苏:《语言的符号性》,外语与教学出版社2000年版,第58页。
❷ 彭学龙:《商标法的符号学分析》,法律出版社2007年版,第63页。
❸ 朱谢群:《创新性智力成果与知识产权》,法律出版社2004年版,第122页。
❹ 俞建章、叶舒宪:《符号:语言与艺术》,上海人民出版社1988年版,第20页。

正是食物与非食物之间的对比使得"食物"的意义得以确定。

商标天生是符号。[1] 作为指称者,商标具有指称作为客体的商品或服务的功能性价值,所携带的意义则是特定商品或服务的出处、与其他生产经营者的不同、其生产者或销售者的商誉以及某种品位、身份甚至社会地位。这里的"意义"即皮尔士的解释项。法国人让·波德里亚在《消费社会》一书中指出:只要把商品当作表达意义和信息的符号来操纵和使用,它就属于"符号消费"。[2] 商标作为一种符号给消费者带来的,不仅有关于商品或服务自身的使用价值,更带来了其他的附加值;这种附加值就是商标的"符号价值"。商标的符号价值也正存在于同一品牌商品之间的差异。这些差异不仅是商品本能上的,而且是符号上的,包括产品质量、服务档次等;这种差异构成了特定产品的独特性和差异性的符号。商标的符号价值通过两方面表现出来:(1)本身的独特性符号,即通过造型、色彩等设计来显示与其他商品的不同和独特性;(2)通过商标符号显示出该品牌的社会象征性等。商标的作用就是作为一种符号来引导消费者消费;商标成为区分商品之间差异的手段,让消费者通过认知商品进而影响其购买决定。

不过,绝大多数用作商标的文字和符号都源于公共领域,不能私有。字母、词汇和阿拉伯数字对于表达思想感情和真知灼见就好比空气、阳光和水对于享受自然生活一样重要。所有这些都是人类共同的财富,人们完全可以平等地分享。"任何人都可以畅饮这生命之泉,但无论谁都无权独享"。[3] 符号属于意义的世界,是人的群体约定俗成的产物:不管符号如何变化,也不管用来制造这些符号的材料是什么(例如,你是用红笔还是用黑笔画出某种符号都不影响人们运用它进行交流),只要人们赋予它们约定俗成的意义,它们都能用来表达和交流人们之间相互理解和领会的情感

---

[1] 朱谢群:《创新性智力成果与知识产权》,法律出版社2004年版,第127页。

[2] [法]波德里亚著,刘成富译:《消费社会》,南京大学出版社2006年版,第13页。

[3] Avery & Sons v. Meikle & Co., 81 Ky. 73 (1883).

和思想。❶ 因此，在理论上，尽管可供人们选择用于区分彼此营业的符号是无穷的，然而企业总是倾向于从既有符号资源库中选择用于表彰自己商品或服务的标志或者传递相关商业信息的符号，现实商业世界中有关使用商标符号的冲突亦部分根源于此。

第三节 商标的功能

商标作为人为创设的符号，❷ 是人类商业贸易复杂化的结果；❸ 对商标符号的保护其实就是保护商标的功能和社会属性。皮尔士曾直截了当地指出符号意义的客观性。他认为符号意义不是由某个人决定的，因为认识过程是一项集体的事务；"或早或迟，信息或推理最终将引导我们去发现事物的真相，它不以你我的想象为转移。因此，现实的概念从一开始就离不开一个生生不息并不断增长知识的社团"。❹

就商标法律制度的发展过程来看，在简单商品经济条件下，几乎所有的交易行为，在本质上均属于区域性者居多，消费者对制造商的认知与依赖程度，同其购买欲有着实质的关联。❺ 因此，商标的指示功能主要局限于指示产品的确切出处。但时至今日，只有那些对社会现实熟视无睹的人才会认为商标的功能止步于此，商标的功能早已随时代的变迁而发展。当代社会科技和运输的发展，使得国际贸易空前繁荣，商品流通早已跨越国界、无远弗至；商品与服务之间的竞争，仰赖于商标者良多，商标的功能

---

❶ 汪堂家："记号、符号及其效力——从哲学与符号学的观点看"，载《复旦学报（社会科学版）》2004 年第 3 期。

❷ 王莲峰主编：《商标法案例教程》，清华大学出版社 2008 年版，第 2 页。

❸ 邓宏光："欧洲商标法的早期历史"，见张玉敏：《中国欧盟知识产权法比较研究》，法律出版社 2005 年版，第 181～196 页。

❹ Peirce, C. 5. ed.: Charles Hartshorne, *The Collected Papers of Charles Sanders Peirce*, Volume 1–6 [C]. Cambridge, MA: Harvard University Press, 1931–1935. 转引自张良林："论皮尔士与索绪尔符号学观中的相通之处"，载《邢台学院学报》2004 年第 4 期。

❺ 曾陈明汝：《商标法原理》，中国人民大学出版社 2003 年版，第 11 页。

更发生了重大变化。

如今的商标早已从简单的商品标志,演变成为受到法律保护的、具有特定含义的无形资产;商标标示商品来源的功能也日益狭窄,而其表彰商业信誉、品质保障及广告宣传等经济功能则日益显著,甚至达到能够决定商业经营成败的地步。❶ 正确认识商标的实际属性和功能,是理解商标权制度的基础,也是思考第三人一定条件下享有正当、合理使用他人商标之自由的前提。

一、商标的基本功能

商标为表彰商品之标志。厂商用以表彰其商品或服务,以与他人之商品或服务相甄别。商标的基本功能有二:(1)表彰来源和区分产品;(2)表彰商品来源和区分的功能。二者具有必然的关联性,乃是一体两面的关系。❷ 法院常常将商标定义为"主要功能在于标示其所附着商品的出处或所有权"❸ 的标志、符号或记号,由此可见这两项功能的重要性。

(一)表彰商品来源的功能

所谓表彰商品来源的功能,是指商标所具有的确定产品或服务的来源、出处的作用或者能力。❹ 早在古罗马时期,人类就已经在使用商业标志指示货物的来源,但对该功能进行法律保护的重要性,随着工业生产的扩大与发展日益凸显,概因复杂的商品经济固然需要大量的交易商,但与此同时生产者与消费者之间却被销售链条所阻断。面对销售链条,生产者无法控制、无法禁止第三人使用自己的商标出售他们的商品。法律如何对此类贸易转移实施控制自然成为生产者关切的问题。商标法确认了保护商标表彰商品来源功能的必要性,生产者通过商标向消费者展示自己而不是他人

---

❶ 文学:《商标使用与商标保护研究》,法律出版社2008年版,第28页。

❷ 曾陈明汝:《商标法原理》,中国人民大学出版社2003年版,第9页。

❸ Hanover Milling Co. v. Metcalf 240 U. S. 403, 412.

❹ T. Cohen Jehoram, C. v. Nispen and J. L. R. A. Huydecooper, *Industriele Eigendom*: *Merkenrecht*, Deventer: Kluwer. 39 (2008).

生产了特定的产品，而这主要是通过禁止对商标的混淆使用来实现的。

起初，商标权保护的是产品与其特定、准确来源之间的联系。然而，对于拥有跨越广阔地域和市场或者通过复杂的销售渠道才到达消费者手中的商品而言，绝不能说一般消费者都知道其准确出处，何况消费者通常也并不关心产品的确切产地。他们更多地基于产品的特质设法寻找特定的产品。因此，如今的商标法所保护的是商标与其代表的某产品的稳定来源之间的联系，尽管对消费者而言，他们并不知晓该产品的特定产地。在知道或想要购买商品或服务的消费者中，知道或者关心真正产地或制造者的人少而又少，是再自然不过的事情。在消费者心目中，商标这一名称无非是一个符号，传达着品质优良和稳定的保证信息等资讯。商标只是向消费者保证，其所附着之商品源于同一出处，或者通过同样的商业渠道到达消费者手中。消费者知道附有商标之商品的确切出处与消费者知道附有同样商标之两件商品源于同一出处，这两种说法之间不存在任何实质区别。事实上，消费者并不知道原告商品的确切出处，因此公众将被告商品当作原告商品购买并不意味着受到欺骗。从现实的角度而言，消费者事实上并非将商标当作出处的标示，而只是视其为一种保证，即附有某商标的商品与其曾经购买的附有同一商标之商品具有同样的优良品质。商标实际上起着推销商品的作用。[1] 所谓表彰商品来源的功能，其实是指消费者印象中的相同商品的来源而言，这就是商标法上的匿名来源理论。

现代社会物资丰富，可供选择的商品和服务不计其数。在这种情形下消费者关心商标显然不是为了获得有关精确来源的指示，而是因为使用相同商标的商品在品质上的恒定，消费者根据既有经验，便可放心消费。这一理论已经获得承认——商标的基本功能是表明使用该商标的商品具有唯一的来源，并向终端消费者保证这些商品会符合原有的质量标准，或者在许可使用的情况下商品质量由商标权人控制。当代商标法上商标所具有的

---

[1] Frank I. Schechter, *The Historical Foundations of the Law Relating to Trade-marks*, New York: Columbia University Press. 150 (1925).

表彰商品来源功能，实际是指抽象来源。抽象来源理论为商品来源功能的实质性突破提供了基本的理论依据。

（二）产品区分功能

商标的区分功能与其表彰来源的功能是一致的，所不同的是它立足于消费者的视角。对消费者来说，商标最重要的作用就是帮助他们辨别、选择自己需要的商品。例如，"Nokia"表明该手机是由 Nokia 公司或者经其许可的企业生产，消费者借此将附有 Nokia 商标的手机与其他品牌的手机区分开。

商标的区分功能在批量产品中尤为突出。19 世纪，杂货商提供诸如燕麦或肥皂之类的货物，由于此类产品通常可更换，消费者无法将其与其他生产者的产品相区分。一直到生产者开始使用包装以及像"Qualer"这样的标志，消费者才能够将有着不同来源的不同种类的燕麦区分开来，生产者也得以借助于商标在消费市场展开竞争。

商标的区分功能与社会分工、生产力的发展、商业的繁荣有着密切关系。在古代社会，人们日常生活所需的物品，基本上都是自给自足。唯有一般人无法自行生产的物品，方有于市场上购买之必要。由于制造、销售商品的生产者、交易者不多，选择的机会也不多。商业标志的区分功能自然无从凸显。工业革命之后，生产力的发展带来产品的丰富和多样化，也带来了同类产品的迅速普及。市场竞争激烈，客观上产生了区分商品以供消费者选择的需要，商标作为产品信息载体，其区分功能自然获得重视。

德国学者强调，商标赋予商品和服务个性化特征，使商业贸易脱离了匿名状态，因此将区分功能视为商标首要和基本的功能。[1] 欧洲商标法则将商标的区分功能作为《协调成员国商标立法 1988 年 12 月 21 日欧共体理

---

[1] K. H. Fezer, Markenrecht, München：Verlag C. H. Beck. 30（2001）.

事会第一号指令》（89/104/EEC，简称欧共体商标一号指令）❶ 及《欧共体商标条例》商标定义中不可缺少的一部分。欧共体商标一号指令（TM Dir）第 2 条规定，"任何可用书面形式表示的标志，特别是文字，其中包括人名、图案、字母、数字、商品形状或其包装组成，只要这些标志能够将一个企业的商品或服务同其他企业的商品或服务区别开来"。❷ 因此，不能区分商品或服务的标志不得注册为商标。

商标的区分功能及在当代相对显得不那么重要的表彰来源的功能，简化了消费者的经济决策，因此在商业竞争中发挥了重要的作用。此外，商标的区分功能帮助消费者将产品的特征与商标联系起来，商标使得消费者得以利用其在先体验在后续的购物中选择相同的商品。以 Coca Cola 为例，消费者在体验过该软体饮料后，便可借该商标再次购买或者不再购买有关商品。在多样、大量的商品中，让消费者便捷地识别和区分，从而选择自己需要的商品，是商标最主要的也是其他标志无法取代的一项功能。

二、商标的品质保障功能

所谓品质保障功能，与商标法所规定的标示商品内容和质量等并非同一概念。依据商标法标示的商品品质是商品的具体质量，而商标所表彰的商品品质，则是消费者对该商品品质的主观感受。显然，一个上万元的 LV 手提包和一个价值 10 元的布包，如果仅仅以能否装东西来比较，二者的

---

❶ 2008 年 10 月 22 日，欧盟议会和理事会颁布第 2008/95/EC 号指令。该指令在欧盟官方刊物上公布后 20 日起生效，取代 89/104/EEC 号《协调成员国商标立法 1988 年 12 月 21 日欧洲共同体理事会第一号指令》（简称《一号指令》），规范欧盟成员国的商标立法。相对于旧版《一号指令》，新版本没有任何实质的变化，只是在形式上进行了重新编辑。http: //www.cta315.com/infor_ vewe.asp? infor_ id = 37840&class1_ id = 19&class2_ id = 101，更新时间：2009 年 3 月 9 日，访问日期：2011 年 11 月 15 日。

❷ Any sign capable of being represented graphically, particularly words, including personal names, designs, letters, numerals, the shape of goods or of their packaging, provided that such signs are capable of distinguishing the goods or services of one undertaking from those of other undertakings. Art. 2 TMDir, implemented in Art. 2.1 BVIE and § 3 MarkenG; Art. 4 TMReg (underline added WS).

"品质"其实相差无几。

有学者认为,商标具有保障商品品质的功能。商标的这一功能建立在这样一个假定的基础上——持有特定商标的商家所生产的产品或提供的服务具有恒定的品质,它并不意味着对商品或服务实际质量标准的担保。如果附着特定商标的商品不能拥有消费者期望的特性,消费者对该商标的使用将演变为利用这一标志控制自己对相关商品的购买。例如,如果生产商开始贩卖鱼肉味道的火星巧克力棒,消费者会因为失望而拒绝或者停止购买火星巧克力棒。消费者预期所带来的经济压力将引导生产者或服务提供者将其产品或服务的质量维持在相差不多的水平上。其结果就是,对消费者而言,商标具有品质保障的功能。吉伦（Gielen）和维奇尔斯·赫斯（Wichers Hoeth）同时也指出,消费者实际上并不期望产品特征的连贯性和一致性,他们更期望产品和服务能够随着时间的推移而变化。❶ 但是,这种预期的变化显然并不是那种让人失望以致拒绝再次购买的变化。

在欧洲,有学者认为,欧盟商标法并没有为商标的此项功能提供特别的保护,因为法律没有要求商标权利人保证使用同一标志的商品具有相同的特征。在欧共体商标一号指令实施前,德国商标法要求申请注册商标者必须有实际的商品和产品;然而欧共体商标一号指令则允许商标与营业相分离的总括性转让,这表明欧洲商标法并没有特别保护商标的品质保障功能。在美国,有学者指出,"品质保障理论只是原有来源理论的一个方面,即来源理论被扩展为不仅包括制造来源,还包括品牌商品的质量标准之来源"。美国的兰哈姆法第 10 条则毫无疑问地保护商标的此项功能,禁止转让没有商誉的商标的规定,就是为了保证商品品质的延续性和预防对消费者的欺诈。❷ 鉴于 TRIPs 协议明确规定商标可以脱离营业单独转让,在实

---

❶ C. Gielen and L. Wichers Hoeth, *Merkenrecht*, Zwolle: E. J. Tjeenk Willink. 11 (1992). 转引自 Wolfgang Sakulin, *Trademark Protection and Freedom of Expression*, the Netherlands: Boxpress BV, Oisterwijk. 39 (2010).

❷ L. Altman and M. Pollack, *Callmann on Unfair Competition, Trademarks and Monopolies*, Eagan: Thomson Reuters/West § 20.44. (2008).

践中，美国采取了灵活务实的做法。可以说，《兰哈姆法》第 10 条的规定已经沦为具文。❶

欧洲法院法律顾问（Advocate-General）❷ 就商标的品质保障功能所做的阐述有助于解释上述现象，"商标发挥着保持产品质量始终如一的激励作用，因为对消费者来说，商标是一种承诺，它保证使用该标志的所有商品均由同一生产者制造或者在其掌握控制下，因而具有类似的品质。商标的这种品质保障功能并不是绝对的，因为生产者有改变品质的自由；然而，如果生产者果真这样行动了，他当然要自担风险，由他自己而不是他的竞争对手负责承受因品质衰退带来的后果。因此，尽管商标没有为产品的质量提供任何法律上的保证——这种保证的缺乏可能会使有的人低估他们的重要性，在经济意义上，它们确实提供了保证，这种保证通过消费者日复一日地发挥作用"。❸

三、商誉承载功能与商业广告功能

从商标权利人的视角审视，商标承载商誉的功能和广告的功能昭然若揭。商标不仅具有向消费者传递有关产品或服务信息的作用，更有创立和积蓄商誉的功能，推动经营者为其产品或服务制造额外的购买动力。

商誉是一项无形资产，包括良好名声和（或）美誉以及固定消费者的满意度或技术效率。例如，Coca Cola 商标所承载的商誉明显多于超市里带

---

❶ Irene Calboli, Trademark Assignment "With Goodwill"：A Concept：Whose Time Has Gone, *Florida Law Review*, Vol. 57. 771（2005）.

❷ 欧洲法院法律顾问是法官的助手，负责对交给他们的案件发表法律意见。他们能够询问当事人，并在法官作出判决前对法律问题发表意见。与法院判决不同，法律顾问的书面意见是个人作品，因此有更强的可读性。同时，它处理法律问题的视野也比法院广，不局限于待判的个案。法律顾问的意见只是建议性的，对法院不具有拘束力。尽管如此，它仍然非常有影响力，在大多数案件中都被采纳。欧洲法院法律顾问共有 8 人，其中 5 人由德国、法国、英国、意大利和西班牙举荐，另外 3 人则来自其他的欧盟国家。转引自 [德] 于尔根·巴泽多、赵文杰："欧洲法院与私法"，载《清华法学》2011 年第 4 期。

❸ AG Jacobs 13 March 1990 SA CNL-Sucal NV v. Hag GF AG（"Hag II"），Case C-10/89.

有私人标签的可乐。商誉也可以被看作消费者的总体满意度及可以预期的消费者购买附有该商标的产品的愿望这二者的集合。商标是商誉的典型载体。❶ 根据美国商标学说,"商誉仅仅是一个概念,它的存在需要像商标和商号这样的可感知的符号。就像名气不能离开人自行存在一样,商誉也不能与交易、营业相分离。所谓商誉就是他人眼中的营业。如果交易不为人知,商誉就没有附加的商业价值"。❷

商标的商誉承载功能是指商标对外界传递和代表营业或其产品和服务的能力。商誉将顾客和企业、产品联系在一起,对企业的市场地位具有重大影响力。

借助商誉,企业得以将其商标与某种商品之间的积极关系转移至使用同一商标但不同种类的另一商品上去,这意味着商标可以成为独立的商誉承载体。❸

广告功能是指商标具有的向消费者提供有关购买的额外信息或替代动力的作用。例如,除了产品或服务自身的特征以外的购买原因。1928 年,谢希特在一篇对后世有重大影响的论文中,对商标的广告功能进行了描绘。在该文中,谢希特将商标称为"缄默的销售者",并强调,制造商或进口商正是通过商标,越过零售商的肩膀、跨过零售商的柜台直接面对消费者的。通过这样一种叙述,谢希特论证了商标作为商誉承载者的价值。

1942 年,美国联邦最高法院的法官法兰克福特(Frankfurter)极富表现力地勾勒出商标的广告功能:"事实就是,我们依靠符号生活,通过商标购物。商标帮助购买者缩短了选择的时间,引导他们相信自己的购买需求。标志的所有人竭尽所能开发利用这种人类本性倾向,通过一个适宜的符号的描绘能力灌注这种市场氛围。无论使用何种措施,结果都是一样的——

---

❶ L. Altman and M. Pollack, *Callmann on Unfair Competition, Trademarks and Monopolies*, Eagan: Thomson Reuters/West § 1: 11. (2008).

❷ 同上。

❸ P. J. Kaufmann, *Passing off and Misapropriation in the Law of the Unfair Competition*, diss., Utrecht: (1985).

通过标志在消费者的脑海里传递对商品的渴望"。❶ 阿特曼（Altman）和波拉克（Pollak）则采用了以下表达，"通过想象，消费者的嗜好受到影响，甚至被创造，而事实不过是在一定程度上流行的事物可能轻易就影响了购买者的判断。因此，商标有时候是在兜售令人信服的观念而不是产品的质量。相互竞争的产品之间的实质差异往往非常微小，因此竞争通常发生在商标而不是质量之间"。❷

商标承载商誉和广告的功能已经得到荷兰与德国司法和学说的认可。比荷卢法庭已经在很大程度上保护商标的这两项功能。❸ 1975 年，"Claeryn/Klarein"一案的判决表明，商标具有劝诱消费者购买的控制力，这项功能或者说性能需要商标法加以保护。❹ 在 1977 年 Capsule 案的判决中，比荷卢法庭主张，承载商誉和广告的功能是商标一项必不可少的功能，它仅次于来源保障功能，从而保护权利人的商誉。❺

在欧共体商标一号指令实施之前，《德国商标法》（1995 年）并不支持对商誉或广告功能的法律保护。商标的法律保护仅限于表彰来源和产品区分功能。尽管如此，德国在商标法之外，通过不公平竞争法上的两条各自独立的原则——对驰名商标（particularly well-known trademarks）的显著特征和声誉的反淡化保护、打击不法利用知名商标（well-known trademarks）声誉的搭便车行为，以此对商标的商誉或广告功能加以保护。❻

比阿斯奇亚（Bröcher）、霍夫曼（Hoffmann）和萨贝尔（Sabel）则主张，修订后的《德国商标法》有关商誉的规定可用于保护商标的美名，商

---

❶ U. S. Supreme Court 4 May 1942 Mishawaka Rubber & Woolen Mfg. Co. v. S. S. Kresge Co. , 316 U. S. 203（1942）.

❷ L. Altman and M. Pollack, *Callmann on Unfair Competition, Trademarks and Monopolies*, Eagan：Thomson Reuters/West § 17：4.（2008）.

❸ R. W. Holzhauer, *Inleiding intellectuele rechten*, Den Haag：Boom Juridische Uitgevers. 330（2005）.

❹ BenCJ 1 March 1975（"Claeryn/Klarein"）, Case A 74/1, NJ. 472（1975）.

❺ BenCJ 9 February 1977（Capsule）, NJ. 415（1978）.

❻ Wolfgang Sakulin, *Trademark Protection and Freedom of Expression*, the Netherlands：Boxpress BV, Oisterwijk, 41（2010）.

标承载商誉的功能因此得到保护。根据他们的观点,《德国商标法》有关规定已经事先假定权利人通过商标积蓄了信誉,商标已经获得内在的价值。构成这种价值的事实基础是,在消费者眼中,该商标有着正面积极的意蕴。❶ 与之类似的是,费策(Fezer)在其著作《德国商标法评论》中言及商标的广告功能时,也谈到了法律保护的重要性。❷

一个市场经济的体系,有着堆积如山的商品提供给大量的消费者;而其中大多数商品,则是通过包含着精微的科学技术知识和高度复杂的工业生产所得到的。❸ 然而,在市场环境中,各种产品的"工艺知识"不可能都一一获得,个人无法拥有完整的或充分的关于货物品质的各种资讯。在市场中,所谓的消费者"自由选择"已经变得无异于一场"想当然的实验"。从生产经营者的角度来看,在市场竞争中商标区分功能极其重要,如同在海上航行的船只都会悬挂各自的旗帜那样,不同商标意味着商品由不同的生产经营者提供。从现实的角度而言,消费者并非将商标当作出处的标示,而只是视其为一种保证,即附有某商标的商品与其曾经购买的附有同一商标之商品具有同样的优良品质。商标实际上起着推销商品的作用。❹ 因此,商标已经成为商品营销过程中的一个环节;对消费者来说,商标则是把其需要与商品拉到一起的整个过程中的一部分。

谢希特早已强调指出,商标真正的功能就是表明某产品令人满意进而刺激消费大众继续购买。任何商品的生产、制造,其目的无非是销售给他人;而欲使购买者认识并购买其商品,则通常需要加以宣传广告,广告则必须借助商标。如果没有商标的识别,则购买人面对众多商品将无从选择。如今的消费者,借助于电话、汽车、公共汽车、城市之间的高速无轨电车

---

❶ J. Bröcher, M. L. Hoffmann and T. Sabel, *Dogmatische Grundlagen des Markenrechts*, Münster: LIT. 41 (2005). 转引自 Wolfgang Sakulin, *Trademark Protection and Freedom of Expression*, the Netherlands: Boxpress BV, Oisterwijk. 41 (2010).

❷ K. H. Fezer, *Markenrecht*, München: Verlag C. H. Beck Einl. no. 33. (2001).

❸ Leiss, W., *The Limits to Satisfaction*, Marion Boyars, London, 7 (1976).

❹ Frank I. Schechter, *The Historical Foundations of the Law Relating to Trade-marks*, New York: Columbia University Press. 50 (1925).

和火车的帮助，已不再将自己的采购范围局限在住所附近，而是越来越依靠商标和商号作为商品质量的标志和满意的保证。❶ 对于生产者或进口商可以借助商标越过零售商的肩头、跨过零售商的柜台直接面对消费者这一事实，无论怎样强调都不过分，因为这正是商标保护制度的关键所在。

本章小结

人是一种符号动物。商标作为经济生活中最重要的符号之一，作为一种文化现象，对人们的生活发挥着举足轻重的影响。❷ 法律上把商品或服务的标志称为商标，学者们则把商标称为"表彰商标的标志"或"识别商品或服务的标志"。所谓表彰商品，目的无非识别，故二者差异不大。但用于表彰商品和服务的标志，并不一定是商标法上的商标。商标法上的商标，是一种有关商品和服务的识别性标志。考察不同国家有关商标的立法，不难发现，与传统的有关商标概念的界定相比，当代商标法律界定呈现扩张的趋势。这种扩张首先表现为商标权利客体的扩大，其次表现为商标整体概念的弹性化。但无论如何，这种扩张始终都围绕着商标的构成条件以及商标的功能这两大要素展开。对商标的符号学分析，有助于深入认识商标的实质与功能，也可以对这种立法上的扩张提供合理的解释。

较之专利权和版权，商标权几乎与商业同时产生。作为商品经济的产物，商标起源于两种标志——所有权标志和管理标志或者生产标志。从商标法形成之初到现在，立法有关对商标的功能性定义几乎没有发生过任何变化。从历史的源头看，这样定义是合理的。❸ 然而，当代商标的功能早已随时代的变迁而发展。从结构上看，商标不仅仅是一个单纯的标志，而

---

❶ Frank I. Schechter, The Rational Basis of Trademark Protection, 40 *Harv. L. Rew.* 813 (1926–1927).

❷ 黄晖：《驰名商标和著名商标的法律保护》，法律出版社2001年版，第23页。

❸ Frank Schechter, *The Historical Foundations of The Law Relating to Trade-Marks*, Columbia University Press, 19 (1925).

是具有信息功能的符号,由作为能指的符号(代表项)、特定的商品或服务即符号的对象(所指、指称对象)、商标标志所表达的有关商品的出处和商誉等有关信息就是符号的解释(对象、解释项)组成。商标是一种符号,符号意指过程(semiosis)是指符号意义的产生过程。它是从符号到对象再到解释项的一个相对完整的过程,符号意义的产生就是符号对象和代表项三者之间动态反应的结果。皮尔士曾把解释项进一步细分为直观意义(immediate interpretant)、动力意义(dynamic interpretant)和终极意义(final interpretant),❶可见符号的意义是不断变化和丰富发展的。而意义的形成离不开解释者的操作,人类生活经验则是意义的重要来源,不同时代的解释者对同一符号的解释是会变化的。❷

就商标法律制度的发展过程来看,从中世纪到19世纪,几乎所有的交易行为,在本质上均属于区域性者居多,消费者对制造商的认知与依赖程度,同其购买欲有着实质的关联。❸因此,在简单商品经济条件下,商标的符号指示功能主要局限于指示商品的确切出处。❹当代社会科技和运输的发展,使得国际贸易空前繁荣,商品流通早已跨越国界、无远弗至,商品与服务之间的竞争,仰赖于商标者良多。商标的功能则发生了重大变化:其标示商品来源的功能已日益狭窄,其表彰商业信誉、品质保障及广告的功能等经济功能则日益显著,甚至达到能够决定商业经营成败的地步。对商标功能的了解,是理解商标权法律保护的前提和基础,也有益于对商标法律保护的适度把握。

---

❶ 丁尔苏:"论皮尔士的符号三分法",载《四川外语学院学报》1994年第3期。
❷ 张良林:"索绪尔与皮尔士符号学观差异分析",载《长春师范学院学报》2004年第4期。
❸ 曾陈明汝:《商标法原理》,中国人民大学出版社2003年版,第11页。
❹ 文学:《商标使用与商标保护研究》,法律出版社2008年版,第28页。

第二章　商标权保护的理论基础

有学者指出,知识产权是保护技术开发或创造、经营等正常进行的一种权利制度。它是和技术—开发—消费者组成的市场结构相对应的一种权利。从本质上说,知识产权是为了不让竞争对手销售自己的产品或商品而拥有的一种垄断顾客的权利。❶ 法律通过对商标所有人赋予权利的方式实现对商标的保护。从权利内容上看,商标权的权能主要可解析为两个方面:商标专用权、商标禁止权。前者为商标所有人对其商标依法享有的排他性支配权,后者是禁止他人未经许可使用其商标的权利。显然,法律所赋予的商标权利,具有限制模仿和竞争的效用,使商标所有人获得了一定的垄断。

商标所有人通过商标这种特定符号整合于商品环境,目的是使所有潜在的消费者通过自己的商标购买其商品或服务,以获取相应的收益。❷ 然而,这种权利的实施,既需要有购买产品或服务的消费者,也需要提供产品或服务的竞争者。市场中当然存在众多的供应者和需求者参与竞争,❸ 因此商标法既需要保护商标人的利益,也需要调整消费者和其他竞争对手的利益。法院以及学者们经常根据商标在贸易中的功能,并直接从功能演

---

❶ [日]富中彻男著,廖正衡等译:《市场竞争中的知识产权》,商务印书馆2004年版,第1页。

❷ Mishawaka Rubber & Woolen Mfg. Co. v S. S. Kresge Co., 316 U. S. 203, 205 (1942). 转引自冯晓青:《知识产权法利益平衡理论》,中国政法大学出版社2006年版,第129页。

❸ [日]富中彻男著,廖正衡等译:《市场竞争中的知识产权》,商务印书馆2004年版,第13页。

绎出对商标权利进行法律保护的必要性，以此来证明商标权利及其范围的正当性。

出于平衡商标权利保护及表达自由背后的正当利益的需要，我们有必要了解赋予商标权利的正当性基础是什么、这些正当性理由赋予的商标权利又有哪些。基于分配正义这一最基本的前提，商标权这一财产权、排他权并不是不证自明的权利，而是需要相关理论来证明的，因为这类权利排除了第三人对商标符号的多种使用方式。就商标而言，这些权利通常阻碍了第三人提供信息和交流信息。

因此，笔者将检讨相关理论，即经济上的正当性（如搜寻成本原理与动态效率原理）以及与不正当竞争或者洛克的劳动理论有关的、建立在道德或公平原理上的正当性，为商标权利的适度保护提供更多的理论支持。

第一节 商标权的内容

知识产权的客体是人类在科学、技术、文化等知识形态领域创造的智力成果，它与民法中的有形财产为并存的民事权利客体。较之有形财产，无形财产权自有其特殊性。一般而言，有形财产之大小、形状，有形不动产之位置、外观，即可标明此物与彼物的区别，展示本权与他权的界限。❶对财产权的保护以权利的内容和范围清晰为前提，法律为保护有形财产权，不论有形财产的性能、用途、价值如何，权利人在所享有的基本权能方面并无差异，均被授予占有、使用、收益、处分等权能。因此，法律也不需要就其保护范围加以特殊规定。然而，无形财产不具备具体的形态，亦不占有一定的空间，权利人与义务人之间行为界限所针对的对象并不十分清晰，因此无法明确地判断权利的界限。简言之，由于权利对象的控制无法像有体物那样有基本的物理判断标准，对无形财产只能也必须由法律就保护的内容与范围进行特别的规定。因此，商标法对商标权利的内容范围等

---

❶ 吴汉东、胡开忠：《无形财产权制度研究》，法律出版社2005年版，第134页。

自有其规定。

一、商标专用权

　　商标权被惯常定义为商标所有人对其注册商标进行支配的权利。商标权是一个集合概念。从权利内容上看，商标权包括商标专用权、禁止权、转让权、许可使用权等。标志只有经过使用，才能具备区分商品来源的功能，从而成为实质意义上的商标。❶ 因此，尽管商标权在权利内容上涵盖了专有使用权、禁止权、转让权、使用许可权诸多权能，然而唯有专用权是最基本的一项权利。所谓专用权，是指商标所有人对其注册商标享有的专有使用的权利。其法律特征为，商标权人可以在核定的商品或服务上独占性使用核准的商标，并通过使用取得其他合法利益。专用权是商标权的核心，其他权利皆由其派生而来。没有专用权，其他权利便失去了依托。

　　作为无形财产权，商标权一经授予，便依法受到保护。在法学理论中，权利与义务经常相提并论：权利对权利人而言，意味着自由；对义务人来说，意味着限制的边界。从商标权利客体的非物质性特点出发，法律必须对商标权的范围予以明确的划定，以便权利人正当行使权利；也有利于他人知悉属于私权的领地，避免侵权。❷ 就商标权而言，在法律规定的范围内，商标权利人对自己商标可以行使各项专有权利；在法律规定的范围之外，商标专有权即失去效力，不得排斥他人对相同或相似商标符号的使用。

　　包括中国在内，世界上大多数国家均采用商标注册制度，标志只有依法注册才能取得商标权；投入使用但未注册的商标，其使用人不能享有受法律保护的商标权。商标专用权的范围是从商标和商品两个方面结合加以界定的。❸ 我国《商标法》第51条规定，注册商标的专用权，以核准注册的商标和核定使用的商品为限。《日本商标法》第27条规定，"注册商标的范围，以申请书中记载的商标为基础确定。指定商品或者指定服务项目

---

❶ 文学：《商标使用与商标保护研究》，法律出版社2008年版，第2页。
❷ 吴汉东主编：《知识产权法》，中国政法大学出版社2004年版，第217页。
❸ 同上。

范围,以申请书中的记载为基础确定"。❶《法国知识产权法典》第 7 卷第 3 章"注册赋予的权利"L.713-1 条规定,"商标注册赋予其注册人的所有权就该特定商标以指定的商品及服务为限"。❷这说明,商标专用权以注册登记的商标符号为据,以核准使用的商品或服务类别为限;商标专用权并不涉及与注册登记的相似的标志,也不涉及与核准的商品或服务类别相似的商品与服务。这与商标的功能有关。商标产生于商品生产之后,是生产者、经营者用以表彰其生产、销售的商品或所提供服务的标志,其基本功能是向消费者标示出有关商品或者服务的来源特征,使之区别于其他来源的商品或者服务,以避免混淆的可能。❸核准注册的商标及使用该商标的商品或服务均由主管机关依法公告,为公众知晓。如果商标符号及其适用的商品或服务可随意更换,则商标的作用将无法发挥,消费者亦无从识别与区分,商标注册制度也就失去了存在的必要。

作为一项积极权利,商标专用权是指注册商标所有人对其注册商标享有的独占性使用的权利;这项权利具有强烈的现实意义。商标是经营性标识,人们对商标的"占有"不像对物质产品那样体现为具体实在的控制,而是认识和利用;这种符号或者标志,可以多个主体同时"占有"、共同使用。因此,注册商标只有"专用",才能保证商标权利的经济意义。❹

二、商标禁止权

商标禁止权是指商标权人依法享有的禁止他人未经许可擅自使用其注册商标的权利。在法律上区别使用权与禁止权,在于两者具有不同的效力范围。使用权涉及的是注册人使用注册商标的问题,禁止权涉及的是对抗

---

❶ 李扬译:《日本商标法》,知识产权出版社 2011 年版,第 23 页。
❷ 《法国知识产权法典》,1992 年 7 月 1 日制定,1999 年修订。
❸ Jeremy Plillips & llanah Simon, *Trade Mark use*, Oxford University Press Inc., New-York, 25 (2005).
❹ 郑其斌:《论商标权的本质》,人民法院出版社 2009 年版,第 104 页。

他人非法使用注册商标的问题。❶ 禁止权是商标权中与使用权具有同等重要作用的一项权利；没有禁止权，使用权便无法获得真正的保障。因此，商标禁止权被认为是商标权人用以保护其注册的一项防御性权利。❷

同版权和专利权相比，商标权的特征在于"专用权"与"禁止权"的范围并不一致，后者的范围远大于前者。在专利权和著作权的法律保护中，专利权人、著作权人的"专有权"与"禁止权"在范围上重合，权利人独占行使权利的范围也就是其禁止他人未经许可擅自实施的边界——权利人享有"专有权利"即意味着他有权自己实施受"专有权利"控制的行为，也有权阻止他人未经许可实施这种受控行为，而他人擅自实施受控行为就是"直接侵权"。换言之，"专有权利"中所蕴涵的"自己专有使用（作品或专利）的权利"和"禁止他人使用（作品或专利）的权利"在范围上完全一致，就像一枚硬币的两面。❸ 但在商标领域，商标的专用权与禁止权之间却并不存在这种对应关系。

商标禁止权的理论基础与商标之特性与功能息息相关。法律保护商标权益的核心是保护商标与商品或服务之间的联系，因此，权利人的权利限于核准注册的商标和核定使用的商品；但从保护消费者利益和促进有效竞争出发，商标禁止权的效力范围更为宽泛，其触角已经延伸到核定使用的商品或服务的范畴以外。例如，我国《商标法》第52条规定的商标禁止权包括四种：（1）在同一种商品上使用与其注册商标相同的商标；（2）在同一种商品上使用与其注册商标相似的商标；（3）在类似商品上使用与其注册商标相同的商标；（4）在类似商品上使用与其注册商标近似的商标。而《商标法实施细则》则规定，不法利用注册商标作为商品名称、包装和装潢的行为也属于侵犯注册商标专用权的行为。事实上，为了保护商标与核准使用的商品或服务之间的联系不被切断、削弱、损害和不法利用，如今商标法中的禁止权甚

---

❶ 吴汉东、胡开忠：《无形财产权制度研究》，法律出版社2005年版，第137页。
❷ 刘明江：《商标权效力及其限制研究》，知识产权出版社2010年版，第58页。
❸ 王迁、王凌红：《知识产权间接侵权研究》，中国人民大学出版社2008年版，第99页。

至扩张到将注册商标作为商号、域名等加以使用的行为。

商标禁止权的范围宽于专用权的范围,是由商标法的宗旨决定的。在现代市场经济条件下,同类商品的经营者为数众多,消费者借助商标将一定的商品或服务与经营者联系起来,从而选择自己需要和满意的商品、实现成功购物;经营者借助商标推销商品或服务、参与市场竞争、积累商业信誉。然而,商标所有人无法通过实际占有的方式行使权利,因此无法杜绝他人对其注册商标及其商誉的不法利用。正如实际中所发生的那样,这种利用可能因混淆引起,也可能由淡化引发。就商标权的保护而言,如果商标禁止权的范围仅仅局限于"在同一种商品或服务上使用相同的商标",显然不足以保护商标权人的合法权益。因此商标权不仅应当拥有禁止权,而且禁止权的范围也必须大于专用权。

三、商标许可权和转让权

许可权是指注册商标所有人将其对注册商标的专用权许可给他人行使。许可他人使用注册商标是商标所有人利用商标的一种重要方式。行使此项权利的法律形式是商标所有人作为许可人与被许可人签订许可使用合同。如前所述,商标是一种符号,商标权人对该符号的使用事实上并不会影响其他人对同一符号的使用。但商标禁止权赋予商标所有人制止他人使用的排他效力;因此,第三人如果要在相同商品使用同一符号,就必须取得商标所有人的许可。在此种情形下,商标权并没有发生转移,仅仅是注册商标所有人同意别人使用自己的注册商标的一种法律行为,在性质上是把商标权的功能和效用扩大。发放许可有助于商标所有人扩展其地理市场、抢占商品市场、获取商标的附加收益,被认为是传播企业及其产品、技术或服务的信息的一种手段。在许可人将其商标、商号连同其他知识产权一同许可的情况下,商标的广告宣传价值显然能够极大地提高。[1] 正由于商标

---

[1] [美] Jay Dratler 著,王春燕等译:《知识产权许可(上)》,清华大学出版社 2003年版,第 22 页。

许可具有促进投资和交易的作用,各国商标法律制度对其均予以认可。

转让是指注册商标所有人将其对注册商标的所有权转移给他人所有。注册商标转让的法律后果是商标权利主体变更。转让权是商标所有人对其商标权最重要的一种处分方式。商标权的转让涉及商标持有人主体的变化,是财产权的完全转移,与仅仅豁免禁止使用效力的商标许可显然是不同的。❶ 在商标转让这个问题上,有些国家对其施加了诸如必须与营业一同转让之类的限制。究其根源,概因商标是商品或服务来源的指示符号,且具有品质保障等功能,关系到消费者的切身利益,同一国的经济秩序也存在重大关联。然而,商标权是财产权,在性质上是可以流通的,而流通性对于财产的市场价值具有重要的影响。无论多么贵重的财产,如果加以限制、不准流通,则其市场价值就会大大降低。商标是只是一个符号,它本身并不代表什么;商标的价值事实上存在于它所表彰的商品或服务上。就如同一个人的名字,如果此人品德败坏,则即使名字美好,也不会被当成圣人和英雄。在商业实务中,消费者通常关注的是商标,而不是哪家公司出品。并且就当今之工艺技术来说,只要产品的成分、配方或构成相同,无论在什么地方或哪一家工厂,都能够生产出相同品质的产品。对受让商标的企业来说,为了获取利润,必然努力保持甚至提高该商品的品质,否则市场自然会优胜劣汰。

商标与其他知识产权保护形式存在根本的不同。商标不是专利和作品,不取决于发明、发现、创作,也不需要天赋和智力劳动。商标授权的理论基础不同于专利权和版权,商标法并不要求商标具有"创造性"和"新颖性",商标法理和学说在很大程度上有赖于需要得到法律保护的商标功能的界定。

商标的功能包括来源指示功能、产品区分功能、品质保障功能及广告宣传、承载商誉功能。在商标功能这个问题上,德国商标学说直接引用受到德国商标法保护的多项功能;荷兰的商标学说主张,商标的功能包括来

---

❶ 郑其斌:《论商标权的本质》,人民法院出版社 2009 年版,第 108 页。

源指示功能、品质保障功能及广告宣传、承载商誉功能；美国学说认为，商标功能包括来源指示功能、品质保障功能及广告宣传功能。欧洲法院（ECJ）经常论及商标的"基本功能"，它作为商标功能合成物，在欧洲内部市场发挥特殊作用。由于欧盟的商标权利的广泛谐调一致，欧盟法院发展出来的基本功能原则成为欧洲各国国内法院用于解释商标权利的一个主要工具。❶

为了保护商标的上述功能，商标法赋予商标所有人各项权利。但在商标所有人享有的商标权利中，最基本的权利只有商标专用权和商标禁止权，但对商标的单纯使用不能实现商标的价值。❷ 禁止权的目的是排斥他人对权利客体的占有、使用和控制。然而，商标是标志商品或服务的符号，它不同于有体物；所以，失去禁止权，无论是商标专用权抑或商标许可权和转让权，均会失去其经济意义。商标法的基础价值是保护商标权，其延伸价值是保护消费者福祉，其核心价值是促进有效竞争。❸ 这些价值的实现统统离不开商标禁止权。

尽管商标禁止权只是一项消极权利，商标所有人不得主动行使，然而，如果没有禁止权的商标专用权，其经济价值亦无从实现。第三人对商标权的侵害表现为对特定符号——商标的不法利用，表现为对商标与商品或服务之间联系的破坏、毁损、搭便车。为此，不少国家商标法中的禁止权，往往既禁止混淆，也禁止淡化。但是，商标禁止权在赋予和保护商标所有人权利的同时，给其他竞争者对商标符号的自由使用施加了限制。显然，商标的功能自身并不能为商标权的赋予提供正当性，因为商标发挥特定功能这一事实并不能为商标权这种具有垄断性质的权利授予以及对该权利的保护提供足够的规范动因。相反，经济原理如搜寻成本和动态效益理论以

---

❶ Wolfgang Sakulin, *Trademark Protection and Freedom of Expression*, the Netherlands：Boxpress BV, Oisterwijk, 35（2010）.
❷ 郑其斌：《论商标权的本质》，人民法院出版社2009年版，第110页。
❸ 罗晓霞："论商标法的多元价值与核心价值——从商标权的'行'与'禁'说起"，载《知识产权》2010年第2期。

及洛克的劳动论、公平或道德原理,这些与不公平竞争有关的原理,却可以为垄断性质的商标权的赋予提供正当性基础。❶

第二节 禁止混淆的经济分析

关于商标的经济功能,波斯纳指出,一个商标对于以之来标示其品牌的企业而言,它的价值在于,通过该商标所传达或者体现的有关该企业品牌品质的信息,可能节约消费者的搜寻成本。❷ 而财产权的动态是指激励,即拥有这样一种权利就说明,考虑到没有任何人可能在时间 2(收获时节)侵占资源,就可以在时间 1(如种植某种谷物时)投资于某一种资源的创造或改进。它使人们可以收获他们所播种的东西。如果没有这种预期前景,就会降低播种的激励。❸ 兰德斯和波斯纳指出,商标法是很经得起经济分析的考验的,而且对商标的法律保护相比对于发明和表达性作品的法律保护,具有一种更加确定无疑的效率根据。❹

一、用于支持商标权的经济理论

支持商标权利正当性的最适当理由莫过于经济学上的成本—收益分析说,该学说把商标权视为管理市场交流的工具。商标权利的经济合理性是福利经济学理论的一部分,福利经济学理论论述了与经济相关的标准公共政策问题。❺ 总体而言,经济学和福利经济学都根植于传统的功利主义(实用主义)理论。简言之,该理论主张,就其研究的所有规则和政策而

---

❶ Wolfgang Sakulin, *Trademark Protection and Freedom of Expression*, the Netherlands: Boxpress BV, Oisterwijk, 88 (2010).

❷ [美] 威廉·M. 兰德斯,理查德·A. 波斯纳著,金梅军译:《知识产权法的经济结构》,北京大学出版社 2006 年版,第 216 页。

❸ 同上书,第 17 页。

❹ 同上书,第 214 页。

❺ J. Hirshleifer, *Price Theory and Applications*, London, Sydney: Prentice-Hall, Inc. 460 (1988).

第二章 商标权保护的理论基础

言，所有经济决策的价值必须且只能通过其功效和结果来评判——这也是该理论被命名为实用（功利）主义或者结果主义的原因，即如果能够实现公共利益的最大化，则被采纳的规则就能够获得正当性。❶

功利主义经济流派的指导原则之一是，自由市场的无形之手会引导市场去实现个人私利与他人利益的契合。❷ 这一观点可一直追溯至亚当·斯密，再以下列形式表现出来："在私利的驱动下，个人自然会将其资源投到能获利最多的地方。但是，为了获得利润，你必须生产他人想要购买的东西。个人利益会自发地引导你去生产能够满足消费者需求的产品"。❸ 该观点认为，在自由竞争的支配下，市场能够自行实现供需平衡。在生产者获取合理利润的同时，价格将保持在最优水平。另外，较之政府控制下的计划经济和垄断生产，自由竞争的成本更低、收效更高。当然，这只是一种简单的描绘。严重的经济危机已经证明，完全自由放任的经济政策并不妥当，政府对市场一定程度的控制是有必要的。无论如何，在当今社会，主流观点仍然确信，自由竞争是管理市场最有效的手段之一。

芝加哥学派的经济学家们都很通晓如何将经济成本收益理论运用于法律，特别是知识产权法。该学派把商标权视为促进市场沟通的重要工具，商标权激励生产者向公众提供高品质和货源稳定的产品和服务。据此，如果给予商标法律保护所带来的好处超过了其潜在的消极后果或成本，就不应当拒绝授予商标所有人此种权利。

拉布雷西和梅拉姆德在《产权规则、责任规则及其不可让与性》中提出了用于保护个人权利的"财产规则""责任规则"和"不可剥夺的规则"。财产规则是"绝对允许的规则"，第三人未经权利所有人同意并支付相应的费用，不得使用其权利。法律一旦给予权利，国家便不再介入，因

---

❶ J. Hirshleifer, *Price Theory and Applications*, London, Sydney: Prentice-Hall, Inc. 463 (1988).
❷ 有关内容可参见亚当·斯密《国富论》中第二章的相关论述。
❸ J. Hirshleifer, *Price Theory and Applications*, London, Sydney: Prentice-Hall, Inc. 14 (1988).

此权利人可自行决定是否转让以及转让的价格等事项。根据卡拉布雷西和梅拉梅德提出的分类法，商标专用权的基础是所谓的"财产规则"，意思是权利人可以自己设置他认为合适的出售或许可的财产的条件——既然他拥有独占和排他的权利，他就拥有这种转让或许可他人的自行决定权。❶据此，财产规则授予的商标权利是有益的；因为它提高了法律的确定性，并使得权利得以完全流通。这一财产规则是管制自由市场贸易的有效手段；然其缺点是，在本质上排除了其他人对同一商品、资源、商标或其他符号标志的使用。如果对标志符号的这些使用对他人而言，十分缺乏或极其独特，则授予这种建立在财产规则上的商标权，会因为权利的排他属性而使第三人承担重大的成本支出。

为了寻找出成本与收益之间的最佳经济效益，所有权的授予和范围因此应当受到像帕累托最优这类福利主义原则的限制。帕累托最优主张，诸如商标权的授予及其范围的确定此类行为，属于对自由市场的介入，因此，只有在它使得至少有一个人更好且没有人更糟糕的情况下，才是合理的。

二、禁止混淆与搜寻成本的降低

商标权经济理论认为，市场失灵的发生是由诸如垄断组织、稀缺资源

---

❶ 卡拉布雷西和梅拉梅德认为，三种财产权的授予一样可以不同，如"财产规则""责任规则"和"不可剥夺的规则"。在责任规则下，所有人以外第三人在承担了客观确定的赔偿金后，有自由使用财产的权利。赔偿金的价值和财产的经济价值由某些政府机构决定。根据责任规则，所有人自身既不能决定财产的价值，也不能排除他人的使用，他对财产的这种排他权利因此缩减。责任规则降低了财产规则排他性的消极效果。然而，如果所有权不明，转让就会蒙受阻碍。因此，责任规则没有为处于危急关头的财物的自由贸易设定有利的条件。他们需要能决定价格的集中权利。这种集中权利被用于规制生产，就生产什么质量、何种产品进行价值判断。然而，集中主义体制已经被证明为是低效的。在知识产权法中的紧急情况下的强制许可就是这种责任规则。"不可剥夺规则"不允许财产的自由转让，即使买卖双方都出于自愿。这些规则不仅"保护"权利，也限制或规范权利的授予。在自然财产法理论中，不可剥夺的观念表现得十分突出，该理论不允许个人自由或身体的销售，如出售身体的一部分。作者的精神权利和表演权就是建立在"不可剥夺规则"观念上的。G. Calabresi and A. D. Melamed, "Property Rules, Liability Rules, and Inalienability: One View of the Cathedral", *Harvard Law Review* (85). 1089 – 1128 (1972).

的过度使用、搭便车行为或信息不对称等造成的，因此把商标看作治疗市场失灵的良药。搜寻成本理论认为，商标权是减少信息不对称的市场失灵的手段，该理论因此关注商标权为消费者带来的益处。

"信息不对称"这一概念最初由乔治·阿克尔洛夫在其1970年的论文《柠檬市场：质量不确定和市场机制》中使用。"柠檬"一词在美国俚语中意思为"次品"或不中用的东西，在文中被用于指称质量低劣的汽车。阿克尔洛夫指出，在二手车市场，消费者获取他们即将购买的汽车质量的可靠信息的可能性很小。因此，他们可能在购买二手车时需要承担相当大的风险。由于信息不对称，二手车的价格也将根据买家通常估计的二手车的平均质量来确定。这意味着，对一辆特别坏的车即一个柠檬而言，这一价格将过高；而对一个维护良好和质量可靠的二手车来说，这个价格则会太低。但是，如果价格与质量和花费的精力无关，作为引导供给和需求的信号就将停止工作。例如，好车原来被作为激励机制来加以销售，这样一来，他们将停止提供好车。因此，信息不对称可能导致市场失灵。商标将无法补救由于产品质量信息缺乏所引发的严重问题。这一问题只能通过要求销售者对其产品或服务承担责任来解决。❶

搜寻成本理论从根本上关注在自由竞争环境下的经济平衡，而这种经济平衡只有在市场参与者能够根据完善信息作出决定的情况下才能实现。所谓完善信息，是指有关信息的数量和质量都是充分易得、经过有效组织和真实可靠的。然而，现实生活中并不存在这种理想状态。首先，需要考虑获得完美信息的时间；其次，生产者对其生产的产品往往较对消费者了解的多得多，同时他们也不倾向于告诉消费者他们所知道的一切。其结果就是信息不对称，这就可能导致次优的经济决策和最终的市场失灵。搜寻成本理论强调，可信赖的商标是改善消费者信息情况的重要辅助手段。没有可靠的商标，消费者会被误导，并不得不在寻找他们想要购买的商品上

---

❶ G. Ackerlof, The Market for Lemons: Quality Uncertainty and the Market Mechanism, *The Quarterly Journal of Economics* (84). 488 – 500 (1970).

承担相当的风险,这些费用被称为"搜索成本"。另一方面,生产者也无法以可靠的方式将其产品的质量告知消费者。

商标降低消费者的搜寻成本,因为它们提供了易于获得的、非常高效的、可靠的信息。首先,商标向消费者提供一个可靠的产品和服务的来源指示符号,这使得消费者得以将经营者提供的产品和服务区别于其他经营者(产品的区分功能)。其次,商标能够让消费者把商品与他们对产品特征的体验相联系,也就是说,链接到之前消费同一商品的经验。在可口可乐商标的帮助下,消费者可以很容易地根据他们以往购买产品时尝到的味道,在再次决定购买饮料时买上一瓶。再者,商标能够使消费者通过接受广告等信息,把产品和服务与商标联结在一起。

商标信息利益固然可以降低搜索成本,但它是非排他性的。这意味着,第三方交易者可轻易在自己的商品和服务上使用其他公司的商标标志,以此来搭他人商标的便车。这样做的动机可能是非常强烈的,因为使用他人的商标,总是比付出努力去生产类似品质的商品和成功营销要容易得多。如果其他交易者在自己的商品或服务上使用与竞争对手的商标相同或相似的标志,消费者可能会感到困惑,这将导致商标降低搜索成本功能的泯灭。因此,商标权需要禁止导致消费者混淆的可能性,并确保商标的信息利益。

三、禁止混淆的动态效率

从权利人的角度来看,商标保护还可以产生促进效率的作用,这关系到动态效率的正当性。公共产品理论是最常用于支持知识产权的经济原理,动态效率原理是公共产品理论的一部分。公共产品理论认为,智力成果的生产具有公共产品的特性,即智力成果是非排他性和非竞争性的。非竞争性是指由一个消费者对产品的消费不会影响到他人对同一产品的使用。例如,一个人读一篇文章,其他人也可以读取相同的文字或内容。然而,影响到商标的显著性或声誉的混淆使用或淡化使用,却具有竞争性。因此,商标是最有资格成为不纯粹的公共物品。非排他性意味着,人们不能在根本上排除他人对物品的使用。一块土地,可以围起来;一所房子,可以锁起来；然而，在大多数情况下，作者创作的作品并没有得到同等的保护，而商标也同样具有非排他性。因此，公共产品理论可以适用于商标。❶

动态效率的基本原理与生产者应当收回其成本的观点相背离；因为如果他们不这样做，就无法激励生产者在商品和服务的质量上投资。美国不正当竞争法第三次重述指出："如果缺乏有效的商标保护，个体商家即使提高产品或服务质量，所能得到的也很少，因为他们难以借助消费者的反馈重新获益。"对商标的保护确保了商标所有者从良好的声誉中获益，也因此鼓励了人们对产品质量和服务的投资。❷ 例如，交易商 A 生产高品质速溶咖啡，使用商标 X，其速溶咖啡的价格较高；交易商 B 生产低质量咖啡，使用品牌商标 Y，其速溶咖啡的售价较低。如果允许交易商 B 使用商标 X，则消费者将无法区分这两家的产品，交易商 A 也就没有动力再去生产高品质的咖啡。这种搭便车的结果是，如果生产商无法从使用该注册商标的商品中获得适当补偿，他们可能不会再努力生产质量好的产品，或者把商品和货物的区分摆在首位。相反，他们可能会满足于生产一般质量和普通水平的商品。在这种情况下，用于保护交易商和其产品或服务之间链接的商标，可以提供经济上的诱因，推动权利所有人去生产多样化和高品质的商品，即这些权利实现了动态效率。❸

独占权将有效地应对生产不足和资源配置效率问题的假设，提供对信息商品加以保护最普遍的理由。与此同时，这一假定也存在争议。正如阿尔弗雷德指出的，这种假设建立在博弈论的基础上，据此，交易人为了让

---

❶ D. W. Barnes, A New Economics of Trademarks', *Northwestern Journal of Technology and Intellectual Property* (5). 22-67 (2006).

❷ 诸如慈善、教育、政府、兄弟会和宗教组织这类非营利性企业，都在保护商誉方面有着相同或类似利益，因此这些企业用于标志其商品或服务的名称有着与商标类似的资格。

❸ J. Aldred, The economic rationale of trademarks: an economist's critique, in L. Bently, J. Davis and J. C. Ginsburg (eds.), *Trade Marks and Brands: An Interdisciplinary Critique*, Cambridge: Cambridge University Press. 267-281 (2008).

自己的投资获得长期收益，必须在长时间内保证产品的质量。❶ 博弈论和其他理论也都指出，反之，交易商为了获得短期收益可能降低产品质量。版权和专利正当性的理论基础是激励创新，在这方面商标权正当性的经济基础不同于其他知识产权。

动态效率理论把商标权看作抵消与搭便车相关的市场失灵的一种手段，因此它重点讨论生产者和经营者的恰如其分的报酬。鉴于这一动态效率理论也同样适用于其他知识产权——如版权和专利权，笔者以为有必要强调，有关商标权利的激励机制针对的是对商标之下的货物或服务贸易，而不是鼓励生产商标。换言之，授予商标权不是为了生产新词汇，而是通过给予权利所有人提供一种识别其产品或服务的手段，来确保经济竞争的有序和有效。❷ 该理论仅适用于指示来源和品质保障功能的法律保护；如果商标保护采用了禁止第三人混淆使用的方式，则可保证动态效率。

不论搜寻成本理论还是动态效率理论，都清晰地表明，商标的指示来源功能、产品区分功能和品质保障功能都应当得到法律保护。商标权预先阻止混淆使用，对确保上述功能的发挥有着重要的影响。

在这项研究中，商标经济基础中最重要的一点是商标权利的效率优势，即搜寻成本的降低和动态效率，必须能够抵消商标权施加给第三方以及整个总体社会的成本，因为福利经济学认为授予商标权的前提是授予的收益超过授予成本。商标权的成本包括交易成本、监管费用以及相关的排他成本。

首先，交易成本是指经济贸易的成本，如使用注册商标商品的销售额。搜寻成本是此类交易成本的一部分，它意味着反对混淆的商标保护实际上减少了整体交易成本的部分支出。因此，商标权对整个交易成本有着积极

---

❶ J. Aldred, The economic rationale of trademarks: an economist's critique, in L. Bently, J. Davis and J. C. Ginsburg (eds.), *Trade Marks and Brands: An Interdisciplinary Critique*, Cambridge: Cambridge University Press. 267 – 281 (2008).

❷ J. Bröcher, M. L. Hoffmann and T. Sabel, *Dogmatische Grundlagen des Markenrechts*, Münster: LIT. (2005).

的影响。

其次，监管费用，即实施权利所涉及的费用，可以通过管理良好和易于获得的商标注册制度被大力压缩。商标注册可能让第三方容易识别已经为人使用的商标，从而制止他人使用。此外，商标权确保监管的实际成本由商标权利人自己承担。在许多情况下，权利人是从侵权人那里收回成本的，这比高昂的中央监管机关参与的管理更为有效。

再次，排斥成本，这也是最成问题的一点。商标权客体和商标权利范围的界定对上述成本有至关重要的影响。如果商标客体范围过于宽泛，则第三方参与竞争的能力可能因此受到束缚。在这种情况下，权利人申请注册为商标的标志具有产品质量的描述性特点，或具有通用标志的特点。以与水果相关的词语"sweet"（甜美的）为例。如果该词被用作水果商标加以注册后，其他交易者将无法向消费者传达"他的水果也是 sweet（甜美的）"这样的信息。这无疑将减少其他交易商交流和告知消费者的能力，而且会降低他们的竞争能力。因此，有必要保持标志、符号的特征，保持标志、符号的描述性及其通用意义或一般的意义，以供大家免费使用。同时也应当注意，不得禁止第三人对他人商标的某些特定使用。例如，在替代品或者备用品上的使用，在互联网上的使用或者在比较广告中的使用，这些使用旨在帮助消费者确定产品的用途或者目的。如果允许商标权人禁止这些使用，就可能对第三方交易商造成诸如未能降低搜寻成本或者没有动态效率收益之类的负面影响。

最后，必须指出的是，无论是使用搜寻成本理论还是动态效率理论来论证商标权的正当性时，都是相对于其他交易者而言的。上述原理并不适用于商标的其他社会使用时的成本和收益评估。

第三节 反对淡化的经济分析

相关论述已经证明，经济原理为授予商标权提供了充分的理由，以保护商标的来源指示功能、区分功能和品质保障功能。然而，经济原理是否也能为保护商标承载商誉和广告的功能提供正当性,目前尚不清楚。商标指示来源的功能、区分功能及品质保障功能与承载商誉的功能、广告宣传功能之间,存在效用差异。商标的前三个功能显然有利于消费者,这意味着它们总体上造福社会。但商标广告功能的主要效用似乎由权利人独自享有,因为他收获了此功能所带来的利益;至于对消费者的益处,似乎并没有在其特点中体现出来。因此有学者认为,商标所承载商誉的功能及其广告功能,连同多种广告形式,对社会和经济效率产生的影响总体上是负面的。❶

法律通常采用禁止不当利用、反对弱化、反对丑化的方式,通过保护商标的显著性特征和商标声誉,实现对商标商誉和广告功能的保护。从经济合理性的角度来看,这些保护方式是否提高了整体经济效益,并获得超过其经济成本的收益?笔者将从搜寻理论、动态效率理论以及可能的负面作用方面着手,就上述疑问展开探讨。

一、反对淡化与搜寻成本的降低

根据搜索成本理论,反对混淆降低了搜寻成本、有益于消费者,授予商标权、禁止混淆因此具有正当性。从该理论出发,要证明法律保护商誉和广告功能的正当性,就必须论证反对混淆这种保护能够额外降低搜寻成本;而且如果没有这种保护,这些额外的效果将会消失。

在商标的指示来源功能之外,如果对商标显著性或商标声誉的保护能够创造网络效应,就有助于降低搜寻成本,因为这意味着该产品的效用随着使用产品人数的增多而增加。网络效应通常体现在网络环境中。例如,电话网络的使用——使用这个网络的人越多,总体效用就越高。类似原理也可适用于具有高度显著特性或声誉高的商标。事实上,商标的商誉度高,

---

❶ 有关负面影响的相关论述可参见 Brown 等学者的著作。R. S. Brown, Advertising and the Public Interest: Legal Protection of Trade Symbols, *Yale Law Journal* (57) 1948 - 7, pp. 1165 - 1206. G. B. Ramello and F. Silva, Appropriating signs and meaning: the elusive economics of trademark, *Industrial and Corportae Change* (15). 937 - 963 (2006).

就意味着使用该商标的商品具有优良的品质。因此，消费者或许可以仅仅依靠显著性强和名誉高来判断产品优良，而这意味着他们搜寻成本的降低。❶ 就笔者看来，绝大部分网络效果已经通过禁止混淆得到实现，尤其在间接混淆的情况下。例如，交易商对商品的赞助或认可导致消费者推断，权利人将对产品制作或者交易承担责任的，在这种情形下，只要预先阻止此类间接混淆，网络效应就可得到有效的保护。❷

反对模糊或弱化（blurring）的正当性则构成另外一个问题。根据反弱化理论，如果允许在不相似的产品上长期使用某商标，该商标的显著特征将受到损害。第一次使用并不会带来实际损害，但随之而来的众多商家对该商标的使用则不然，如在其他产品如火柴盒上使用劳斯莱斯商标。随着时间的延长，这种使用将消除商标的显著特征，同时搜寻成本将遭受负面影响。

关于该理论，必须说明的是，第一次使用（例如被禁止的使用）和最终的损害（如显著性完全丧失）之间的因果关系，十分遥远；因为这种使用需要经历很多次，损害才会发生。这也是淡化被称为"凌迟之死"的原因。还有学者认为，这种第一次使用与损害之间的因果关系根本不存在。❸ 然而，使用与消极影响之间的因果关系，却构成禁止淡化的正当性中必不可少的一环。

---

❶ 伦尼（Lunney）在谈到这一观点时提到品牌的社会功能。她指出，使用流行的品牌易于为社会群体接受。G. S. Lunney, Trademark Monopolies, *Emory Law Journal* (48). 429 (1999).

❷ 然而，反对间接混淆的法律保护，比实现这种效果走得更远。谢希特（Schackert）就指出，这种保护与消费者信息地位的保护没有关联性，但这是反对搭便车的必要措施。S. Schackert, *Verwechslungs-und Assoziationsgefahr als Determinanten für den Schutzumfang der Marke*, Starnberg: Schulz. 318 (2001).

❸ 2003~2006 年，在 Moseley 诉 Victoria's Secret 一案中，美国联邦法律要求需要存在"实际淡化"。美国联邦最高法院认为，商标权人有义务证明"实际淡化"的存在。2006 年的商标淡化修正案则重新引入了"淡化之虞"的证明要求。2003~2006 年，主张淡化侵权的请求几乎没有一例成功，因为几乎没人能够满足这一证明要求。J. T. McCarthy, *McCarthy on Trademarks and Unfair Competition*, Eagan: Thomson Reuters/West § 24.112 (2008).

从经济的角度看，等到实际损害发生才采取保护措施是没有效率的，因为显著性特征的全部损失几乎不可逆转。然而，如果没有确定是否有损害就禁止第三方使用商标，也是没有效率的。因此，在笔者看来，只有高度确定存在模糊或弱化的情况下，禁止这些使用才具有正当性；这意味着需要预先明确界定损害以及证明损害的门槛要求较高。

此外，笔者认为，搜寻成本理论不能为禁止丑化这一额外的法律保护提供正当理由。丑化商标的使用人通过在潜在消费者的脑海中创造消极联系——也许仅仅是干扰搜寻成本，如果这些联系明显是虚假的、混淆的或者误导的，如果它们对后续购买决策产生因果效应。例如，商标使用人在无关的伪劣产品上使用商标而造成的消极联系，这样做有可能带给消费者错误的信息、增加他们的搜寻成本，给原商标适用的商品品质施加负面影响。然而，通过禁止间接混淆可以在一定程度上预先阻止这种搜寻成本的增加。例如，让消费者明白，商标权人只是在一定的经济范围内对产品或者服务承担经济责任。相反，对商标声誉具有消极影响的批评或评论，却有可能对搜寻成本产生积极影响，因为它可以告知消费者真实的信息，并让消费者据此作出是否购买的决定。

二、反对淡化的动态效益

商誉和广告功能是投资建设"商业魅力"的结果，其他交易者则可能借机"搭便车"。有人可能会认为这很不公平，但是从动态效率的角度来看，关键问题只有两个：第一，商标承载商誉和广告宣传的功能是否有益于总体效益？第二，法律保护的缺乏是否会导致效率利益的缩减？

正如笔者上文所解释的，动态效率关心的是商标背后的贸易保护问题，即授予商标权利的目的是推动权利人对产品或服务的质量进行投资。在笔者看来，这种权利的授予能否为在商标显著性及其声誉方面的投资提供额外动力——反对搭便车、模糊、玷污以保护商标有助于提高整体效率，是值得怀疑的。

特别值得怀疑的是，对投资广告价值给予激励是否比允许他人自由利用该价值更有效益。比如,斯科特等人就怀疑,在不会发生混淆时对商品比如运动队品牌使用商标权去强化垄断是否有效益。❶ 如果其他企业也可以自由开发利用该商标的广告价值,可能更有效益;因为这样可以使产品或服务多样化,同时并不剥夺权利人享有的利益,可以促使他在商品质量上投资。

在这个方面,搭便车造成的损害因为缺乏混淆,已经受到质疑。例如,兰德斯和波斯纳就指出,在很多情况下,搭便车不会给权利所有人造成任何经济损失。❷ 如果纯粹淡化被视为不正当地利用了商标的特定价值,那么权利人是否也可以像不正当利用人一样首先利用这种的收益呢?这是值得怀疑的。

兰德斯和波斯纳举例说,一个花生小贩把他的花生叫做"劳斯莱斯"❸ 就是一例,因为这个小贩希望赋予自己的花生某种魅力。但兰德斯和波斯纳认为,这样并没有剥夺"劳斯莱斯"的任何价值。关键是,这个花生小贩也可能利用任何其他驰名商标的魅力。事实上,劳斯莱斯并不能通过其名字的许可使用而获得收益,因为竞争存在于劳斯莱斯商标和其他驰名商标之间,这种竞争是如此广泛,以致劳斯莱斯的许可费用几乎为零。既然劳斯莱斯并不能通过向经营不同产品或服务的小贩许可商标声誉来获取商业利益,那么,人们就可以认为没有不当利益的发生。

有关弱化禁止,笔者在上一节的论述中已经作了必要的修正。商标显著性的完全丧失意味着商标动态效益的损失。因此,禁止弱化可能是正当的,但这只能适用于损害能够适当界定的情形;且只有弱化高度确定的情况下,才禁止他人使用。丑化,也即在低劣产品上使用商标,可能同样对

---

❶ D. Scott, A. Oliver and M. Ley-Pineda, Trade marks as property: a philosophical perspective, in L. Bently, J. Davis and J. C. Ginsburg (eds.), *Trade Marks and Brands: An Interdisciplinary Critique*, Cambridge: Cambridge University Press. 297 (2008).

❷ W. M. Landes and R. A. Posner, *The Economic Structure of Intellectual Property Law*, Cambridge: Belknap Press. 208 (2003).

❸ "劳斯莱斯"和"罗尔斯·罗伊斯"均由英文 Rolls-Royce 翻译而来。

动态效益造成损害。然而，笔者认为，在这个方面，禁止间接混淆通常会在相当程度上预先阻止这种丑化带来的效益缩减。总而言之，动态效益原理看起来并没有为商标商誉和广告功能的法律保护提供独立的正当性。

三、作为心理产品的商标

商誉和商标的广告功能本身也可被视为一种消费品；因为消费者有时之所以选择附有某个商标的商品，就是因为这个商标具有商业魅力、吸引力或有品味。

有学者认为，商业魅力是通过感知或广告劝诱建立起来的。根据伊科诺米（Economides）的界定，"在感觉上，广告宣传的理想形象已经添加到实物商品中去，消费者在购买实物商品的同时，也购买了广告宣传的精神形象，在消费者的脑海中，他所购买的商品包含这二者。人们像消费产品的其他特征一样去消费商标的感知特征"。❶

行为科学已经发展出相关模式用于解释商标作为心理产品的价值。例如，形象重合假说宣称，商标的形象可能会显著地影响购买决策，因为人们总是努力追求实现自我形象和他人本体形象的一致。❷ 因此，如果带有商标的商品符合消费者向往的年轻或性感等自我形象，那么消费者往往愿意购买。人们之所以购买带有该商标的商品，常常是为了通过商标所描述的价值和形象的消费或内部化实现自我。❸ 有证据表明，有些商标已经在一定程度上脱离其适用的商品或服务，自己演变成为商品的一种。这样，由于商标所含心理属性以及可能具有的社会性质（如良好的自我感觉、身份象征或者会员身份地位），商标所满足的需求与其适用的商品或服务所

---

❶ N. S. Economides, The Economics of Trademarks, *The Trademark Reporter* (78). 533 (1988).

❷ F. Kressmann, J. Sirgy and A. Herrmann, Direct and indirect effects of self-image congruence on brand loyalty, *Journal of business Research* (59). 955 (2006).

❸ 库姆（Coombe）在其著作中，对这些价值是如何影响消费者的行为、如何大范围影响文化进行了阐述。R. Coombe, *The Cultural Life of Intellectual Properties*, Durham and London: Duke University Press. (1998).

要满足的需求无关。在此意义上,商誉和广告功能构成一种额外的商品价值。

如果商标的广告宣传力被认为确实具有独立的商品价值,则随之而来的问题是,这种价值是否受到商标法的保护?动态效益理论似乎表明,这种情感商品的"生产者"应当获得适当的补偿;然而笔者认为,这种看法与商标法的范式不符,原因至少以下两种。

首先,动态效率理论认为,当商标作为商誉和广告功能使用时,总是有一个预设条件,即激励对商品或服务品质的投资。由于心理产品异于商标上的法律辩论,商标法应当提供激励措施,以鼓励该类心理商标的生产。然而,不论现有商标法还是相关文献,都不认为商标法应当鼓励生产作为心理产品的商标。

其次,尽管版权法和专利法确实鼓励创作或发明,其对产品的"品质"或者"新颖性"却有着特定的门槛标准,或者说临界要求、起点要求。相反,商标法上并没有这种为保护商标的心理产品价值而设置用于适当限制商标权利范围的门槛或标准。❶ 因此,在笔者看来,有些商标已经成为心理产品的观点并不能证明用于保护商誉和广告功能的商标权的正当性。❷

四、感知广告及其负面作用

经济原理要求消费者的购买行为建立在"纯粹理性决策"的基础上。然而,可用于确立商誉和广告功能的感知广告,却可以刺激消费者作出不理性的购买行为。❸ 感知广告通过对消费者的欲望和心理需要发挥作用,将消费者的注意力从商品或服务的真正品质上引开,这意味着,它可以在

---

❶ G. S. Lunney, Trademark Monopolies, *Emory Law Journal* (48). 457 (1999).

❷ R. G. Bone, Hunting Goodwill: A History of the Concept of Goodwill in Trademark Law, *Boston University Law Review* (86). 619 (2006).

❸ R. S. Brown, Advertising and the Public Interest: Legal Protection of Trade Symbols, *Yale Law Journal* (57). 1165 – 1206 (1948).

消费者中创造"惯性"和"逆向选择"。❶

  这种惯性的结果是,即使存在通用的替代药品,消费者仍旧可能愿意为品牌药支付额外费用。例如,即使其他品牌的阿司匹林成分几乎完全一样,价格更便宜并且随手可得,许多消费者仍然更喜欢拜耳牌的阿司匹林。另外一个例子是,在意大利某些地区,虽说自来水的品质超过了矿泉水,但消费者对特定品牌瓶矿泉水的喜爱仍旧超过了自来水。❷ 尤其是美国学者,他们认为,作为惯性和反向选择的结果,商标可能过于强大,这种垄断力将使得福利损失,诸如寻租行为、社会资源浪费、市场壁垒,从而可能赋予商标权人对市场的实质垄断。❸ 寻租是一种寻求获得租金的行为,即从他人那里榨取纯利润,但他人无法获得任何价值补偿。比如,对商标进行广告投资以获得更高的价格,而不必投资于基础产品的质量改善。因此,消费者需要为产品支付更高而不是最合适的价格。❹

  从宏观上看,为商品的广告宣传力度而不是为了产品质量或创新所进行大量的投资,可以被视为社会资源的滥用。这种为了商标保护所进行的

---

❶ 早在 1948 年,拉尔夫·布朗(Ralph Brown)就已经批评这一现象:广告可以塑造错觉,给人以时尚、奢华、精致、安全和浪漫的幻想。假设制作香水的货币成本是微不足道的,那么,如果广告承诺并且消费者相信,用过香水后就会变得浪漫甚至有魅力,这又意味着什么?经济学家们把不是通过合乎逻辑的货币计算进行的市场行为一律界定为非理性,因此认为,这些购买错觉也属于非理性的。但即使是经济人在一定程度上也会有这种非理性行为,更不用说那些喜欢消费的男人。R. S. Brown, Advertising and the Public Interest: Legal Protection of Trade Symbols, *Yale Law Journal* (57). 1181 (1948).

❷ 在意大利,自来水的品质相当好,事实上自来水往往胜过瓶装矿泉水。然而,由于矿泉水市场被少数在广告宣传上十分强势的品牌所主导,矿泉水的价格因此远远超过自来水。

❸ R. Schmalensee, Brand Loyalty and Barriers to Entry, *Southern Economic Journal* (40). 579–588 (1974). See also R. Schmalensee, Entry Deterrence in the Ready-to-Eat Breakfast Cereal Industry, *The Bell Journal of Economics* (9). 305327 (1978).

❹ W. M. Landes and R. A. Posner, *The Economic Structure of Intellectual Property Law*, Cambridge: Belknap Press 2003, pp. 17. 经济租金是超过为产生回报所付出成本的一种回报;它是纯利润,因而值得为此而付出成本,哪怕成本超过了从其任务中所产生的社会利益,正如它们通常所表现的那样。

不适宜投资，也被称做社会资源浪费。❶ 最后，惯性和如此而生的垄断力量将对潜在的竞争者形成市场壁垒，如果坚守其已知的品牌，而不愿意接纳质量更优、价格更低的同样的新产品，那么商标的广告宣传力就形成了市场壁垒。❷ 反驳垄断权力的指控可能声称，没有决策过程是100%理性的。即使消费者的决策受到情感和欲望的影响，人们仍可以声称，作为独立自主的个体，消费者选择了购买所需要的精神形象。因此，消费者根据自主意识作出的决定不应当被认为是非理性的，应当尊重作出他们的自由意志。对此，学者莱姆利（Lemley）的一段话生动阐述了这一看法："我对减肥可乐的喜爱超过了减肥百事可乐或任何其他的可乐饮料，这可能是不合理的，也许是童年有关唱歌的记忆或者某些类似促销的诱导引发的。但在自由市场经济中，无论对错，这种选择是我自己做出的。"❸

在笔者看来，有关自由选择的观念忽视了拉尔夫·布朗（Ralph Brown）早在1948年就已经提出的一个关键问题，即这种构成商标权利正

---

❶ R. S. Brown, Advertising and the Public Interest: Legal Protection of Trade Symbols, *Yale Law Journal* (57). 1169 (1948).

❷ 帕潘德里欧在1956年指出，联系到张伯伦的垄断竞争理论、巴恩斯及其他有关感知广告及相关商标保护消极后果的批评，对商标的劝诱性使用改变了消费者的爱好，并影响他们的选择。因此，它不仅会产生社会资源浪费，还可能违反反垄断法，因为它阻碍了新竞争者的市场进入。A. G. Papandreou, The Economic Effect of Trademarks, *California Law Review* (44). 503 – 510 (1956). 张伯伦认为，即使在垄断市场，竞争也可能运作良好，如果出现以下情形：(1) 这个特定市场有许多生产商和很多消费者；(2) 消费者明确自己的喜好并且和卖家尝试将自己的产品区别于竞争对手的产品，并且商品和服务多种多样，通常（但并不总是）本质如此；(3) 几乎不存在进入壁垒和推出限制；(4) 生产者在一定程度上可以控制价格。E. H. Chamberlin, The Theory of Monopolistic Competition? (1933). 沙梅尔斯（Schamlensee）则指出，使用广告和劝诱商标确实可能引发品牌忠诚，并可能导致买家的惯性，但是这不会带来垄断力量和进入壁垒，进入壁垒来源于诸如无效资本市场之类的替代原因。R. Schmalensee, Brand Loyalty and Barriers to Entry, *Southern Economic Journal* (40) 1974-4, pp. 579 – 588. R. Schmalensee, Entry Deterrence in the Ready-to-Eat Breakfast Cereal Industry, *The Bell Journal of Economics* (9). 305 – 327 (1978).

❸ G. S. Lunney, Trademark Monopolies, *Emory Law Journal* (48). 1692 (1999).

当性基础的合理决策，必须以足够的可选方案知识为先决条件。❶ 如果商标要真正改善生产者和消费者之间的信息不对称，就必须向消费者提供在备选方案之间作出明智选择的手段。商标的商誉和广告功能可以激发人们对备选方案作出选择，可以为消费者留下自由选择的空间（它不完全限制消费者的选择）❷。然而，由于理性决策以对足够可选方案的认知为基础，因此它可能阻碍理性决策。❸

感知广告，以及商标广告能力所激发的创造，经常受到来自社会和文化方面的批判。加尔布雷思曾宣称，感知广告制造了一个物欲横流的社会。商标的广告能力及商标法给予的保护也可能干扰文化的交流与发展❹或者民主治理，❺ 企业变得如此强大，它们可以在对消费者保持正面形象的同

---

❶ R. S. Brown, Advertising and the Public Interest: Legal Protection of Trade Symbols, *Yale Law Journal* (57). 1182 (1948).

❷ N. S. Economides, The Economics of Trademarks, *The Trademark Reporter* (78). 523 – 539 (1988).

❸ R. S. Brown, Advertising and the Public Interest: Legal Protection of Trade Symbols, *Yale Law Journal* (57). 1181 (1948). 布朗指出："商品的功用——该商品对需求的满足，应当由购买人愿意支付的对价来衡量。这一观点或许可能驱散非理性的恶名。无可否认，如果让消费者为做广告的品牌支付更多，那么消费者必须从做广告的品牌中获得更高的满意度。这种满意度本质上只是说教而已。虽然这种说法很容易被推出荒谬的结论——假设为了广告发布者的利益——整个国家一半的产品都通过劝诱来消费？如果该消费以消费者自主权为基础，这个说法看起来是有道理的。那么，无论任何人，如果他怀疑卖家不受约束地使用商标的影响力以及买家被迫接受，从正面看他是个纯粹主义者，从反面看他就成了极端主义者。这场辩论似乎终将在保护广告发布者和保护消费者自由的讨论中结束。"

❹ J. K. Galbraith, The Affluent Society (1958).

❺ 也有评论指出，商标的广告功能可能会阻碍文化创作，在从崭新市场榨取广告收益的潮流中，文化产品的生产可能已经被出于市场营销目的而进行的创作所盗用。这种文化营销可能使传统文化产品的生产被边缘化。德雷福斯1996年指出："与之类似，现在的电影主要是为了市场营销而生产。例如，电影制片厂对成为漫画深感兴趣，因为他们的角色——蝙蝠侠、卡斯帕、迪克Tracy 拥有通过许可获取巨大市场超凡能力。"现在，在制片者和消费者之间的交流渠道全都集中在如何商业化这些形象上，而真正具有艺术价值的电影却无法吸引公众的注意。所以，人们不得不质疑广告功能的作用。N. Klein, *No Logo: No Space, No Choice, No Jobs*, New York: Picador (2000). K. Werner and H. Weiss, *Das neue Schwarzbuch Markenfirmen*, Hamburg: Ullstein (2006).

时危害社会。

总之,经济和非经济的批评各有道理。鉴于激励商标权利人投资感知广告将损害经济效益,商标权的结构因此不应当采用激励投资感知广告的方式,而应当激励创新,并且绝对不能让权利人禁止可选产品信息的传播。

商标法中存在两种抽象的商标权利,即制止混淆的权利和禁止搭便车、弱化、丑化商标的权利。前一权利保护商标的来源指示功能、产品区分功能及品质保障功能,后一权利保护商标的商誉和商标的广告功能。

搜寻成本原理为保护产品区分功能和品质保障提供了充足的正当性,动态效益原理则证明了来源指示功能的正当性。法律通过权利的授予引导商标权人提供高品质的商品或服务,总体上有益于社会;但在使用商标权利保护商标的商誉和广告功能这个问题上,经济原理则显得不够明朗。

笔者认为,在某些情况下,禁止弱化提高了效益;与此同时,搜寻成本降低所得的诸多潜在利益也已通过禁止混淆获得了有效保障。另外,动态效益原理还表明,商标广告功能中的潜在心理商品价值,应当受到保护。然而,这一观点仍不那么令人信服;因为商标法不像版权和专利,其制度设计不是为了刺激产品的生产。另外,笔者还考察了保护商标广告功能所带来的经济和社会影响。相关批评断言,商标的广告功能允许交易者将感知广告资本化,这可能会降低经济效益。由此得出的结论是,商标保护不能以激励感知广告的方式进行,商标权不应当允许权利所有人禁止替代产品信息的传播。总之,如果商标权利的授予不能通过经济原理证明其全部正当性,那么构建免责条款和限制条款,以适当减少其在经济效益方面的问题,就显得非常重要。

第四节 商标权保护的道德与公平原理

在商标权授予的正当性问题上,公平原理与经济理论有着不同的规范特征。根据经济理论,权利授予是一种激励,以防止市场失灵,其宗旨总体上说是促使商标权利对社会的正面效益更大化或者最大化。相反,建立在道德和公平理论基础上的商标权,关注权利人的"应有权利",其正当性落脚于法律所授予权利的值得保护性,并防止社会背景的干扰。因为在一定的社会背景中,个人受到社会契约的约束,需要尊重彼此的权利和自由。此处,笔者将讨论商标权的两种道德基础,即不正当竞争和洛克的劳动论这两种道德理论。根据不正当竞争理论的推断,商标权源自反不正当竞争法的基本原则;而根据洛克的劳动论,得出的结论是,个人在产品的创造中投入了劳动,这一事实使其有资格被授予商标权。随后,笔者将就这些原理能否为商标功能的法律保护提供依据展开讨论,探寻法律赋予商标权的正当性;在适当时候,笔者也将对道德原理和经济原理的共性与差异进行论述。

一、诚信原则与商标权的正当性

与其他知识产权法不同,商标法与反不正当竞争法有着更为密切的联系。虽然商标法与反不正当竞争法都致力于保护商标免遭第三方侵权,但其保护的类型不同;反不正当竞争法通过客观标准寻求保护相关各方利益,而商标法通过授予权利来保护商标权利所有人的利益。尽管如此,二者隐含在保护背后的基本原理又有着密切的联系。事实上,欧洲商标法中的欧共体商标一号指令及《欧共体商标条例》,就已经有相关条款就不正当利用贸易诚信加以规范,并且被解释为公平交易的义务。这说明,商标法和不正当竞争法同源。

此外,禁止他人以导致混淆的方式使用商标的权利,与反不正当竞争法中反对混淆使用的一般规则有关联。因此,不正当竞争的基本原则可以为商标权的法律保护提供正当性。不正当竞争法的首要前提是,个体企业享有竞争自由的经济对社会最有利。哈特·巴威达姆(Harte-Bavendamm)和亨宁·伯德维希(Henning-Bodewig)就认为,一般行动自由是最基本的自由概念,而自由竞争则是一般行动自由的衍生形式。不论是从功利主义出发,还是人类的自主决策原则为基础,自由竞争都是基

本的指导原则。❶

行动自由与竞争自由之间的联系在德国基本法中体现得十分清晰。在德国，竞争自由不仅落入《德国基本法》第2.1条"保护行动自由"的范围内，它还受到《德国基本法》第12.1条有关专业自由或有关商业自由规定的保护，例如，德国政府必须保证个人享有平等竞争机会，保护他们免受竞争规则任意改变的影响，但公司不得援引宪法权利来保护其在特定市场中的优势地位。自由竞争并不要求禁止所有具有消极影响的竞争行为。例如，经营者出售高品质产品以获得相应市场份额，结果导致其低品质产品的市场份额损失，这是自由竞争中非常自然甚至是其希望的事情。因此，应当设置一定的标准来禁止有害行为。反不正当竞争的标准应当是，确保市场竞争不仅自由而且公平。❷

为保护商标的表彰来源功能、产品区分功能，反不正当竞争法的两大基本原则为其提供了正当性基础：一为诚信原则，一为禁止不当得利原则。诚信原则可以通过反对混淆为商标的表彰来源功能和产品区分功能提供法律保护上的正当性。沃玻尔斯（Aalberse）提到过这一原则，他认为，诚信是反不正当竞争法的一个重要原则。该原则的基础是，人是社会生物，因此他们有义务讲真话。❸

如果商标权利意在保护诚信，则该权利必须预先阻止有关产品或服务来源的欺骗。这种欺骗可能来自交易者对他人商标的混淆使用，使用者因此在产品真实来源问题上"欺骗"了公众。这样的权利保证了公众被告知真相或不受欺骗，这与商标的产品区分功能或品质功能是一致的。此外，这种权利可保护商标所有人的产品的特性不会被误传，因此保护了商标的

---

❶ H. Harte-Bavendamm and F. Henning-Bodewig, *Gesetz Gegen den Unlauteren Wettbewerb (UWG)*, Kommentar, München：C. H. Beck. 362 (2004).

❷ D. W. F. Verkade, *Ongeoorloofde Mededinging*, Zwolle：W. E. J. Tjeenk Willink. 1 (1986).

❸ P. J. M. Aalberse, *Oneerlijke concurrentie en hare bestrijding volgens het Nederlandsche recht*, Leiden：J. W. van Leeuwen. 13 (1898).

表彰来源功能。

从消费者的视角审视，建立在诚信基础上的商标权利的正当性，要求商标权重点关注并预先阻止第三人对商标不真实使用。然而，预先阻止混淆使用，未必要预先阻止他人的误导性使用；区别在于，在禁止误导行为的情形下，法律需要判断消费者的购买决定是否受某关键因素的影响，误导性使用导致消费者对其购买决定的某因素发生混淆，而一旦他意识到混淆时，会有种受欺骗的感觉。❶

商标法授予的反对混淆之虞的权利与该混淆是否必然对消费者购买决定有影响没有关系。结果就是，与建立在诚信正当性基础上的商标权相比，现在的商标权走得更远。❷ 从生产者的角度看来，诚信原则可以为反对虚假陈述、保护商标的表彰来源功能提供正当性。这意味着，商标权的授予是为了允许商标所有人禁止第三方借助对产品来源的混淆实施欺诈。在这种情形下，上述主张的适用是妥当的，这意味着禁止混淆比禁止提供"不真实"信息的效果更好。

另外一种更激进的观点则主张，商标法里的反对混淆不考虑第三方使用者的精神状态或者知识。人们可以辩称，建立在故意基础上的虚假使用权利人标志的行为，可能仅仅是不公平或者不道德的。但是，不管"已经"还是"意图"使第三方混淆，法律都是保护商标、反对混淆的。即使是第三方使用者对他人标志的使用完全是无意识的，法律依旧保护商标权

---

❶ 维克（Verkade）认为，这一观点与诚信标准没有联系。他指出，反混淆与保护消费者利益并无直接关联。D. W. F. Verkade, Verwarrende Verwarring, in P. Tuit, L. H. L. M. Schellekens, E. J. R. van der Smit and S. J. A. Mulder (eds.), *Gratia Commercii, Opstellen aangeboden aan A. van Oven*, Zwolle: W. E. J. Tjeenk Willink. 402 (1981).

❷ 维克认为，这意味着商标权利的直接目的并不是保护消费者的利益。W. F. Verkade, Verwarrende Verwarring, in: P. Tuit, L. H. L. M. Schellekens, E. J. R. van der Smit and S. J. A. Mulder (eds.), *Gratia Commercii, Opstellen aangeboden aan A. van Oven*, Zwolle: W. E. J. Tjeenk Willink 1981, pp. 402. 联系到消费者的作用及消费者在商标法中的利益，Kabel 呼吁重构商标权利，以给予消费者更高水平的保护。A. Kamperman Sanders, A Consumer Trademark: Protection based on Origin and Quality, *European Intellectual Property Review*. (15). 406 (1993).

利。如果从诚信的高标准推断，禁止对商标的虚假使用必须与第三方的认知、知识或意图之类标准相联系。对商标的使用是一种表达或者说陈述，这种行为表明一种意识形式，正如虚假陈述行为意味着他人的明显意识。❶

总而言之，反对混淆的商标保护比更高形式的诚信所能提供的正当性走得更远。这种保护的用意不在于寻求保障市场中"真实"的道德标准。它更多是强化搜寻成本理论所描述的带有一定水平的市场透明度的经济标准。因此，笔者认为，搜寻成本理论更适宜为商标权利反对混淆提供正当性，因为它尤其关注信息不对称，并预先阻止市场失灵。例如，菲艾珐（Pfeffer）认为，诚信原则不应当被视为社会责任的结果，他将该原则与功利主义相联系，即福利最大化。❷

二、不当得利原则与商标权的正当性

反不正当竞争法的另外一项基本原则是禁止不当得利。不当得利原则，即一个人不得以他人的损失为代价使自己获益，该原则构成民法众多条款的基础。❸ 在很多民法典中，不当得利是最后一项求助手段，只有在没有契约也没有法条可供适用的情况下方得行使。该原则适用于一方得利另一方受损且这二者之间存在因果关系的情形中。在竞争的形势下，不当得利的基本原则意味着，每个人都应当通过自己的努力，而不是通过他人的付出来获得成功。

在荷兰的知识产权著述中，内·萨费尔明·洛曼（De Savornin Lohman）将这一原则与专利权的授予相联系；博登豪森（Bodenhausen）认为，该原则对识别缺乏创意的仿制品具有重大作用。冯·恩格伦（Van Enge-

---

❶ 普通法上的假冒侵权将虚假陈述限定为非故意的虚假陈述导致商誉被破坏，在笔者看来，这种虚假陈述并不能与更高形式的诚信相联系。L. Bently and B. Sherman, *Intellectual Property Law*, Oxford: Oxford University Press. 707 (2004).

❷ H. Pfeffer, *Grondbegrippen van Nederlandsch Mededingingsrecht*, Haarlem: De Erven F. Bohn N. V. 13 (1938).

❸ A. Kamperman Sanders, *Unfair Competition Law*, Oxford: Clarendon Press. 121 (1997).

len）认为有关确定的非物质成果的一般保护，包括商标，都可以借助不当得利原则。德国不正当竞争法中的"额外保护"，仅限于在知识产权法确定范围之外的特定情形下禁止利用他人的成果。如果不当得利原则被用于论证表彰来源功能的正当性，则法律保护的目的并不是商标本身，而是所有人对商品生产或服务的投资及营销。❶

商标权是用于确保权利人获得其"应得"报酬的一种措施。在这个意义上，其保护不同于动态效益原理。依照动态效益原理，商标权是为了社会利益而给予商标所有人的激励。然而，在笔者看来，将不当得利原则作为商标权正当性的基础，这一运用存在一个基本的问题。商标权具有垄断性，因此需要一个最低限度的正当性为其提供特别的理由，为它作出辩护，从这一原理或正当性出发，应当可以就权利的形成、范围、限制等进行推导。然而，不当得利未能定义什么是不正当，未能解释不当的规范特征，因此，不当得利原理并没有提及这些事项。不少学者有类似的观点，他们指出：不当得利等原则无法用来推导得出权利范围的所有细节，他们只能为权利本质提供一般的指导或者指南。❷ 正如笔者上文所言，排他性权利的法律保护，需要的正当性理由比最一般的指导原则所需要的理由要多得多。

笔者还认为，不当得利原理甚至根本就未能提供有用的指导原则。如前所述，反不正当竞争法以自由竞争为指导原则，竞争行为不是孤立发生的，总体上，企业是大量利用他人成果的基础上来积累和发展的。因此，反不正当竞争法中的不公平是指在特定不公平水平之上的不公平。同理，社会上并不存在这样一个通用规则，即所有从他人那里得到好处的做法都是不对的、是应当给予他人补偿的；相反，整个市场和社会都是建立在相互依赖的基础之上的。正如戈登（Gordon）所言："如果故意的互相依存

---

❶ Wolfgang Sakulin, *Trademark Protection and Freedom of Expression*, the Netherlands: Boxpress BV, Oisterwijk. 60（2010）.

❷ T. C. J. A. van Engelen, *Prestatiebescherming*, Zwolle: E. J. Tjeenk Willink. 173（1994）.

都会自动引发责任,我们可以毫不夸张地说,我们将把所有的时间都花费在法庭上……"❶ 因此,不当得利原则的运用并不意味着任何以他人成果为基础的得利都当然是不正当的,因为信息自由原则和自由竞争原则应当具有优先效力。

可见,不当得利原则并不能为商标权的授予提供足够的正当性,在商标权是否应当禁止单纯混淆或者仅仅禁止欺骗性使用之类的问题上,由于缺乏明确的指示,无法依据不当得利原则要求补偿。在这个意义上,混淆使用本身不能被定义为"不正当",它更多的是一个用于界定某标准起点的技术性法律标准,超出该法律标准的就必须禁止。为了提供令人信服的理由,不当得利因此需要一个用以界定何种行为属于不正当的补充标准。以第三人对特定无形物的不正当利用为例,冯·恩格伦(Van Engelen)指出,该第三人混淆使用他人商标是不正当的,因为与其他竞争商家相比较,该第三人利用这种具体无形成果为自己的产品打开市场,从而取得了竞争优势。在他看来,该不正当在于——该第三人通过利用商标权人的营销成果,无须在销售上投资,从而使自己产品更便宜。缺乏排他性权利就会打破权利人在竞争中的平衡,因此,商标利用中的排他性是应当得到保护的。❷

笔者的理解是,这种观点与动态效益理论十分相似,因为它包含充分赔偿的要求和预先阻止竞争失衡的目的。然而,这两个理论有一点不同。经济原理的界限是,为了公众利益而授予商标权利作为对经营者的激励,以补偿他们支付的成本,并且这种激励不能超出消除市场失灵所需要的程度。相反,不当得利原则表明从道德上讲,商标权利人应当得到保护。

就此而言,很有必要强调伦理原理与功利主义原理之间的重大差异。正如沃尔德伦(Waldron)所言,从经济原理推导出伦理权利,有导致逻辑

---

❶ W. J. Gordon, On Owning Information: Intellectual Property and the Restitutionary Impulse, *Virginia Law Review* (78). 168 (1992).

❷ T. C. J. A. van Engelen, *Prestatiebescherming*, Zwolle: E. J. Tjeenk Willink. 176 – 177 (1994).

错误的危险。以版权为例,沃尔德伦用以下这种方式描述了这种逻辑错误:"无害的前提:(1)如果有人具备道德资格,那么给予奖励是适当的;我们荒谬地推断:(2)如果给予某人奖励是适当的,那么这个人在道德上就具备了这种资格。并且从(2)还可推断出:(3)如果给予作者奖励是适当的,我们可以推断:(4)作者在道德上就值得奖励。"现在,也许有人不会认为从(1)到(2)的推断正确,因为"reward"(奖赏、报酬)一词暗含道德层面的奖励。但如果用"reward"一词来替代"benefit"(利益、好处)或"激励"(incentive),这种谬误就会显而易见。沃尔德伦还举例佐证称,就像政客被推选进入国会,社会希望他能经常地重走他巡回选举的线路、与选民保持联系。但世人皆知,除非向政客支付头等舱机票,否则他不会这样做。政客以这张机票为条件,社会有提供机票的利害关系,但如果认为这个政客应该得到该机票则是荒谬的。因此沃尔德伦(Waldron)强调,经济原理证明了授予商标"激励"权的正当性,因为授予权利后能增进社会福利,他们并不赞成权利人的个人授权资格。❶ 关键问题是,将通过经济原理论证了的正当性权利转换成道德权利,必然冒着过分强调权利而忽视经济原理上的限制的危险。对这种道德与经济理论的混合体的说明,实为对商标权利正当性的描绘;就像专利,商标在公共利益与私人利益的和谐层面上发现了它们的正当性。专利对发明人的回报推动了科学进步,商标对坚持生产高品质产品的生产商的回报,刺激了经济的发展。如果没有商标的法律保护,也就无法激励生产商生产新产品或者保持既有产品的质量。

总之,笔者认为,作为一个道德原则,不当得利不能为商标这种排他性权利提供正当性。它不能提供规范标准以解释权利的根据,也不能为有关权利的适当范围提供指示。这并不是说,不当得利在法律中没有地位。事实上,特定情形下的不当得利是不公正的。如果不当得利是广为接受的

---

❶ J. Waldron, From Authors to Copiers: Individual Rights and Social Values in Intellectual Property, *Chicago-Kent Law Review* (68). 852 (1993).

道德标准，那么，除了在违反合同或违反法律规定、明显需要恢复原状的情形外，余下的各种不当得利无疑是不公平的。为寻找支持不当得利的规范特征，有些学者借用了功利主义和经济原理中的标准。例如，菲艾珐认为，不当得利的使用者增强了竞争能力，但如果该使用者在竞争中未能采取经济负责的方式，则该不当得利是非正当的。❶ 卡尔伯曼·桑德斯（Kamperman Sanders）认为，法律制度的连贯性要求，经济效益规则应当转化成共同的商业道德规范。❷ 而笔者则认为，这些标准应当被保留在其原有适当经济机制内，而不是用来解释道德权利。

三、洛克劳动理论的延伸解读

保护私人财产权最著名的道德原理或者说公平理论当属洛克提出的劳动说。当然，他的理论主要适用于有体财产权，因此降低了其作为商标基本原则的适当性。但笔者认为，该理论稍作延伸，同样可适用于商标的法律保护。洛克"劳动说"的显著特征之一是展示了一个宏观的整体框架，在这个框架内，该理论不仅可以解释财产权利的来源，还清晰地界定了所有权的范围。该学说显示，财产所有者的权利以他人行动自由的权利为限。就笔者看来，权利与界限之间清晰的内在联系，使得洛克的劳动理论较不当得利理论更适宜作为商标权的正当基础。

洛克的劳动论认为，自然状态下的每个人都是自己的主人，都是自己劳动的拥有者。个人将其劳动与公用物品相结合，由于个人劳动使该物品从原公有物中分离并获得了额外价值，该劳动者就应该对其劳动成果享有所有权。其中的关键点是，产生财产权的劳动必须创造额外价值而不能是破坏性的、漫无目的或者无足轻重的。戈登的解释是：劳动应当是有目的的成果，或注入个性。有观点反对将洛克的劳动理论适用于商标权，它主

---

❶ H. Pfeffer, *Grondbegrippen van Nederlandsch Mededingingsrecht*, Haarlem: De Erven F. Bohn N. V. 291 (1938).

❷ A. Kamperman Sanders, Unfair Competition and Ethics, in L. Bently and S. M. Maniatis (eds.), *Intellectual Property and Ethics*, London: Sweet & Maxwellp. 233 (1998).

张商标权所保护的成果（对商标背后的贸易的投入）通常不仅仅是个人劳动，还包括纯粹的投资。❶ 因此引发一个问题，人、劳动与物体这些关键因素之间是否存在某种牢不可破的该劳动理论无法适用的联系？❷

洛克通过一连串逻辑推理来证明财产权授予的正当性。人类拥有自身，因此他拥有劳动的能力；通过这种拓展，人类通过劳动使他对原本为共有的物品拥有了所有权。但该理论没有解决这个问题，即仅有投资，是否足以创造与劳动有关的权利。笔者认为，经过拓展的洛克劳动论仍然可以证明商标权利的正当性。核心问题是，需要用该原理来详细说明保护劳动或投资的理由并界定其保护范围。商标法律保护的要件是商标具有显著性并且经过登记，虽说洛克的劳动理论并不能为反对混淆提供一个正当理由，因为它与劳动或投资毫无关系；然而，洛克的劳动理论却可以用于证明对商誉和商标广告功能提供法律保护的正当性。

（一）广告功能的保护

为了让商标在消费者眼里成为代表正面联系与良好感觉的有价值的标志，需要投入很多的劳动和资本。商标可以通过形象、个性、心理力量等将权利人的产品与他人的产品区分开，商标就像广告代理人，对众多商业交易发挥着非常重要的作用。商标权对商誉和广告功能的保护，可以说是对这种劳动和投资的回报。

为了保护商标承载商誉和广告宣传的功能，弗兰克·谢希特（Frank Schechter）提出了最著名的观点。他认为，必须保护商标的独特性以防止淡化。因为：（1）现代商标的价值在于其促销能力；（2）这种促销能力取决于其在公众心目中的印象，即不仅取决于其所附产品的优点，也同样取

---

❶ W. J. Gordon, A Property Right in Self-Expression: Equality and Individualism in the Natural Law of Intellectual Property, *Yale Law Journal* (102). 1533 – 1609 (1993).

❷ 笔者认为，财产权的人格理论，正是基于这一原因而不适用。这些理论可以为特定作者权利保护提供正当性，因为作品在一定程度上是作者人格的延伸。作者将其全部创作能力及一部分人格投入作品中，因此应当给予作者相应权利以保护其作品的人格利益。但人格理论并不能为商标权利提供正当性，因为它们所保护的是通过非创造性劳动和"纯"投资产生的价值。

决于其自身的独特性或唯一性；（3）这种独特性或唯一性会因商标在相关商品或不相关商品上的使用而遭受削弱或损害；（4）相应地，其保护强度也取决于该商标的实际独特性和区别于其他商标的程度，该保护也离不开权利人的努力和智谋。谢希特因此提倡，通过以道德为基础的权利来保护商标的独特性、以避免独特性的退化。他主张，权利人创造了商标的独特性，他们投入时间和金钱，因此他们值得保护，以免其个性逐渐消亡或消散，在公众头脑中仅仅留下该商标标志或名称在非竞争性商品上的使用。❶

谢希特的观点得到很多商标反淡化拥护者的支持，但笔者认为，他的观点有时被误解为：商标广告价值应当自动地获得平等保护。当然，这将是一个错误的推理，因为经验并不能自动地成为必然规范。然而，谢希特清楚地表示，商标的广告价值受到保护需要权利人的劳动或者努力。例如，他认为，颂扬类标志已经有着积极内涵，不应当成为保护对象。像"Lion"（狮子）"Gold Medal"（金奖）之类标志所具有的广告力量不应当由权利人独占。鉴于这些是人类词语中固有的，谢希特主张应当拒绝保护这类商标。❷ 总之，笔者认为，谢希特的理论和笔者提倡的扩展后的洛克理论均可适用于商标，二者是并行不悖的。

如果将这些理论用于保护驰名商标或者享有美誉之商标的承载商誉和广告宣传的功能，无疑是具有正当性的。权利人应当得到保护其商标的商誉及广告功能的权利，保护力度应当与权利人所投入的劳动和投入相对应。然而，有些含义必须在商标授权范围之外，因为这些标志并不专属权利人。此类含义包括以下三种：（1）描述性和通用性含义的标志位于授权保护之外，，因为这些意义原本就是由公众"创造"的，也不是权利人预期的。（2）正如谢希特主张的，如果商标的名声利用了现有标志的吸引力，比如"Lion"（狮子）"Gold Medal"（金奖），或者利用了名人姓名，则该商标的商誉无法确切地说就归属于潜在的权利人。笔者认为，对于含有高度社会

---

❶ F. I. Schechter, The Rational Basis for Trademark Protection, *Harvard Law Review* (40). 813-833 (1927).

❷ 同上。

性、文化性或含有政治性价值的商标，诸如历史人物的名字，这些标志的现有含义必须是真实的。（3）某些商标已经成为团体或组织身份的标志符号，但这一事实并不能使该标志归属权利持有人。相反，笔者认为，创造了商标符号的成员身份含义的组织或团体，可以成为权利人。因此，"盈余价值"——如果可以这样指称的话，应当归该团体所有。

（二）商标权的限制

在洛克的劳动理论中，劳动者的权利资格受到一些重要条件的限制，如果洛克的理论以笔者所主张的方式扩展，则这些条件更显重要。商标权最重要的条件是，有"足够且适当"的东西留在公共领域供他人使用。这一条件被称为"洛克规则"。❶ 该条款具有平等主义性质，因为它寻求确保每个人获得财产的机会是平等的。诺齐克（Nozick）进一步发展了洛克规则，在他的解释中，只有在他人的境况没有因为这种占用变得更糟时，该规则才算得到满足。诺齐克认为，财产的占用必然产生不平等，但他又宣称，如果境况已经恶化，就不能变得更坏。❷ 事实上，这一条款的诺齐克版本与帕累托最优经济原则十分接近，帕累托最优原则主张，对自由市场的介入只有在至少有一个人更好、没有一个人更糟糕的情况下，才是正当合理的。正如克雷斯（Claeys）所解释的，美国在19世纪，自然财产权也应当受到类似的限制，财产权被理解为："确保每一个所有人对其财产享有自由行动的平等权利。在此基础上，每个所有人都享有一定的不受干涉的范围，可勤勉有效地使用其财产的权利，并与其邻居的健康、安全、财产和道德要求相一致。"❸

商标权的其他人，至少包括两种类型的使用人。首先，其他经营人，即那些想在贸易中将标志用在自己的产品或服务上的人。商标权保护商标

---

❶ J. Locke, *Two Treatises of Government and A Letter Concerning Toleration*, New Haven: Yale University Press. paras. 27, 28 and 45 (1689).

❷ R. Nozick, *Anarchy, State and Utopia*, New York: Basic Books. 175 (1974).

❸ E. Claeys, Takings, Regulations, and Natural Property Rights, *Cornell Law Review* (88). 1556 (2003).

的显著特征和商标的商誉,并反对搭便车,这可能损害第三方的自由,因为权利人可以禁止他们为了推销自己的产品或服务而"突破"这种显著特征。商标的显著特征可能成为竞争道路中的一块拦路石,对商标显著性的强保护可能无法为第三方的信息交流留下足够且适当的空间。如果这种损害能够适当界定,并且禁令仅仅延伸至损害的特定水平,那么禁止损害商标的显著特征或商誉,就是正当合理的。但这样的禁止不大可能为第三方留下足够且适当的信息交流空间。其次,非竞争性或非商业性公开使用商标的人,比如诙谐作家、发表批评意见的人或在新闻的评论中使用商标的人,都应当给足够且适当的评论空间。❶

为这些人提供空间意味着商标权不应当成为禁忌;但在这些人看来,商标权剥夺了他们交流的机会。在这个问题上,洛克的劳动理论并没有给当事各方详细界定什么是"足够且适当",因为这关系到有形财产,但与交流无关。在笔者看来,要回答什么是"足够且适当"这个问题,需要转而求助交流领域的理论,例如表达自由的理论基础。

总体而言,商标权的法律保护只能获得极为有限的道德层面的正当性。诚信原则不能为商标权提供正当性,因为它与商标权的结构不符;不当得利原则缺乏财产权正当性所需要的规范标准。

洛克的劳动理论可以适用于商标权,但只能以扩展后的形式适用。它不能适用于对商标来源功能的保护,即禁止混淆,因为禁止混淆权的授予仅仅基于商标可区分识别产品和服务,这与劳动或投入无关。然而,经扩展后的洛克理论可以为商标的显著性特征和商誉的保护提供正当性,如果

---

❶ 《德国基本法》第14条规定:"财产权和继承权应当得到保障,有关内容和限制由法律予以规定。"财产权利之所以被广泛接受,至少有一部分原因是基于道德上的正当性。然而,《德国基本法》第14.2条给这一保护规定了具体条件:"享有财产权必须履行义务。财产权的行使应当有利于社会公共利益。"这被认为是财产权的社会性。这是对财产权可能导致不平等事实的认可,因此财产权应当受到公共利益的限制。相反,《欧洲人权公约第一附加议定书》第1条所包含财产权、《欧盟基本权利宪章》第17条,都没有给予财产权这种资格,即它们没有宣称应当授予财产权,而更愿意保护既存权利的持有人、反对对权利的各种任意干涉。

保护是基于权利所有人的劳动或者努力而设置的。事实是，只有著名或驰名商标得到了保护；权利覆盖了已有含义——也即还没有归属于权利人的含义（比如具有颂扬或文化上的重要意义），则无法说具有正当性。

笔者认为，谢希特有关商标显著性特征的保护理论与洛克的劳动理论是可以并存的。在笔者看来，洛克理论中最重要的一点是其对权利限制的界定。所授予的权利，必须为公众留下足够且适当的使用空间。这一标准既确保了竞争者的需要，也保证了第三方在商业领域外使用商标的需要。这意味着，商标权对商标显著性的保护、对商标声誉的保护、对搭便车的反对，如果过度损害第三方的自由，就不再具有正当性，因为权利人可能会为了推销自己的商品或服务而禁止他人"突破"商标的显著特征。如果能够证明并适当地界定损害，则对显著特征或者商誉损害的禁止就是正当的，但只能就特定水平之上的损害加以禁止。然而洛克的劳动理论没有明确论述，什么是足够且适当这个问题，因此必须转而求助于交流领域的相关理论，例如表达自由的基础理论。

本章小结

包括商标权在内的知识产权并非不证自明的权利。在法学领域，讨论财产权正当性的一般前提是财产是稀缺的（这里所谓的"稀缺"意指财产数量的不足，只有局限于少量人的使用而无法满足整个社会的要求，且特定财产只能为特定人享有），但是知识产权对象在物理上并非如此，某人的使用客观上并不影响同一对象被其他人使用。[1] 从分配正义的视角审视，由于知识产权授予个人的对稀缺资源使用的决定权具有垄断性，从而给第三方造成了负面影响，知识产权因此一直需要证明自己存在的正当性。

在符号交流领域，即无论是经济生活还是政治、文化或社会生活领域，

---

[1] [美] Peter Drahos, *A Philosophy of Intellectual Property*, UK：Dartmouth Publishing Group. 171（1996）.

我们不得不面对这样的事实，这种交流都是互相依赖的，因为这些符号、标志的意义是社会习惯、风俗传统形成的结果，或者说是符号—（积极与消极）使用者互动的过程。商标权因此需要若干理论基础的支持，以证明其正当性。就笔者看来，这种正当性必须包含一些最低限度的要求：（1）应当提供可以证明该权利合理性的特定理由；（2）从这些特定理由，他人能够推导出权利的宗旨及其范围和限制。

现有的用于解释或者论证私人财产权正当性、并符合这些标准的大部分理论，可分为两大类。第一类是功利主义理论或者说结果主义理论，它们强调赋予权利的效益或者经济结果。其积极效果得表现为实现对资源的有效开发和利用。就商标权而言，其相关理论就是经济正当性。经济效益要求赋予商标权利，因为商标权的授予可增进生产者与消费者之间的交流，并激励商家对其产品投资。第二类理论关注的是，在个人相互尊重权利和自由的社会契约背景下，财产权利主体在道德或伦理层面享有的权利持有资格。财产权利资格可以在劳动理论寻找到依据，依据劳动论，赋予财产权利的情况可能是：个体对产品投入的劳动，或者仅仅可能是因为个人制造了某种有价值的东西。洛克劳动论指出，如果生产者劳动创造出的价值被他人占用，则是不公正的。[1]

如前所述，商标在贸易中具有标示商品来源、区分产品、表彰商业信誉、品质保障及广告宣传等功能。法律针对商标的不同功能而分别授予商标所有人两种权利，即禁止混淆的权利和反对搭便车、模糊（弱化）、玷污（丑化）的权利。前一权利用于保护商标表彰来源、区分产品功能及品质保证的功能，后一权利用于保护商标的商誉承载功能和广告宣传功能。其中，商标承载商誉和广告的功能明显不同于另外三项功能。表彰来源、区分产品和品质保障的功能既有利于经营者、也有利于消费者，这意味着，对它们的法律保护因为这种整体利益的一致性而具有正当性和合理性。笔

---

[1] J. Waldron, Property, *Stanford Encyclopedia of Phlosophy*. (2004). http：//：plato. stanford. edu. 访问日期：2011 年 12 月 19 日。

者首先探讨了商标权利的搜寻成本和动态效益的正当性，这二者无疑可以为保护商标、反对混淆提供正当性。然而，商标承载信息的功能和广告的功能主要受惠者却是商标所有人，由于对商标的这两项是通过限制、约束第三人的使用以保护商标的显著性和商誉来实现的，这意味着其正当性需要更多的理论支持。洛克的劳动理论可以扩展后的形式适用为商标的显著性特征和商誉的保护提供正当性，但是很显然，经济原理、道德原理或者公平原理并不能够为商标权利提供全部的正当性依据。商标权利及其相关理论也没有考虑到商标权会对第三人表达自由构成了限制的事实。笔者通过展示法理和学说所采用的"功能路径"的不足，论证了这种路径没有对需要保护的第三人的权益及其比例给予足够的关注，需要转而求助表达自由的理论基础。

第三章　商业表达自由与商标使用的冲突

人类经济、文化、政治及社会生活任何一个方面都离不开信息交流，而交流是彼此关联、互相依赖的，因为这些符号的意义是符号（主动或被动）使用者相互作用的过程或者结果。科尼西（Cornish）教授指出，"知识产权保护是对具有商业价值的思想和信息的应用。"[1] 作为商业领域提供产品来源和产品质量等重要和主要信息的标志符号，商标符号的建构不仅仅只是在外延层面上产生，也包含内涵这个层面；前者是商标字面的意义，后者传达的是其他暗指的、含蓄的意义；商标所有人与受众都能从中取得素材，参与商标意义的建构。商标符号是经验的储藏地，为消费者提供锁定的功能，向消费者传达无言的信息。

商标制度既是保护商标所有人利益的机制，也是保护和促进有效与公平竞争、保护消费者权益的机制。当商标法所提供的保护不仅仅局限于混淆使用时，当作为第三人的其他经营者在其商业交流中需要使用该商标时，商标权保护与商业表达自由的冲突就此产生。这种冲突具有纯粹的商业特征，即全部内容不过是提供信息和开通接近消息者的通道。任何权利都有自己的行使范围，商标权不是没有限制的绝对权利。法律赋予权利人使用商标的排他权利，并不意味着权利人有权禁止一切形式的使用，在不会引起混淆和淡化的情形下，即使是对商标的商业性使用，原则上也不应该

---

[1] W. R. Cornish, *Intellectual Property: Patent, Copyright, Trademarks and Allied Rights*, UK: Sweet and Maxwell. 2 (1981).

禁止。

第一节　商业表达自由的正当性

传统的表达自由意指公民表达其政治、文化、社会观点的自由，该项基本权利构成社会政治文化民主进程的基石，不仅被认为是个人自我发展所必备的，而且也是社会政治、经济持续发展所必需的。一直以来，表达自由受到各国宪法乃至重要国际条约的保护，无论国内法还是国际法都授予所有个体表达自由的权利。近年来，表达自由已然拓展至包含交流商业信息的当事人所享有的商业表达自由。如今学者们承认，表达自由包括商业表达自由与非商业表达自由。

就非商业表达自由而言，发现真理与民主治理的基本原理具有结果主义的性质，能够产生正面效应，从而为非商业表达自由提供正当性。在将这些理论适用于非商业表达自由时，例如个人在评论中使用商标或者对商标持有人或对与商标有关的现象加以批评时，能够为少数人的意见及反对观念提供强有力的支持。此外，民主原理显示，为了控制主流的政治、社会、文化或经济力量，必须授予人民表达自由的权利。

商业表达自由的正当性则建立在商业表达对当代社会公民所具有的积极效用的基础上。市场经济建立在市场主体自主经济决策的基础上。❶ 正如非商业表达自由对民主政治的意义与作用，商业表达自由也是市场经济和公平竞争不可缺少的必要内容。信息、思想、观点的自由流通对于市民社会的理性运转来说是必不可少的，如果交流的渠道被关闭或者扭曲，那么理性的市场经济也是不可想象的。❷ 对（潜在的）消费者来说，提供信息的自由是理所应当的。虽然商业表达无疑也会带来一些直接的不良影响，例如欺骗误导的信息和香烟之类有害的产品，但法律在商业表达自由的管

---

❶ 邓辉："言论自由原则在商业领域的拓展——美国商业言论原则评述"，载《中国人民大学学报》2004 年第 4 期。

❷ 同上。

制上留有更多的余地；与之相应的是，商业表达自由所受到的法律保护也就弱于非商业表达。

一、商业表达自由的内涵

在市场经济社会，商业表达无处不在，但要准确地定义商业表达显非易事。在讨论对商业表达自由这一法律问题时，可能有学者认为，商业表达与商业言论属于两个不同的概念。笔者以为，对这个问题的讨论没有太多必要。言论无疑是一种表达，并且是人类重要和主要的方式；在有关表达自由的英语文献中，表达自由（freedom of expression）与言论自由（freedom of speech）常常互换，其内涵与外延并无实质性差异。对商业表达自由（freedom of commercial expression）的研究，也主要是研究商业言论（commercial speech）的自由限度，意思亦基本相同，这两个概念只是角度的差异。

有学者主张，所谓的商业言论是指经营者为了获取交易机会而提议进行交易的言论，主要表现为对产品或服务的任何形式的赢利性或商业性广告。❶ 这一界定过于狭窄且不精确，据此定义，为了缔结合同而进行的意思交流也是商业言论，但这显然与商业言论的本意相去甚远。事实上，无论是美国联邦最高法院，还是欧洲人权法院（ECtHR），虽然已经就多起涉及商业言论的案件进行裁决并发明法律意见，但并未针对商业表达或者说商业言论进行过界定。现行的理论研究多是通过对相关案例的归纳总结，对商业表达或商业言论提出自己的见解。其中，权威者莫过于2004年版《布莱克法律词典》对商业言论的界定，"商业言论（commercial speech）这个被美国最高法院和欧洲人权法院使用的词汇，可将其定义为……仅涉及发布者与受众的商业利益的交流（例如广告和促销）。"❷ 正如沃尔夫

---

❶ 赵娟、田雷："论美国商业言论的宪法地位——以宪法第一修正案为核心"，载《法学评论》2005年第6期。

❷ Bryan A. Garner, ed. *Black's Law Dictionary*, Eighth Edition [Z], St. Paul, MN: Thomson West Group 8th edition. 1435–1436 (2004).

冈·萨库林（Wolfgang Sakulin）所指出的，"近年来，表达自由已经扩展至包括商业领域，用于拓展商业信息的自由。毫无疑问，这是一个进步。在实际情形下，商业表达自由与非商业表达自由均包括了第三人使用商标的权利，特别是在艺术政治表达中，当然，也包括商业表达，例如比较广告、指示性使用、描述性使用……"。❶

概念的作用在于特定价值之承认、共识与储藏，从而使之构成特定文化的一部分，产生减轻后来者为实现该特定价值所必须之思维以及说服的工作负担。❷ 根据《布莱克法律词典》的界定，笔者以为，可从以下两方面去理解这一概念。首先，商业表达与政治、文化表达相对应，显然，此种表达所涉及的是经济领域，表达主体是市场经营者，那么，商品的生产者、销售者，服务的提供者，所有参与市场交易的主体均得为商业表达自由的主体。其次，"商业"表明商业性言论的内容是有关商品或服务的信息，而非其他思想或观点，即其目的具有"商业"性，因按日常语义理解商业意味着交易或买卖，即提供信息的出发点在实质上是为了刺激、引诱消费者购买商品或接受服务，从而获得经济利益，这是商业性言论与其他言论的最大区别。❸ 所以，总体看来，商业广告、有关产品或服务的宣传等信息传播均属于商业表达，就商标的使用而言，主要涉及比较广告中对商标的使用、经营者对他人商标的指示性使用及描述性使用。

二、商业表达自由正当性的来源

第三方对商标的使用往往具有商业性质，诸如比较广告、描述性使用、指示性使用之类的使用，都系纯粹的商业性使用，此种使用方式与非商业

---

❶ Wolfgang Sakulin, *Trademark Protection and Freedom of Expression*, the Netherlands：Boxpress BV, Oisterwijk. 41（2010）.

❷ ［美］A. L. 柯宾著，王卫国译：《柯宾论合同》，中国大百科全书出版社1998年版，第52页。

❸ 汪厚冬："论商业性言论及其保护"，载《西南石油大学学报（社会科学版）》2011年第5期。

表达自由中的使用在性质上完全不同。对处于市场经济中的公民而言，商业信息流动十分重要，因此，必须给予经营者向消费者传递资讯的自由。可见，这种正当性看起来多少与商标权保护中搜寻成本理论类似。商标的使用与商业表达之间的冲突具有纯粹的商业特征，即全部内容不过是提供信息和开通接近消息的通道。显然，商标法已经在设法解决该问题，即在授予权利人以使用某商标的独占性权利的同时加以限制，准予其他经商者对同一标志的描述性使用、指示性使用以及在比较广告中的使用，则需要考虑的是，为了向消费者提供重要的信息，商业表达自由能否为第三方提供额外的使用他人商标权利的正当理由。

保护商业表达自由的主要理由是，市场经济中的民众对商业信息自由流动的渴求，因此，法律必须将这种自由和权利授予经营者，以便他们向消费者提供相关信息。支持商业表达自由的声音来自经济学者，这并不令人感到意外。作为法律经济运动的创始人之一，亚伦·狄瑞科特（Aaron Director）指出，"对人类而言，在可及范围内对资源占有的自由选择权，对机会、就业领域、投资和对消费的持久选择自由，同谈话自由和参与政府同等重要"。❶

罗纳德·科斯（Ronald Coase）对此有更为精确的概括，"对人民大众来说，无法简单地假设，知识的市场比产品的市场更重要。"❷ 科斯对信息宣传作了广泛的界定，"任何广告，包括人们去消费，都能够传达信息，因为消费行为所提供的有关产品或服务性能的信息，要比广告自身所能提供的更多。"❸ 科津斯基（Kozinski）和阪乐（Banner）均支持依据《美国宪法第一修正案》对商业表达自由提供高水平的保护。他们认为，商业表达

---

❶ A. Director, The Parity of the Economic Market Place, *Journal of Law and Economics* (7). 7 (1964).

❷ R. Coase, Advertising and Free Speech, in A. Hyman and M. B. Johnson (eds.), *Advertising and Free Speech*, D. C. Heath and Company. 3 (1977).

❸ R. Coase, Advertising and Free Speech, in A. Hyman and M. B. Johnson (eds.), *Advertising and Free Speech*, D. C. Heath and Company. 9 (1977).

和其他的表达没有或者说不应当有什么明显的差异,"在自由经济中,传播和获取有关商业事务方面的信息的能力或者说资格,与政治、艺术、宗教领域一样重要,有时甚至更重要。"❶

总体而言,商业表达自由的正当性源自消费者获取有关商品或服务的不同信息的利益,而这种利益反射为经营者向消费者传递信息的权利。这种理由与搜寻成本理论相类似,授予商标所有人商标权的理由是制止市场中的混淆,而支持商业表达自由的依据则是允许消费者将商标作为获取更多信息的工具。二者的区别在于,商业表达自由(仅仅)是为了减少经营者在其向消费者提供信息时的障碍从而获得的一种告知自由权利;而根据搜寻成本理论,为使信息最优化,授予经营者商标专用权。

商业表达自由对消费者所具有的价值,已经被欧洲人权法院和美国最高法院的接受。在 Virginia Board 一案的判决中,美国最高法院确认,纯粹商业表达也受第一修正案的保护,判决写道:"尽管广告有时是庸俗和过分的,但它依旧传播了诸如产品由谁生产、卖家所要销售的产品、出售的原因和价格等信息。"只要我们维持着自由企业经济的主导地位,资源分配在很大程度上将通过众多的私营经济决策。出于公共利益,这些决策在总体上应当为人所知、为人理解。有鉴于此,商业信息的自由流动不可或缺。❷ 在 Krone Verlag v. Austria 一案中,欧洲人权法院采用了与之类似的措辞来保护纯信息式广告,法院主张,大众传媒是公众了解服务特点或产品性能的手段。❸

三、有关商业表达自由的批评

不少学者极力赞成对商业表达自由的保护,亚伦・狄瑞科特、科斯、科津斯基和阪乐都明确地表达了这样一个观点——广告所提供的信息十分

---

❶ A. Kozinski and S. Banner, Who's Afraid of Commercial Speech?, *Virginia Law Review* (76). 652 (1990).

❷ U. S. Supreme Court. Virginia State Board of Pharmacy. 765 (1976).

❸ ECtHR 11 December 2003 Krone Verlag v. Austria, para. 31.

重要。有些学者甚至认为,由于生活方式类广告的目标在于实现自我,应当获得同等的强保护。❶ 还有学者主张,生活方式广告描述了美好生活的概念,这种表达形式与生活和社会的其他表达形式同等重要,特别在交流观念和帮助塑造自我形象方面,生活方式类广告有助于价值目标的自我实现。❷ 斯莫勒(Smolla)和尼摩尔(Nimmer)则指出:"超'过量'的当代广告,给人以应当受到严肃法律保护的面目出现,其实这些广告宣传本身才是推动法律对其进行保护的工具,它们利用广告宣传的优势使得绝大部分商业表达满足合宪性保护的要求。然而,通常的做法是,将这种法律保护的权利授予其他类别的表达。商业言论的攻击者,试图将广告区分为合理部分与不合理部分,这种差别事实上已经被《美国宪法第一修正案》全面否定。它拒绝将表达分裂为理性的表达与不理性表达——用差异细微的术语加以描述,即理智的言论与情绪化的言论,这是合理的。有人会说,这正是美国言论自由理念的生命力所在。商业言论当然也不应当例外。"❸

就笔者看来,声称商业表达如同政治、社会或文化类表达同等有价值,有些言过其实。如前所述,非商业表达自由保护的是对话模式交流,发现真理和民主治理的正当性则被预先假定为一场正在进行的公众对话。民主理论特别给予了个人和群体参与涉及特定商标含义的对话自由和权利的正当性。相反,商业表达是一种独白式交流。商业表达向消费者提供了重要的信息,但在很多情形下,它确实缺乏对话的邀请、讨论,甚至任何意义上的分歧和争议。牙膏广告、汽车广告并不能够促进广告发布者或其接受者的自我发展。因此,这种真理探讨并不能为其获得商业表达自由的法律保护,因为商业表达的真实与虚假很容易确定,在判定该真实性时,也不

---

❶ R. A. Smolla and R. L. Steinheimer, *Smolla & Nimmer on Freedom of Speech*, Eagan: West. § 20: 43 (2009).

❷ D. F. McGowan, A Critical Analysis of Commercial Speech, *California Law review* (78). 435 (1990).

❸ R. A. Smolla and R. L. Steinheimer, *Smolla & Nimmer on Freedom of Speech*, Eagan: West, § 20: 43 (2009).

需要那种能够促进思想交流的真正表达自由。❶ 根据巴尔冷特（Barend）的观点，"商业广告劝诱消费者购买产品、使用服务，却不能促使人们思考社会问题或者政府行为"。❷ 这种表达的差异使得一些学者认为，商业表达缺少获取表达自由保护所需要的起码特征。❸ 西艾乐（Shiner）认为，不应当允许企业为了私利而滥用法律赋予个人和公民在社会政治生活中的个人自治保护。❹ 穆恩（Moon）则强调，便利的人类机构构成表达自由的基础之一，商业表达和广告的侵害胜过人类机构。❺

确实，很多批评家承认，商业表达可以轻易地操纵人们。在社会范围内，商业表达可以增进或者强化主流文化❻或社会不公❼。广告，包括商标的广告功能，被视为权力的主要来源之一和工具。例如，穆恩声称，"在自由民主的框架下，政府审查不当的风险远远不及操纵诸如香烟广告的审查和操控政治候选人审查的风险"。❽ 西艾乐断言，感知广告或生活方式的广告"呈现了不真实的生活方式和对所描述生活方式的虚假暗示；在一些极端形势下，它操纵和妨碍了人们对生活方式的自主的选择权。❾

---

❶ E. Barendt, *Freedom of speech*, Oxford：Oxford University Press. 399（2005）.

❷ 同上。

❸ C. E. Baker, Paternalism, Politics, And Citizen Freedom：The Commercial Speech Quandry in Nike, *Case Western Reserve Law Review*（54）. 1161 – 1187（2004）.

❹ R. A. Shiner, *Freedom of Commercial Expression*, Oxford：Oxford University Press. 3（2003）.

❺ R. Moon, Lifestyle Advertising and Classical Freedom of Expression Doctrine, *McGill Law Journal*（36）. 128（1991）.

❻ R. Coombe, Objects of Property and Subjects of Politics：Intellectual Property and Democratic Dialogue, *Texas Law Journal*（69）. 1853 – 1880（1991）.

❼ 克莱恩（Klein）认为，特别是，跨国公司通过广告建立自己的正面形象，并借机确立自己的影响力。跨国公司的商标也包含着这种正面形象和影响力。对克莱恩来说，跨国公司的正面形象不仅被用于攫取利润，也被用于隐瞒这些公司所进行的剥削及引发的社会不公。N. Klein, No Logo：No Space, No Choice, No Jobs, New York：Picador（2000）.

❽ R. Moon, Lifestyle Advertising and Classical Freedom of Expression Doctrine, *McGill Law Journal*（36）. 129（1991）.

❾ R. A. Shiner, *Freedom of Commercial Expression*, Oxford：Oxford University Press. 322（2003）.

概言之，对商业表达自由的批评指出，与对社会和文化密切联系的"感知"广告刺激了消费。相关批评主要包括：商业表达会对个体产生不良影响，因为广告宣传者和广告受众之间存在严重的知识信息不对称。商品广告的策略和信息不对称使得商业表达容易被操纵和滥用。此外，相对于政治表达来说，受人操纵的商业表达与损害之间的关系更直接。

四、赞成商业表达自由的理由

笔者认为，广告的潜在负面效应，是导致立法对商标的排他权限进行限制的原因之一。尽管感知广告或者生活方式广告可能会增进文化表征的主流形式，但这类广告也可能会影响消费者的理性决策或者最佳决策。然而，笔者个人认为，这些有关商业表达自由的忧虑各有不同的后果。

首先，商业表达自由可以提供与搜寻成本理论相似的好处。正如搜寻成本理论所论述的那样，商业表达自由有助于消费者信息状况的改善。然而，表达自由的目的并不在于获得经济上的最佳结果。自由的范围与表达的后果相关联，是表达自由的基本要素之一。

其次，无论表达的目的是阐释观点或意见，还是旨在自我实现，表达都离不开劝诱或者试图施加影响等方式。正如斯特劳斯（Strauss）号召的那样，劝诱原则是表达自由的基本要素之一。❶ 因此，劝诱在本质上不是将商业表达排除在法律保护范围之外的原因。

最后，也是最重要的一点，商标权和表达自由存在根本上的差异。商标权是排他权，而表达自由"仅仅"是自由而已。如果表达有害于商标，商标权为权利人提供了禁止他人表达的措施或者说手段。通过授予商标权利人对商标使用的一定程度的控制权，商标权利强化了独白式交流，而损害了表达自由项下的对话模式。在笔者看来，如果潜在的广告可能引发消极效果，则用于保护商标承载信誉功能和广告功能的垄断权利并不具备正

---

❶ D. A. Strauss, Persuasion, Autonomy, and Freedom of Expression, *Columbia Law Review* (91). 334 (1991).

当性和合理性,其他市场竞争者应当保有表达的自由,以应对广告的论点和主张。相反,表达自由仅仅是向广告发布者提供说话的权利,但它并不排除对话模式的交流,也不反对他人对商业表达的反馈。所以,法律对商业表达自由的保护强度有必要低于非商业表达,因为非商业表达涉及公共利益、自我实现等表达事项,也就是说,特定形式的管制是必要的,因为它可以抵消被商业表达所带来消极效果。

据此,那种认为对商业表达的规制是没有保证的家长式制度的观点是没有说服力的。商业言论可以为像香烟、酒精之类的有害产品做广告,或者是表现为被某些人认为是有害的、不现实的生活方式。简言之,"只要获得充分的信息,人们就可以感知自己的最佳利益,达到这一目的的最佳办法就是开通交流的渠道,而不是关闭通道"。❶

笔者认为:言论表达多多益善,辨别真假的传统观念无法照搬在商业表达上。首先,商品或服务的提供者与消费者之间存在信息上的不对称;其次,虚假商业信息可能带来的负面效应远远低于于政治言论;最后,商业表达是独白式的,不存在积极回应以辨别真假的语境。

总而言之,商业表达自由确实可以借助结果论的正当性证明自身的合理性,也即商业表达自由对满足自由市场经济的需求相当重要。然而,该正当性的可拓展范围要比非商业表达自由的范围小得多。

五、商业表达自由的保护程度

直到近年,法院才开始保护商业表达自由,但在学界,这种表达自由仍饱受争议,论争激烈。❷ 第三人对商标的使用往往是商业性质的,例如,在比较广告中使用他人的商标、描述性使用或者在产品上或服务中的指示性使用,这些完全都是纯粹的、商业性质的使用。商业表达自由的合理性以这样一种方式证明此种商标使用的正当性——在此种情形下,商标的使

---

❶ U. S. Supreme Court. Virginia State Board of Pharmacy (1076).

❷ J. J. C. Kabel, Annotatie bij HvJEG 8 April 2003 Pippig Augenoptik / Hartlauer Handelsgesellschaft, Intellectuele eigendom & reclamerecht. 320 – 332 (2003).

用与非商业表达中的使用不同。在比较广告、对商品服务的指示性或描述性使用中,第三人使用他人商标的正当性源于信息对消费者的积极效用。此种正当性看起来像搜寻成本理论,但商业表达自由的目的不在于信息最优化而在于为交易者向消费者提供信息扫除重大障碍,因此二者是不同的。

表达自由受到法律保护的原因是其具有价值。美国司法界主张言论价值有高低之分,主流观点认为,非商业表达自由受到法律保护的原因在于其与民主治理休戚相关,是宪法第一修正案的核心价值,商业表达与此无关,属于低价值言论,因此只受到宪法有限的保障,这也反映在美国的司法实务中。❶ 在圣保罗市案中,史蒂文斯大法官对该制度做了明确的分析:"我们有关第一修正案问题的判决在对言论的宪法保护方面建立了一套粗略的等级制度。重要的政治性言论享有最高等级的保护地位,而商业性言论和具有猥亵内容但与性有关的言论属于次一等级的表达;淫秽性言论和挑衅性言论则仅能得到最低程度的保护。"❷ 因此,在美国司法实践中,商业表达自由虽然受到保护,但其程度低于非商业表达。

欧洲人权法院(ECtHR)在经历了最初的犹豫之后,完全认同"商业性质的信息"符合欧洲人权公约"ECHR"第10条有关"表达自由"法律保护的主旨。❸ 对此,学者指出,这些商业性质的信息包括第三人对商标

---

❶ [台]黄倩怡:《论美国法上商标权侵害之合理使用——以商业性言论为主》,"国立"中正大学法律学研究所硕士论文,来源:http://ndltd.ncl.edu.tw/cgi-bin/gs32/gsweb.cgi?o = dnclcdr&s = id = %22095CCU05194017%22.&searchmode = basic,访问日期:2011年12月2日。

❷ R. A. v. City of st. Paul, 505 U. S. 377 (1992).

❸ ECtHR 25 March 1985 Barthold v. Germany, para. 42 提及商业广告 (commercial advertsing);ECtHR 20 November 1989 markt intern v. Germany, para 26 宣称第10条不仅仅适用于特定类型的信息、观点或表达形式,也同样适用于具有商业性质的信息;ECtHR 25 August 1998 Hertel v. Switzerland, para 47 提及商业事项和纯粹的商业表述 ("commercial matters" and "purely 'commercial' statements");ECtHR 11 December 2003 Krone Verlag v. Austria 将第10条适用于纯粹的商业广告 (a purely commercial comparative advertisement)。参见 J. J. C. Kabel, Vijfentwintig jaar uitingsvrijheid voor handelsreclame in de rechtspraak, in A. J. Nieuwenhuis and A. W. Hins (eds.), Van ontvanger naar zender, Opstellen aangeboden aan prof. mr. J. M. de Meij, Amsterdam: Otto Cramwinckel. 175 – 191 (2003).

的使用，如比较广告，指示性使用或描述性使用。❶ 法院之所以认为对商业表达的法律保护具有正当性，是因为它们认为，广告是交易商告知商品或服务特征的一种手段。❷ 然而，欧洲人权法院（ECtHR）并未给出商业表达的明确定义。法院强调：表达自由适用于所有的人，没有是否出于营利目的的区分，区别对待可能违反 ECHR 第 14 条❸的规定。❹

通过探寻相关案例法，笔者从中找到部分有关商业表达的定义。欧洲人权法院（ECtHR）在 Scientology 一案中，将商业表达描绘成"纯商业性质"的广告。❺ 在 Verein gegen Tierfabrieken 一案中，欧洲人权法院（ECtHR）把商业表达限定为，在通常商业背景下，刺激公众购买特定产品的表达。❻ 在 markt intern 一案中，欧洲人权法院（ECtHR）确定，ECHR 第 10 条并不仅仅适用于特定种类的信息或观点或表达形式，也同样适用于商业性质的表达。最终，在 Krone 一案中，欧洲人权法院（ECtHR）裁定，新闻单位普通的比较广告信息，也在 ECHR 第 10 条保护之列。❼ 上述案例表明，商业表达仅仅是用来推销商家的产品或服务而已，应当在 ECHR 第

---

❶ Wolfgang Sakulin, *Trademark Protection and Freedom of Expression*, the Netherlands：Boxpress BV, Oisterwijk. 144（2010）.

❷ ECtHR 12 February 1993 Casado Coca v. Spain, Application no. 15450/89, ECHR A285-A.；ECtHR 17 October 2002 Stambuk v. Germany, Application no. 37928/97, Reports of Judgments and Decisions.

❸ 第 14 条应当保障人人享有本公约所列举的权利与自由。任何人在享有本公约所规定的权利与自由时，不得因性别、种族、肤色、语言、宗教、政治的或者是其他见解、民族或者社会的出身、与少数民族的联系、财产、出生或者其他地位而受到歧视。

❹ ECtHR 12 February 1993 Casado Coca v. Spain, Application no. 15450/89, ECHR A285-A.；ECtHR 22 May 1990 Autronic AG v. Switzerland, Application no. 12727/87, Series A-178.

❺ ECommHR 5 May 1979 X and Church of Scientology v. Sweden, Applictaion no. 7805/77, D. R. 16, pp. 68.

❻ ECtHR 28 June 2001 Verein gegen Tierfabriken v. Switzerland, Application no. 24699/94, Reports of Judgments and Decisions 2001-VI.

❼ ECtHR 11 December 2003 Krone Verlag v. Austria, Application no. 39069/97, Reports of Judgments and Decisions 2003-XII.

10 条保护之列。❶ 因此，几乎所有案件中第三方的商标使用行为都适用于第 10 条的规定。

《德国基本法》（GG）第 5 条❷不是德国保护商业表达的唯一法律规定。《德国基本法》第 12 条"职业自由"、第 14 条"财产权利"，同样适用于诸如广告之类的商业活动。而德国上诉法院也在相当数量的案件中处理广告案时，仅仅适用了《德国基本法》第 12 条。德国联邦宪法法院（BVerfG）在 1971 年 Jugendgefaerdende Schriften 一案中确认，商业目的的表达受到基本法第 5 条的保护。该案涉及"观念"广告，因此并不清楚法院是否认可纯粹商业广告也同样受到保护。❸

在随后的法学理论中，德国联邦宪法法院（BVerfG）根据观念自由和新闻出版自由保护商业表达。如果商业表达与形成观念的过程相联系，则商业表达属于观念自由。德国联邦宪法法院（BVerfG）将第 5 条适用于广告，声称对产品有利；法院还将该条适用于比较广告。如果商业表达属于新闻出版自由及广播自由，则商业表达也可受到保护。这些自由享有宪法上的保护，无论媒体包括的是非商业内容抑或商业内容。在 Benetton 一案的裁决中，德国联邦宪法法院（BVerfG）宣称，"在这种情景下，基本法第 5.1（1）款被赋予对新闻出版自由的法律保护，同时还扩展至具有商业目的之观念的表达，以及表达价值判断和观念形成的商业广告。意见、价值判断或特定角度的表述等观点的表达，都得通过一种外形来展示。就此而言，该外形也属于第 5.1（1）款的保护范畴。该裁决表达的基本法第

---

❶ M. Hertig Randall, Commercial Speech under the European Convention on Human Rights: Subordinate or Equal?, *Human Rights Law Review* (6). 53-86 (2006).

❷ 《德国基本法》第 5 条"言论自由"规定：（1）人人享有以语言、文字和图画自由发表、传播其观点的权利以及不受阻碍地以通常途径了解信息权利。保障新闻出版自由和广播、电视、电影的报道自由，对此不得进行内容审查。（2）一般法律和有关青少年保护及个人名誉权的法律性规定对上述权利予以限制。（3）艺术、科学、研究和教学自由进行，教学自由不得违反宪法。

❸ Wolfgang Sakulin, *Trademark Protection and Freedom of Expression*, the Netherlands: Boxpress BV, Oisterwijk. 145 (2010).

5.1（1）款延伸至"……有助于形成观念的商品或服务商业广告。因此可以认为，基本法第 5.1 条涵盖了比较广告中的商标使用：指示使用、描述性使用。"❶

正如 Scientology 一案——德国第一份（部分）商业表达裁决所表明的，法院认为，"商业观点"的保护力度低于其他种类的表达。❷ 在法院的裁决中，商业表达"有时是受到限制的，特别是对制止不正当竞争和虚假广告或误导性广告而言"。针对不同的环境，有时出版甚至是禁止的；为了确保对他人权利的尊重，或因为特殊商业活动或行业关系，真实的广告业可能也要受限。❸ 在 Demuth v. Switzerland 一案中，就案件所涉及的商业表达来说，政府需要得到更多的尊重。❹ 其审查标准是，法院的作用"局限于确保在全国范围内所采取的措施原则上公正适当。"❺ 由此可见，欧洲人权法院（ECtHR）和德国联邦宪法法院（BVerfG）均给予纯粹商业目的之表达以较低程度的法律保护。

由于商家与消费者之间的信息不对称，又由于商业表达对消费者或其他商家的损害可能性增加，所以区别对待商业表达自由是正当的。对商业表达自由的批评，涉及商业表达对自我在社会中实现的消极影响，这意味着，在经济上，法律保护商标的承载信誉和广告功能仅具备部分正当性。笔者以为，这些潜在的消极影响确实存在，正是有鉴于商业表达较非商业表达具有更多的潜在危害，商业表达受到保护的水平必然且必须低于非商业表达，因此法律允许对其进行一定程度的管制，法律对商业表达自由的

---

❶ Wolfgang Sakulin, *Trademark Protection and Freedom of Expression*, the Netherlands: Boxpress BV, Oisterwijk. 146 (2010).

❷ ECommHR 5 May 1979 X and Church of Scientology v. Sweden, Applictaion no. 7805/77, D. R. 16, pp. 68.

❸ ECtHR 17 October 2002 Stambuk v. Germany, Application no. 37928/97, Reports of Judgments and Decisions.

❹ ECtHR 5 November 2002 Demuth v. Switzerland, Application no. 38743/97, Reports of Judgments and Decisions 2002-IX.

❺ ECtHR 11 December 2003 Krone Verlag v. Austria, Application no. 39069/97, Reports of Judgments and Decisions 2003-XII.

保护，其力度亦低于对非商业表达自由的保护。

第二节 商业表达自由与商标使用冲突的形成与发展

现代意义上的商标萌芽于早期用来表明所有人或者制造者身份的标志；到了中世纪，人类用标志来表示商品的制造者，并将标志作为追索产品质量责任的手段。当代的商标，作为生产经营者在商品、服务上使用的标志，其特性与功能早已不再局限于当初。社会分工的细化与生产力的发展，使一切国家的生产和消费都成为世界性的，在全国乃至全球范围内商品都是经过批发商或进口商和零售商的一路辗转，才最终达到消费者手中，因此，商标已经成为联系消费者与商品或服务的桥梁，它不仅向消费者传递有关产品或服务的信息，帮助消费者理性决策，更有宣传广告的功能，可以为企业创立和积蓄商誉、甚至构成企业的无形资产。概言之，百姓的生活离不开商标，商品与服务之间的竞争事实上也往往依赖于商标。

商标所有人享有商标专用权和商标禁止权，但这些权利并不是绝对的；并且随着经济和贸易的发展，商标的作用与使用方式也在发生变化。在商业领域，第三人在一定情况下对商标的使用——诸如对描述性或通用标志的使用，在比较广告中使用，或在网页上或者作为广告词用以对产品备件的使用宣传等，由于其用意在于告诉消费者相关信息，因此都有理由、有可能获得表达自由的保护。给予商业表达自由法律保护的合理性在于，广告宣传中包含的信息有益于接受者；因此，应当在一定程度上给予广告发布者这种自由，以便公众获取有关资料和信息。然而，这种新的权利和自由触及商标法的核心区域，因为在原则上，它涉及商标的识别功能。当商标法所提供的保护不仅仅局限于混淆使用或作为第三人的其他经营者在其商业交流中需要合理使用该商标时，商标保护与商业表达自由的冲突就此产生。

一、商标与企业的竞争行为

在人类社会分工简单、商品经济不发达的历史阶段，人们日常生活所需要的大部分物品，基本上依靠自给自足，只有那些在通常情况下无法自行生产的物品，才需要通过市场交换获得。现代工商社会的生活则完全不同，可以说，现代人的生活与商标有着不解之缘。从早到晚、从生到死，人们消费的物品，小到针线、牙膏、碗筷，大到电脑、家具、房屋，几乎全部依赖于市场购买，日常生活已经离不开商标。

生产力的发展，使一切国家的生产和消费都成为世界性的，市场早已从卖方市场转向买方市场，呈现在消费者面前的商品与服务极为丰富，消费者尽可以自由选择。但是，在当代，制造和买卖商品商家如此众多，选择商品与服务究竟应当以何为据？商品从生产到消费，其间过程十分复杂。市场经济体系有着堆积如山的商品提供给消费者，而其中大多数商品是通过包含着精微的科学技术知识的高度复杂的工业生产所得到的。[1] 然而，在市场环境中，各种产品的"工艺知识"不可能被消费者——获得，个人无法拥有完整的或充分的关于货物品质的各种信息。在市场中，所谓的消费者"自由选择"已经变得无异于一场"想当然的实验"。显然，与过去相比，作为一个普通的消费者，即使再理性，也无法像在农贸市场购物那样，仅仅依靠既有经验对每一件有着众多品牌的商品进行判断，因此，消费者对商品与服务的选择事实上往往依赖于商标。

德国思想家和文学家维克尔曼曾富有诗意地说，"商标的洪亮声音，响彻在生产与交换之中。"[2] 商标在市场经济中的作用，就这样被生动而形象地表现出来。消费者购物模式早已实现从经营者的直接推销向自主选择的转变，如今的商标已然成为消费者的购物向导。商标的市场信誉度高，意味着使用和消费该商标所指向的商品或服务的人数众多，其品质值得信赖，相对其他商品或服务更有保障，商标增加了商品和服务的可信度，简化了消费者的购物手续，降低了消费者的搜寻成本。因此，有学者已经指

---

[1] William Leiss, *The Limits to Satisfaction: An Essay on the Protection of Needs and Commodities*, London: McGill-Queen's Press. 7 (1988).

[2] 转引自马东岐、康为民编著：《中华商标与文化》，中国文史出版社2007年版，第38页。

出，在没有商标的世界里，我们识别商品的成本将会骤然上升，同时我们用来表彰自己的手段也会急剧减少。❶ 如今的商标已经成为商家营销链条中的一环，消费者通常正是借助商标把自己的需要与有关商品或服务连接在一起。

商标是当代商业竞争的核心。经营者为争取市场，满足消费需求，不仅要不断地改进其商品品质、提高服务质量，更要借助商标和广告吸引消费者的注意。商标权利制度的确立，使商标权获得法律上的保障，商标随即成为企业资产的一部分。换言之，商标已具有财产的功能，并且可以通过货币数额评估计算其市场价值。市场中品质优良、广告普遍、销量巨大的商品，其商标的财产价值远远高于普通商标，为权利人带来高额利润。因此，可口可乐的总裁敢说，即使全世界的可口可乐工厂在一夜间被烧毁，他也可以在第二天让所有工厂得到重建。这就是驰名商标的价值与商业魅力。

产业组织者对市场竞争的划分之一是价格竞争与非价格竞争，而商标和广告就属于非价格竞争的要素。就开发市场而言，最重要的方法就是推陈出新，但商标因素亦不可忽视，商标是企业展现自我的标志，是参与竞争的武器，因为如今的商品是"酒好也怕巷子深"。作为能够将某一生产经营者的商品或服务，与他人相区别的、具有显著性的符号或者标志，商标不仅具有向消费者传递有关产品或服务信息的作用，更有创立和积蓄商誉的功能，推动经营者为其产品或服务制造额外的购买动力。在性质上，商标是一种浓缩的资讯，包含着产品的来源、品质、特点、品味、价值、厂商对于商品的承诺、以往使用该商品的记忆，以及大众对该商品的印象等情形在内，就开发经济、拓展贸易而言，商标是开发市场的先锋，是促进企业繁荣发展的媒介。

商标法通过授予权利激励经营者向公众提供高品质和货源稳定的产品和服务，但由于商标权是一种专用权，这种权利的授予意味着禁止其他竞争者在相同或类似商品、服务上使用相同或相似的商标，因此商标权直接

---

❶ 黄晖：《驰名商标和著名商标的法律保护》，法律出版社2001年版，第1页。

表现为对竞争者从事相关市场活动的控制甚至抑制。从制度经济学的角度看，商标保护的实质是保护消费者不受欺骗和促进公平竞争，因此商标制度的设计应当保持参与市场竞争主体各方利益的平衡，开通消费者了解信息的渠道；维护商标权人的正当权益，而不是片面支持商标所有人对商标权利的滥用。

二、商业表达自由与商标使用冲突的原因

在过去25~30年，随着经济、社会、政治及相关法律的变化，商标的作用及其使用也在变化。随着商标功能的发展，人们不得不面对在商标法与商业表达自由之间有着潜在激烈冲突的崭新时代。

无论对消费者还是经营者来说，商标都是用于标志产品来源和产品质量的重要符号。以可口可乐印在瓶子上的标志为例，该标志首先表明该瓶饮料的生产公司，同时也将其口味告知了那些饮用该软体饮料的消费者。如果没有这个商标，相关信息就无法传达，此外，如果没有法律为商标提供的保护，第三人即可使用相同或相似的标志使消费者产生混淆，由此亦破坏了商标的信息利益，商标法因此赋予商标所有人禁止他人使用的权利，但这种权利与其他经营者在商业交流中使用该商标的需要之间产生了冲突。

首先，商标的商业作用发生了变化，商标已经从标示符号发展成为一个交流者。商标通过其可靠性和持久的影响力，形成广告信息的一部分。缺少商标，商品的广告信息就不会如此具有说服力，尤其是当广告信息可能与潜在产品无关的时候。例如，可口可乐的广告给人的印象是年轻、自由和有活力，但如果缺少了使用在显著位置上的可口可乐专用标志，很可能人们就不会相信这些广告，也很可能不会把这些特征与可口可乐的饮料相联系。为了保护商标作为交流者的功能，当代各国商标法无不授予商标所有人以禁止权，通过反对混淆搭便车、丑化和弱化的方式，来保护商标的这一新兴功能。

其次，商标的交流功能伴随消费主义兴起取得了同步的发展。消费主义意味着，消费社会的"公民"，不论乐意与否，都已经接受或者支持将

第三章　商业表达自由与商标使用的冲突

商标作为交流工具和满足需要的物品加以使用。消费者接收商标输送的信息，并用它们满足自己的需要和欲望，这些信息包括身份地位、组织团体的思维模式或成员资格。此外，商标不仅取代了表明身份的标志（例如旗帜）和观念，还被用于形成集体感。例如，在一群冲浪者中戴上古奇（Gucci）太阳镜，在高尔夫俱乐部穿喜力❶衬衫，都可能妨碍这人的成员资格的获得以及组织团体对他们的接纳。有些评论员甚至认为，在这个全球化的世界，商标得成为重要的指示符号，向消费者提供由商标构成的"品牌之家"。商标的拥有者通过广告刻意塑造和提升这种社会作用。最终，在当今社会，商标的彰显身份地位和划分人群的作用日益突出。❷

最后，新媒体的出现为第三人提供了一种更加便捷的对商标进行商业和非商业使用的新方式，并使人们将他们的想法向更广大的受众传播。这些新的商标使用方式不可避免地与保护商标的显著性特征和商誉这一目标相冲突，因为商标的保护旨在让商标所有权人实施对标志含义的控制。这也是近些年来，商标保护与表达自由之间的冲突愈发激烈的最重要原因。

传统的大众传媒偏好独白式交流，因为它们提供的仅仅是一种单向交流；而印刷、音响和视频媒体的参与成本较高，并且需要借助第三人才能完成，因而个人的参与能力受到限制。相反，新媒体却向人们提供了可达成相同目标的低成本、易获得性，并且是可以在全球范围内进行多向交流平台。这有利于对话交流，并为权利所有人、竞争者及类似的第三人提供新的交流机会。❸

在商业交流领域，网络的全球化为全球化市场战略提供了一个重要的平台。为了实现这些战略目标，商标需要在域名的使用中受到保护，且商

---

❶ 世界第四大啤酒酿造商，排名在 InBev、SABMiller 及安海斯-布什（Anheuser-Busch）之后。

❷ 参见 S. Scafidi, *Who Owns Culture? New Brunswick*, N. J.: Rutgers University Press (2005).

❸ 有关因特网对网络化商品的潜在影响参见 Y. Benkler, *The Wealth of Networks*, New Haven CT: Yale University Press (2006).

标在网络上的使用,而非权利人对商标的使用,需要得到控制。然而,竞争者们已经发现使用他人商标的新方法,以此把消费者的眼球吸引到自己的产品和服务上来。例如,在搜索引擎、广告关键词及元标签中公开或者秘密利用他人商标的行为。网络环境下对商标的这类使用日益增多,反对第三人搭便车的商标网络诉讼迅速上升。传统的商标概念已经改变以适用新的信息交流方式。问题是,这类案件中的表达自由,即法律赋予的在商业表达中使用商标以告知消费者的权利、是否受到一定程度的损害。❶

商标权人通过广告宣传的形式积极促成并发展商标的社会功能。通过极具渗透力的大众传媒的使用,商标承担了政治、社会和文化符号的功能。传统大众媒体诸如报纸、商业电视和互联网,有时被用作一种新媒体,确保包括商标在内的广告信息浸入先前未涉及到的人们的生活圈。为保护商标的显著性特征和商誉,商标法部分认可商标所有者对商标的这种使用。与此同时,该使用却引发了商标与表达自由之间的冲突。现代主义者认为,商标作为商品化的文化表现形式,在形成含义的过程中,起着关键作用。在后现代主义的眼中,文化过程的重心,如同政治和社会过程一样,是一个控制、改变、转换重要文化标志含义的斗争过程。开放的网络以其独一无二的潜力,推动个人的自我定位和民主自治。然而,在关键网站的域名中使用他人商标、在网页中使用他人商标的行为,也引发了大量(包括商业与非商业性质)的商标法律纠纷。❷

有关冲突产生的原因在很大程度上也可适用于商标与非商业表达自由之间的冲突,因此,笔者认为,无须特别加以区分。

三、商业表达自由与商标使用冲突的演变

商标具有多种功能,其中,表彰功能是指商标告知消费者产品特性、

---

❶ Wolfgang Sakulin, *Trademark Protection and Freedom of Expression*, the Netherlands: Boxpress BV, Oisterwijk. 12 (2010).

❷ Wolfgang Sakulin, *Trademark Protection and Freedom of Expression*, the Netherlands: Boxpress BV, Oisterwijk. 13 (2010).

并使他们能够理性决策,同时也使商标所有人将其产品或服务与他人相区分的功能。交流功能则主要体现在广告宣传方面。商标在广告宣传中被当作交流工具加以使用,从而允许广告发布者得以向消费者传达信息,这些信息通常与商标所覆盖的产品或服务无关,广告发布者是通过作为信赖符号的商标来给予该信息以特别公信力的。

商标是承载了多重含义的符号。"Chiemsee"(吉姆湖)这个符号,可以用于指示冲浪运动产品,从而使之与其他同质产品相区别,但同时,它也指德国最大的湖泊。"Barbie"(芭比)是全球驰名的玩具商标,但它同时也是金发碧眼、温顺苗条且智商不高的女孩的象征符号。商标所具有的多重含义,多数经由社会习俗或者社会惯例形成,换言之,一旦有相当数量的社会公众理解了这些符号意味着的特定含义,这些符号也就得到了接受。商标权利人同样可以利用广告功能为这些符号铸造某个特殊意蕴或者让某个符号在商业上具有高度吸引力。

商标自有其特质。笔者此处使用"特质"一词,意在于描绘商标具有同时表达多重含义的特殊能力。尽管授予商标权利人就商标符号的某些含义享有独占的权利在法律上具有正当的理由,但对第三人而言,这种排斥不应当给商标符号其他含义的使用者带来的过分沉重负担,因为他们也需要使用商标符号的这些意义,这意味着商标所有人的这种独占使用权不应当损害其他经营者的表达自由,无论是商业的抑或非商业性质的。

(一)作为指示符号的商标

在主张自由竞争能够促进整体利益最大化的经济体制中,市场参与者之间适宜有效的交流是必不可少的。企业须就其产品和服务提供充足有效、清晰明朗的信息和资料,只有在此条件下,市场供需机制方能良性运作,消费者亦得以相关信息为基础做出理性选择。在此过程中,商标发挥着非常重要的提供信息的作用:生产者通过商标告知潜在的消费者相关产品和服务的来源、出处和性能,与此同时,消费者通过商标志别产品,因为商标是表彰来源和区分产品的符号。

作为指示符号,商标必须可靠稳定。如果任何人都可以不受限制地自由使用商标,消费者将无法确定商品或服务的来源。例如,可口可乐的瓶子是一个商标符号,根据经验,它无论在过去还是现在所指示的来源都是一样。但如果谁都可以使用相同的瓶子,则相同的瓶子有可能装的不是可乐而是黑醋栗酒或者汽油,消费者一旦依此购物,品尝到的味道就将和以前完全不同。其结果就是,消费者不得不花费相当多的时间识别或者比较他们想要购买的产品和服务。市场交流和经济决策可能因此而成为一个耗时费力、变动不居、价格昂贵、效率低下和让人极度沮丧的行为。因此,商标法需要禁止其他经营者实施那些可能导致混淆的商标使用行为。

作为指示符号,商标对消费者而言,其益处就是降低搜寻成本。❶ 降低搜寻成本具有非常重要经济效果,可以说,商标法保护商标的识别功能使每个人都得以从中获益。在传统意义上,商标法对商标符号的保护与表达自由之间并无冲突,因为在民主社会,这种限制是绝对必须的。而当今法律在这个方面获得一定的拓展,并主要体现为将表达自由扩张至商业表达。其结果是,第三方经营者得以主张使用他人商标的自由和权利。例如,在商品备件随附的产品目录册里,提供了让用户参考的可互换备件的比较清单,或对他人商标的描述性使用。

给予商业表达自由法律保护的合理性在于,广告宣传中包含的信息有益于接受者。因此,应当在一定程度上给予广告发布者这种自由,以便公众获取有关资料和信息。这种权利和自由显然与商标权相冲突,则问题的关键是这种商业表达自由的空间是什么,或者说这种自由仅次于商标法所要保护的核心利益。

商业表达自由的目的与商标法里的很多具体规定大体一致,即用于减

---

❶ "搜寻成本"一词的起源,可以追溯至乔治·施蒂格勒(George Stigler)的《信息经济学》。在该文中,乔治·施蒂格勒(George Stigler)认为,广告在降低消费者的搜寻成本方面发挥了极其重要的作用。此后,芝加哥经济学派把它借用来分析商标的法律保护问题。参见 W. M. Landes and R. A. Posner, *The Economic Structure of Intellectual Property Law*, Cambridge: Belknap Press 2003. 以及 M. A. Lemley and S. L. Dogan, Trademarks and Consumer Search Costs on the Internet, *Huston Law Review* (41). 777 – 838 等相关论述(2004)。

少商标法对商标功能的法律保护给第三人带来的负面作用。目前的商标法已经给予商标权人过多的保护,第三人的商业表达自由因此严重受损,无论如何,确保消费者接受充足的信息以保护其权益是商标法的基础,商业表达自由为商标法重新聚焦这一点提供了工具。

(二) 广告范式的变化:从标志符到交流者

商标法律保护与表达自由的演化涉及广告范式的变化,广告范式变化的结果之一便是商标使用方式的改变。在广告中,商标对信息的传播发挥着关键性作用并将商标所代表的信誉转借给广告,正如可以提出证据加以证明的那样,这些信息像商品一样被消费和利用。

促销和广告以独白式交流为特征,商标因此在广告中成为独白的交流者。商标在获取和保持消费者的注意力和信任度方面发挥着实质性的作用,其根本目的在于引诱消费者购买产品或服务。广告就是采用这种方式来寻求支配者或者消费者行为的。商标权帮助保护这种交流和沟通,从而确保权利所有人不扭曲地接近消费者、确保消费者集中注意力。相反,表达自由寻求的是对话式交流,其目的是形成对话或商讨,以便发现真理并促进社会进步。

然而,这种广告范式带来了怎样的变化?1980年,广告发布者意识到,个体化的消费者不像从前那样,仅仅满足于寻找自身需求和标榜其所属社会阶层的商品。相反,消费者寻找的是能够彰显其个性、显示其与众不同的商品。广告活动开始越来越多地强调满足个体消费者的需要和愿望。因此,生产者和销售者开始引入新的广告经营技巧。

学者赫尔曼(Hellmann)将这种新型广告宣传的发展分解为三个重要阶段:首先,信息要能够抓住潜在消费者的注意力,然而,仅有信息是不够的,信息必须达到让消费者采取行动的程度,用德语来说就是"相应关注",例如,使用后不仅能够抓住潜在消费者的注意力,这种注意力还能够产生结果。为实现这一目的,广告所传播的信息必须能为消费者理解,这是第二阶段。有个好方法可以取得这一效果,那就是,消费者能够在信息里找到自己的归属。在这一阶段,广告利用消费者的文化或情感背景,常常通过使用既有的有影响力的符号、标志或者创造新符号,例如万宝路牛仔(Marlborough Man)❶、骆驼乔❷、麦当劳叔叔等,通过这些可辨认的中介与消费者交流。在这个阶段,广告把商标当作交流者加以使用。❸ 商标承载着消费者所熟悉的现实生活。大多数标志,事实上所有的符号和标志,都承载了文化关系,而文化关系正是系统目标语言的一部分,在系统目标语言中,每一个客体与其他客体都存在目的关系。正是这些广泛使用的标志,使得商标在广告中的效果更加明显。❹

商标所有人倾向于积极选择那些用于描述商品或服务的标志,或者带有符号价值的标志,因为这些标志是社会文化的一部分,与这一范式相吻合。除了这些描述性意义之外,商标被用于虚构和杜撰。德雷舍(Drescher)将其解释为商标所有人可以使用的迷惑技巧,例如,一场声势浩大的广告活动可赋予一个标志以新的意义。如果在这个过程中对流行文化或某社会内涵广泛引用,就能够累积形成一种杜撰的积极神话。德雷舍把神话定义为一个"在产品或符号中存在的文化关系或者文化联系的综合集成",并把这种迷惑技巧称作是广告发布者努力的成果,其作用是确保产

---

❶ 利用神话象征元素塑造品牌形象的一个最佳例子便是万宝路。20世纪50年代出现的万宝路牛仔(Marlboro Man),这个颇具男子气概的形象引起观众对于美国西部与蛮荒自然的联想。

❷ 骆驼乔是雷诺烟草公司1987年为骆驼牌卷烟塑造的一个拟人的骆驼形象。为庆祝骆驼品牌创立75周年,雷诺公司于1988年推出了卡通人物——骆驼"老乔"(Old Joe,或称"乔骆驼",Joe Camel),他们将这只75岁的老骆驼拟人化,并且将它打扮得非常年轻。在广告中,抽着骆驼香烟的"老乔",活泼时尚,风情万千:或穿皮夹克,或戴太阳镜,或晒日光浴,或弹爵士乐,或伴大美女……"老乔"传达给人们一个清晰的信息,即抽烟是一种时尚,是成熟老练的表现。http://www.s.com.cn/pro/ABF080.htm.

❸ Gielen & Wichers Hoeth 1992, pp. 4 and 18. 吉伦(Gielen)和维奇尔斯·赫斯(Wichers Hoeth)对商标的这种交流功能倾注了相当多的注意力。也有学者指出,在广告中使用商标可以产生心理社会学。G. Franzen and M. van den Berg, *Strategisch management van merken*, Deveter: Kluwer 2001, pp. 55, refers to a development towards the use of trademark as tools for "psycho-social differentiation" created by advertising.

❹ T. D. Drescher, The Transformation and Evolution of Trademarks-From Signals to Symbols to Myth, *Trademark Reporter* (82). 301–340 (1992).

品名称及其商标充斥着他们渴望的联系。然而,仅仅让消费者识别出商标所承载的现实世界的部分信息是不够的。第三阶段,广告必须诱导消费者购买商品和服务。依据赫尔曼的观点,只有在商标承载的信息转变成"差异体验",诱导才算成功。❶

因此,很多使用商标的商品所提供的效用并不仅仅局限于对产品本身的消耗,它还体现为对商标的消费。商标就是通过这种方式对消费者心目中的产品发挥影响力的。德雷舍就这一新态势发表评论说,"为了让同一产品对不同的消费群体产生吸引力,广告发布人不是以实物、而是以虚构的吸引力为基础来区分产品。"❷

行为科学对消费者如何使用商标的形象价值进行了解释。例如,个人可能通过努力奋斗,实现自我形象与他人眼中的自我形象的契合。如果商标与消费者渴望的自我形象相符合,附着该商标的商品或服务就可能被消费者购买以用于公开展示他们的自我形象。人们购买商品或服务也有可能是为了通过商标或者服务所体现的内在价值来展示自我。❸

商标所能提供的额外效用,从"感觉良好"的效果转变为向消费者提供身份、地位、归属或社会包容等感觉。例如,使用卫生巾可以让人们感到无忧无虑和快乐;古奇(Gucci)牌太阳镜赋予佩戴者地位和声望,但为了与一群冲浪者相衬,最好还是戴上大众化的奥克利牌遮阳镜。❹ 吉伦(Gielen)和维奇尔斯·赫斯(Wichers Hoeth)就认为,对产品的选择越来越依赖于生活方式而不是产品的质量和价格。❺ 有人认为,通过提供额外

---

❶ T. D. Drescher, The Transformation and Evolution of Trademarks-From Signals to Symbols to Myth, *Trademark Reporter* (82). 307 (1992).

❷ 同上书,第 301~340 页。

❸ F. Kressmann, J. Sirgy and A. Herrmann, Direct and indirect effects of self-image congruence on brand loyalty, *Journal of business Research* (59). 955–964 (2006).

❹ C. Gielen and L. Wichers Hoeth, *Merkenrecht*, Zwolle: E. J. Tjeenk Willink. 10 (1992).

❺ G. Franzen and M. van den Berg, *Strategisch management van merken*, Deveter: Kluwer. 55 (2001).

的"差别体验",商标自身从交流者转变为元商品或者商品。"在消费者的认知里,广告宣传的为人渴望的心理形象已经被添加到实物产品中。消费者购买的是广告宣传的心理形象与实物产品的联合体。在消费者的脑海里,他所购买的产品就包含了这两样。这种感觉中的功用像产品的其他功能一样被消费了。""有一种趋势正在增长中,人们使用商标并不仅仅是为了区分产品,也是为了改善和装饰、甚至是共同创造新产品。"❶

消费者看起来是在购买和"消费"产品的社会价值或商标的身份。如果某些商标传达的是身份地位、成功或者魅力这样的信息,很多消费者都会部分或者主要源于商标提供的附加价值而被劝诱着去购买此类商品或服务。这种额外的价值对消费者需求的满足不同于附着了该商标的商品或服务对消费者需求的满足。这种额外价值也可以解释诸如商标和手工产品之间的价格差异等,所有的客观品质细微差别。❷ 除此之外,商标作为交流者,其最重要的功能是将信誉添加在这种公然受控的广告信息中。

广告宣传采用多种多样的方式吸引消费者的注意力,而商标借助其显现出来的信赖和在可认知框架内的联系,成为连接消费者与产品和服务的关键纽带。过去商标仅仅是标志符号,现在则是向消费者传达识别信息和信誉信息的交流者,因此,在很多市场中,商标成为获得商业成功的关键要素。

随着广告和促销成本的上升,权利人认识到有必要保证自己的投资安全。通过对反淡化和保护商标声誉的商标法,权利人能在一定程度上保护自己的权益。在工业的强大压力下,商标法和司法积极致力于扩张商标权限范围。欧洲商标法通过反对搭便车、反对模糊和玷污,通过保护商标的显著性和商标的声誉来保护商标的交流功能。然而,这种保护可能与竞争者想要告知消费者相关信息的商业表达自由相冲突,例如,通过比较广告

---

❶ G. B. Ramello and F. Silva, Appropriating signs and meaning: the elusive economics of trademark, *Industrial and Corportae Change* (15). 937 - 963 (2006).

❷ J. Bröcher, M. L. Hoffmann and T. Sabel, *Dogmatische Grundlagen des Markenrechts*, Münster: LIT. 23 (2005).

或者指示性使用,就如同第三人想在艺术、评论、滑稽模仿、讽刺作品中把商标作为社会、文化或政治的交流工具那样。正因如此,表达自由冲突的核心也就成了独白式交流与对话式交流的冲突。

商标权的获得的确向商标权利人提供了"自由",但此种"自由"从未扩展至有权禁止第三人正当、合理地表达。任何权利都有自己的行使范围,商标权不是没有限制的绝对权利。法律赋予权利人使用商标的排他权利,并不意味着权利人有权禁止一切形式的使用,在不会破坏商标与商品或服务之间联系的情形下,即使是对商标的商业性使用,原则上也不应该禁止。

第三节 商业表达自由的法律保护

为了保护商标所有人的利益,商标法授予权利人使用其商标的排他性权利,商标权人有权禁止他人在相同的商品或服务上使用相同的标志,在商标富于美誉的情况下,有权禁止他人在相似或不相似的商品或服务上使用其商标以避免混淆,有权禁止他人利用其商标的声誉及显著性进行不公平竞争。表达自由因此与商标权利人禁止他人使用的权利发生了冲突。截至目前,这种冲突尚未引发重大的法律辩论,因为商标更注重对商业而不是对社会、政治或者文化发挥其影响力。此外,商标法律保护的重点是制止对商标的混淆使用,由于表达自由未能在商业交流中体现其特色,对商业交流的作用因此难以发挥,以至为人忽视。作为商业表达自由的有力支持者,科津斯基和阪乐认为,不应当将商业表达与其他类型的表达刻意区别开,因为"在自由的市场经济中,发布与接收商业信息这一表达自由权利与政治表达、文化艺术表达、宗教信仰的表达同样重要,有时甚至更重要。"❶ 事实上,在商标权利的限制问题上,商业表达自由已经得到欧洲国

---

❶ A. Kozinski and S. Banner, Who's Afraid of Commercial Speech? *Virginia Law Review* (76). 627 (1990).

家及美国立法与司法机关的支持。商业表达自由的正当性基础不同于非商业表达。非商业表达自由的正当性源于其有益于对民主治理,有益于真理的发现,有益于个人价值的实现以及特定商标在社会对话中所发挥的重要作用。商业表达自由之所以正当,则是因为其对消费者信息地位的积极影响。对处于市场经济中的民众而言,商业信息流动十分重要,因此必须给予经营者向消费者传递资讯的自由。

一、美国商业表达自由的法律保护

《美国宪法》对表达自由的保护,依据的是宪法第一修正案,该条涵盖了言论自由的主要内容,并因《美国宪法修订案》第十四条的通过得以适用于美国各州。

(一) 个人自治理论与商业言论的保护

《美国宪法第一修正案》有关表达自由的规定仅由若干极其简单的词汇构成。第一修正案绝对禁止对表达自由进行规范限制和压制,同时对放弃正当的说话权利也予以否定。由于第一修正案有关表达自由条款的内容过于简洁,导致修正案中的自由表达条款几乎每个词语都近乎无形,因为宪法所表达的绝大部分意思无法在有形的文本中找到。第一修正案仅仅从文本上提供了表达自由法律保护的基本框架示意,更多的隐性的自由言论法理源自美国最高法院的解释,而非宪法文本本身。尽管如此,修正案文本仍然关系着美国的言论自由文化;因为,宪法保护言论自由这一事实规定,总体上说对整个社会保护言论自由起着重要作用。❶

在美国法律中,没有什么理论比言论自由更为重要。美国最高法院对宪法第一修正案中表达自由的处理,正可谓"兼收并蓄"。❷ 最著名的言论

---

❶ Bruce E. H. Johnson & Kyu Ho Youm Commercial Speech and Free Expression: The United States and Europe Compared, *Journal of International Media & Entertainment Law*, Winter, Vol. 2, No. 2. pp. 159 – 198 (2009).

❷ Matthew D. Bunker, *Critiquing Free Speech: First Amendment Theory and the Challenge of Interdisciplinarity*, New Jersey: Lawrence Erlbaum Associates. 1 (2001).

第三章 商业表达自由与商标使用的冲突

与出版自由理论莫过于"市场观念"。它假定,为寻求真理,应当允许不同的观念在人们相互交往的过程中进行公开竞争。❶ 市场理论支配了美国宪法第一修正案的法理。例如,在取消《通信规范法》的相关规定时,美国最高法院特别提到,1997年"新市场观念"迅猛扩张中因特网的作用,并裁定,联邦法应当更多地干预而不是鼓励"观点的自由交流"。❷ 市场观念应当以与对待非商业言论的同样方式来对待商业言论,目的在于"传播信息、增进交流,以便人们寻求真理或作出理性决策"。美国最高法院认可了20世纪70年代中期对商业言论的法律保护,所采用的主导原则就是市场观念理论。另一方面,那些将市场观点的保护同民主决策联系起来的人,实际上误解了商业言论。❸

自治理论将言论自由作为民主的必要前提,这与市场观念形成鲜明的对照。自治理论的积极拥护者亚历山大·米克尔约翰(Alexander Meiklejohn)区分了自治原理与追求真理的市场观点:"首先,尽管真理非常重要,但第一修正案不是获取新的真理的手段。它只不过是共享真理成果的机制。其目的是给予全体选民尽可能充分的参与机会,让选民了解自治社会公民必须面对的问题。"

亚历山大·米克尔约翰理论的核心是区分公共言论与私人言论。他认为,公共言论关系到自治和公众福祉应当得到第一修正案的绝对保护。而私人言论主要是出于个人利益而非公益,不应受到第一修正案的绝对保护。❹ 根据米克尔约翰的理论,言论自由的核心是政治言论;尽管"政治"言论的范畴已经获得了扩张,但惠及商业言论的保护几乎没有。有学者指出,美国联邦最高法院从来没因为商业言论促进了民主而给予其保护;法

---

❶ Abrams v. United States, 250 U. S. 616, 630 (1919).

❷ Reno v. American Civil Liberties Union, 521 U. S. 844, 885 (1997).

❸ Roger A. Shiner, *Freedom of commercial expression*, Oxford: Oxford University Press. 95 (2003).

❹ Alexander Meiklejohn, *Political Freedom: The Constitutional Powers of the People*, New York: Greenwood Press. 75 (1979).

院仅仅是认可,自由流动的商业言论是智慧火花不可缺少的信息源泉,有助于民主社会的公众决策。❶

与此同时,个人自治理论主张,"个人在自我个性发展中有权形成自己的信仰与观点","有权表达自己的信仰与观点。"该理论同样源自个人与社会之间的关系,社会和政府不是因为其本身而存在,而是为了服务个体。❷ 在商业言论保护方面,个人自治理论是一个极有说服力的观点。商业言论自我实现价值的一位倡导者认为:"在个人为之所以优先选择某个产品或品牌进行思考时,这促使他考虑竞争信息,在心里对比自我设定的个人满意度,用可能的价格差来平衡自己的选择。这样做锻炼了他的推理与思考能力,帮助他迈向理性的自我实现这一无形目标。"❸

学者指出,宪法第一修正案所保障的表达自由,为个人的自我实现与自我选择提供了最大的可能性。个人的自我实现与自我选择当然不是仅仅发生在政治领域,显然,理性的个人不会因为所做出的选择是经济性的而失去如同面对政治性选择时的思考能力和判断能力。❹ 在这个经济主导的社会,随着商业言论传达的信息对人们的经济活动和决策越来越重要,剥夺消费者获得真实和非误导的商业信息也越来越被认为是侵犯了宪法第一修正案所保障的表达自由和知情权,从而损害了公众的选择自由。

---

❶ Virginia State Bd. of Pharmacy v. Virginia Citizens Consumer Council, 425 U. S. 748, 765 (1976). 转引自 Bruce E. H. Johnson & Kyu Ho Youm Commercial Speech and Free Expression: The United States and Europe Compared, *Journal of International Media & Entertainment Law*, Winter, Vol. 2, No. 2. 159~198 (2009). http://www.dwt.com/portalresource/lookup/wosid/intelliun-1501-12706/media.name=/Johnson_CommercialSpeech.pdf 法,访问日期:2011年12月21日。

❷ 参见 Thomas I. Emerson, Toward a General Theory of the First Amendment 4, 5 (1966).

❸ Martin H. Redish, *Freedom of Expression: A Critical Analysis*, Charlottesville: Michie Co. 60-61 (1984).

❹ 邱小平:《表达自由——美国宪法第一修正案研究》,北京大学出版社2005年版,第339页。

第三章　商业表达自由与商标使用的冲突

(二) 美国商业表达自由法律保护的演变

在美国，对言论自由的基本划分就是非商业言论和商业言论，非商业言论主要是指政治、艺术或宗教的言论，由于非商业言论自由具有发现真理、表达价值观念、促进民主发展、推动社会进步的重要价值与意义，一直以来，美国对非商业言论自由的保护从未动摇过，有关争议主要围绕保护程度的强弱展开，商业言论被认为是不值得保护的对象。美国法院在1924年 Valentine v. Chrestensen ❶一案的判决中，就限制性言论的合宪法性发表意见，声称，"联邦宪法并不限制政府调整纯粹的商业广告"。❷ 通过对典型的商业言论——广告的排斥，表明其不保护商业言论的态度。但最高法院并没有提供不保护的理由，更没有对商业言论加以界定，❸ 仅仅暗示商业言论没有传达信息或意见，所以不能享有与政治言论同样的法律保护。可见，在传统的表达自由理论中，并没有商业表达自由的席位。然而，随着经济的发展，学者对表达自由权利性质的认识发生了变化——"虽然立国先贤制定第一修正案时主要关注的是政治言论，但没有证据证明他们对第一修正案保护的言论有商业性言论和正当性言论之分。"❹

在联邦最高法院就 Valentine v. Chrestensen 判决商业言论不受宪法保护

---

❶ 316 U. S. 52 (1942). Chrestensen 拥有一艘美国退役的潜水艇，他企图通过让游客参观该潜水艇获利。于是印制传单在街头四处散发。但警察告知他，纽约市不允许在街头散发商业广告传单。Chrestensen 便在传单的一面印上广告，另一面则印上抗议纽约市拒绝自己停泊潜水艇用以展览的内容。但警察依旧禁止他散发传单，Chrestensen 便以纽约市警察局局长 Valentine 为被告提起诉讼，并在一审、二审中均胜诉。大法官 Roberts 主笔判决，指出，街道是自由地交流资讯和传播意见的适当场所，州政府虽可基于公共利益适当地限制此项权利，但不得不当地限制或禁止街道的使用。

❷ Allan Ides, Christopher N. May: *Constitutional Law Individual Rights: Examples & Explanations*, Citic Publishing House, 2003, pp. 328.

❸ [美] 杰罗姆·巴伦，托马斯·迪恩斯:《美国宪法概论》，中国社会科学出版社1995年版，第230页。

❹ Alex Kozinski & Stuart banner, who's afraid of commercial speech, *Virginia Law Review*, vol. 76, 631 – 634 (1990). 转引自邱小平:《表达自由——美国宪法第一修正案研究》，北京大学出版社2005年版，第312页。

之后，法院渐渐意识到其判决中的问题。1960 年，在 New York Times Co. v. Sullivan❶ 一案中，最高法院一改过去的判决标准，将商业言论的"商业或营利的动机"判断标准改为根据内容来判断是否能够受到宪法第一修正案的保护。随后，在 1973 年 Pittsburgh Press Co. v. Pittsburgh Commission on Human Relations 一案中，美国最高法院认为，商业活动有违法与合法之分，商业领域中的资讯交换与其他领域同样重要，政府不能随意禁止合法的商业活动。❷ 1975 年，美国联邦最高法院于 Bigelow v. Virginia 一案中指出，言论并不因其以商业广告的形式表达而被排除在宪法修正案的保护范围之外。本案中的广告并不仅仅是商业交易，还包含关系到公共利益的事实和信息，促进了信息的流通与传播自由，上诉人报纸中的广告，并不因为具有商业性质或反映了广告主的商业利益就不受宪法第一修正案的保护。❸ 1976 年，在 Virginia State Board of Pharmacy v. Virginia Citizens Consumer Council 一案中，美国联邦最高法院明确表示，即使是纯粹的商业性言论，也受到宪法第一修正案的保护。美国最高法院首先指出，发生争议的广告属于商业言论，但此类商业广告也应当受到宪法第一修正案的保护，主要理由是，消费者享有接收信息的权利。美国最高法院认为，在经济社

---

❶ 376 U.S. 254（1964）. 1960 年，《纽约时报》、刊登了一则由"捍卫金恩博士及南方自由委员会"发起的募捐广告。该广告没有指名道姓地批评任何人，但该广告描述了警察对黑人民权运动的镇压，提到阿拉巴马州蒙哥马利市警察的镇压行为。苏利文是蒙哥马利市警察局局长，认为广告内容不实、诽谤其名誉。纽约时报及其中四名牧师提起诉讼。苏利文援引 Chrestensen 一案，主张广告内容具有诽谤性质，且为商业言论，纽约时报不能获得宪法第一修正案的保护。

❷ 413 U.S. 376（1973）. 该案中，匹兹堡报将招聘广告分为招聘男性员工的广告、招聘女性员工的广告及男妇皆可的招聘广告，Pittsburgh Commission on Human Relations 认为，这种做法违反禁止性别歧视的法律规定，便命令该报停止刊登，加以修改。而匹兹堡报认为，这只是根据版面做出的广告编排问题，不具有商业性质，应当受美国宪法第一修正案保护，委员会的做法干涉了出版自由。委员会则认为，争议广告属于商业言论，不受宪法第一修正案的保护。

❸ 421 U.S. 809（1975）. 本案中，Bigelow 是弗吉尼亚周报的总编辑，1971 年，该报刊登了由纽约市 Women's Pavilion 机构提供的一则宣传可向妇女提供堕胎服务的广告。弗吉尼亚的州法禁止散布任何鼓动妇女堕胎的出版物、演讲或广告，因此 Bigelow 被控违法。

会里，信息的自由流通对消费者接收信息的权利而言，意义重大。消费者通过商业信息自由流通所获得的利益，可能不亚于其每天通过最重要的政治辩论所获得的利益。商业广告等商业言论所包含的信息有助于公众做出理性的经济决策，无论广告品味如何，它依旧在传递商业信息，让公众充分地获得信息，将促使他们为自己选择最大利益，而实现这一目的的最佳方法，在于开放信息流通的渠道，而不是关闭它们，使公众处于无知的状态。在自由经济体系中，明智的经济决策关系到社会资源的配置与使用，因此，商业信息的自由流通是不可或缺的，换言之，就像政治言论、文学艺术言论那样，社会同样从商业资讯中获得了利益。❶ 理解美国宪法第一修正案下美国法院在商业言论保护问题上的态度转变，其关键即在于此。

这一阶段，美国最高逐渐认识到商业言论本身所具有的价值；至此，商业言论的法律保护不仅获得了理论基础的支持，也得到了相当的法律保护。为了确保信息的自由流通、保证公众接受信息权利不受非法限制，美国最高法院于1980年通过 Central Hudson Gas & Electric Corp. v. Public Service Commission 一案建立了用于审查商业言论的四步测试法：（1）可获得宪法第一修正案保护的商业言论必须是有关合法活动的、非误导和不实的；（2）政府主张的利益必须是实质的；（3）政府对商业言论的限制直接促进了公共利益;❷（4）限制没有超过实现公共利益所必须的程度。目前，美国法院仍以此作为审查商业言论是否应受宪法第一修正案保护的标准。

此后，美国最高法院又审理了一系列有关商业言论的案件，例如，

---

❶ 425 U. S. at 748（1976）. 弗吉利亚州法律禁止本州的药剂师刊登有关处方用药的价格，而该州消费者团体认为，消费者有权获得药物价格方面的信息，认为该项规定违反了宪法第一修正案，便对州药剂师委员会提起诉讼。州药剂会则主张，之所以作出该项规定，是为了维持药剂师职业服务水平，避免因商业广告造成恶性竞争而降低药剂师的服务品质，并且还认为，药品价格方面的广告属于商业言论，不受宪法第一修正案的保护。美国最高法院对这一说法予以驳斥，并认为，弗吉利亚州保护州民的做法，似乎让公众处于无知的状态。

❷ 在 44 Liquormart Inc. v. Rhode Island（1996）一案中，美国最高法院在第三阶段"增进公共利益"的前提下，增加了"实质且显著"的条件。

Posado de Puerto Rico Ass. v. Tourism Co. (1986), Board of Trustees v. Fox (1989), City of Cincinnati v. Discovery Network Inc. (1993), 44 Liquormart Inc. v. Rhode Island (1996), Lorillard Tobacco Company v. Reilly (2001), Thompson v. Western States Medical Center (2002), Kasky v. Nike Inc. (2003) 等。在这些案例中，有关商业言论法律保护的讨论主要围绕美国最高法院所确定的审查标准展开。瑞迪（Redish）指出，美国这些年有关商业言论的判决尽管结果有别，但相关阐述并无新意。❶

二、欧洲商业表达自由的法律保护

（一）《欧洲人权公约》第 10 条的规定

1950 年签订的《欧洲人权公约》（European Convention on Human Rights，缩写为 ECHR）❷ 第 10 条"表达自由"授予所有个人表达自由的权利，是欧洲有关表达自由的最重要规定。该条约第 10 条共两款，即，"1. 人人享有表达自由的权利。此项权利应当包括持有意见的自由，以及在不受公共机构干预和不分国界的情况下，接受和传播信息与思想的自由。本条不得阻止各国对广播、电视、电影等企业规定许可证制度。2. 行使上述各项自由，因为负有义务和责任，必须接受法律所规定的和民主社会所必需的程式、条件、限制或者惩罚的约束。这些约束是基于对国家安全、领土完整或者公共安全的利益，为了防止混乱或者犯罪，保护健康或者道德，为了保护他人的名誉或者权利，为了防止秘密收到的情报的泄漏，或者为了维护司法官员的权威与公正的因素的考虑。"

《欧洲人权公约》第 10 条采用了相当宽泛的措辞来描绘所涉及的主

---

❶ Redish, Martin H. Commercial Speech, First Amendment Intuitionism and the Twilight Zone of Viewpoint Discrimination. *Loyola of Los Angeles Law Review*. §41: 67 – 132 (2007).

❷ 全名为《欧洲保障人权和基本自由公约》（*Convention for the Protection of Human Rights and Fundamental Freedoms*），是一个保障欧洲人权与基本自由的国际公约。欧洲人权公约由欧洲委员会起草，1953 年经批准后开始施行，对欧洲委员会全体 36 个成员国都有约束力，新加入的成员也将被要求批准这个公约。成员国的个人和组织在用尽当地救济后，可以向位于斯特拉斯堡的欧洲人权法院（ECtHR）提出申诉。

题——"持有意见的自由、接受和传播信息与思想的自由"。因此，它并不特指某种表达或某种传播。欧洲人权法院（ECtHR）多次指出，《欧洲人权公约》第10条并不局限于特定种类的信息、观念或具有民主价值的那些表达。原则上，第10条涵盖了各种类型的表达，包括主观观点和事实信息。早在1876年De Geillustreerde Pers v. Netherlands一案中，欧盟人权委员会就指出，"……信息包括对事实和新闻的表达"，❶欧洲人权法院在1986年Lingens v. Austia一中也宣称，"价值判断可以获得比事实信息更高的保护"。❷该规定还覆盖了流行音乐的无线电广播❸、商业信息或广告❹，对标志的使用也落入第10条的保护范围之内。

《欧洲人权公约》第10条所保护的表达不包括种族歧视言论或憎恨言论❺以及与欺骗性商业表达，而后者可以从欧洲人权法院在Krone v. Austria❻一案中所作的推理中推导出来。保护商业表达则在于，广告中所包含的信息对接受者的经济决策而言十分重要。"对公众来说，广告是发现商品或产品特征的一种手段。"❼误导性信息的有害，正是通过其对这

---

❶ ECommHR 6 July 1976 De Geillustreerde Pers N. V. v. Netherlands, *European Commision of Human Rights Decision & Reports*（Volume 8），5（1976）.

❷ ECtHR 8 July 1986 Lingens v. Austia, Application no. 9815/82, Series A-103.

❸ ECtHR 28 March 1990 Groppera Radio AG v. Switzerland, Application no. 10890/84, Series A-173.

❹ ECtHR 12 February 1993 Casado Coca v. Spain, Application no. 15450/89, ECHRA285-A. para. 35, "Article 10 guarantees freedom to 'everyone'. No distinction is made in it according to whether the type of aim pursued is profit-making or not." ECtHR 11 December 2003 Krone Verlag v. Austria. 第10条保证"每个人"的自由，无论是否出于盈利目的。

❺ 公约第17条禁止对公约权利的滥用。《欧洲人权公约》第17条规定："本公约不得解释为暗示任何国家、团体或者个人有权进行任何活动或者实施任何行动，旨在损害本公约所规定的任何权利与自由或者是在最大程度上限制本公约所规定的权利与自由。"因此，憎恨言论可以视为落入该条规定之中。E. Barendt, *Freedom of speech*, Oxford：Oxford University Press. 170（2005）.

❻ ECtHR 11 December 2003 Krone Verlag v. Austria, Application no. 39069/97, *Reports of Judgments and Decision* 2003-XII.

❼ ECtHR 11 December 2003 Krone Verlag v. Austria, Application no. 39069/97, *Reports of Judgments and Decision* 2003-XII.

一目的起到了损害作用而不是促进作用来判断的。就商标权而言，这意味着各种形式的商标使用行为都是第 10 条所涉主题的一部分。❶

《欧洲人权公约》第 10 条表达自由的范围主要通过其第二款加以限定。欧洲人权法院（ECtHR）已经发展出用于衡量表达自由限制的标准。（1）该限制必须由法律预先设立，例如，在表达自由与商标权冲突的情况下，有关限制应当由商标法规定。（2）对表达自由的限制必须至少是为了实现第 10 条第二款所包含的一个立法目的。商标法对表达自由的限制则必须符合"为了保护他人的名誉或者权利"这一目的。（3）也是最重要的一项，限制必须是"民主社会必需的"。欧洲人权法院（ECtHR）对限制必要性的要求，是通过检验是否有"压制社会的需要"存在来加以解释的，即这种限制是否有价值、理由是否充分，这种限制与立法目的之间是否平衡，例如，在非商业表达自由的情况下，是否超出了必要限度，或者在商业表达情况下，该限制是否正当合理和是否符合比例原则。对表达自由的限制是否为一个民主社会所必需，由法院根据个案情形加以判断。因此，仅仅援引国内法中的某条抽象包含着对表达自由限制的规定是不够的。

欧洲人权法院不是欧洲唯一对商业言论作出过评判的法庭，它主要关注人权如何在欧共体成员国的法律法规中体现出来。为了确保欧共体的法律法规得到遵守和欧洲市场一体化商业目标，欧洲法院也谈到过商业言论。这些年来，欧洲人权法院虽未必是欧盟法的直接来源之一，但仍然是欧盟法院基本原则的主要灵感源泉之一。因此，由欧洲人权法院判决形成的案例法，是欧盟法院在商业言论和其他表达自由上的基准点。更重要的是，欧洲人权法院案例法比欧盟法院历史悠久，范围更广。❷

（二）欧盟法律中的表达自由

1957 年《罗马条约》是创立欧共体的基础文件，条约在序言中引用了《联合国宪章》中的内容，但并没有涉及人权。该条约与人权或表达自由

---

❶ ECtHR 8 July 2008 Vajnai v. Hunagry, Application no. 33629/06.

❷ Roger A. Shiner, *Freedom of Commercial Speech*, Oxford：Oxford University Press. 243-244（2003）.

并不相关,仅涉及消除贸易壁垒、建立统一内部市场和给予基本的经济自由。1970年,欧洲法院(European Court of Justice,ECJ)确认,欧共体的法律可以涉及基本权利,并且判断共同体法律时必须考虑这些权利。欧洲法院(ECJ)在1970年国际贸易公司(Internationale Handelsgesellschaft case)一案中指出,"欧共同体法律的基本原则包括对基本权利的保护,这些基本权利是成员国共同的宪法传统的一部分,并为国际人权条约所涵盖。"❶《欧洲人权公约》第10条可能对表达自由构成限制,其适用性已经在诸如媒体兼并、广告监管之类的情形下得到接受。该规定已经成为欧洲法院(ECJ)在对欧共体商标一号指令等欧共体立法进行解释时必须尊重的一项权利。

随着欧盟权限在非经济领域的扩张,欧盟是否需要给予人权以更有力的保护这一问题便显现出来。解决方法之一是,欧盟作为成员加入欧洲人权条约。欧洲法院曾在1996年的一份裁决中阐明,欧盟缺乏加入欧洲人权条约的资格。❷ 但这已经随着2006年签订、2009年生效的《里斯本条约》的完全实施而改变。由于欧盟自身并非欧洲人权条约的成员,欧盟机构不像成员国当局那样受到《欧洲人权公约》第10条的正式约束。然而,作为欧盟法律的一个基本原则,欧盟立法机关必须尊重《欧洲人权公约》中的权利。

1997年《阿姆斯特丹条约》首次引入欧盟法中有关人权的第一个指令,该指令修改了1992年《欧洲联盟条约》。1997年《阿姆斯特丹条约》第6.2款指出,联盟应当尊重"作为得到《保护人权与基本自由公约》保证的……基本权利,这些权利产生于成员国共同的宪法条款,是共同体法的基本原则"。从1996年正式接受欧洲人权公约开始,该条约就不是可选择的,欧洲委员会于1999年裁决,人权应当纳入宪章,以使其具有更高的

---

❶ ECJ 17 December 1970 Internationale Handelsgesellschaft v. EVSt, Case 11/70, [1970] ECR 1125.

❷ ECJ 12 October 2006 Laserdisken ApS v. Kulturministeriet, Case C-479/04, [2006] ECR I-08089.

可预见性。2000 年，欧盟正式通过《欧洲联盟基本权利宪章》，该宪章第 11 条系有关表达自由的规定："1. 人人均有权享有表意自由。此权利应包括持有意见之自由，在不受公权力、更不用说边界限制的情况下，接收与传递信息及意见之自由。2. 媒体之自由与多元性应受到尊重。"

根据宪章第 51 条，欧洲联盟各机构部门及会员国在相关职权范围内，应尊重此等权利，遵守各项原则，并促进各项规定的适用，这意味着，个人不得援引宪章第 11 条。此外，将第 11 条与第 52.3 相结合可知，宪章第 11 条与《欧洲人权公约》第 10 条在含义与适用范围上是相同的。❶ 由于宪章第 11 条不得为个人援引，第 11 条没有具体的法理，且其含义和使用范围与《欧洲人权公约》第 10 条一致，笔者就不打算再引用欧盟宪章第 11 条，而仅仅使用《欧洲人权公约》第 10 条。❷

1950 年《欧洲人权公约》所包含全部公民权利与政治权利，成员国都有义务给予保护。条约由欧洲委员会起草，欧洲人权法院亦予以认可，欧洲委员会的 36 个成员国均有遵守的义务。成员国的各实体在用尽当地救济后，均得向位于斯特拉斯堡的欧洲人权法院提出控告。成员国范围内的任何自然人、法人、组织或团体，如果遭受冒犯，均可投诉。作为最后救济手段，国际法庭的欧洲人权法院（ECtHR）会针对个案进行裁决，但其判决同样为成员国设立了必须遵守的保护标准。鉴于欧洲人权法院的国际地位，以及需要尊重成员国法院和特别法庭的权威与成员国主权，欧洲人权法庭运用了多种审查标准。它赋予成员国在判断潜在侵权时以可变评判的空间。该可变判断空间的范围取决于所涉权利因素、真实情况的复杂程度、

---

❶ 《欧洲联盟基本权利宪章》第 52.3 条规定：本宪章所保障而亦相应受到"欧洲保护人权与基本"保障之权利，其权利之意义与范围应与该公约规定者相同。本条规定不禁止欧洲联盟法律制定更广泛之保护。

❷ 行使上述各项自由，因为负有义务和责任，必须接受法律所规定的和民主社会所必需的程式、条件、限制或者惩罚的约束。这些约束是基于对国家安全、领土完整或者公共安全的利益，为了防止混乱或者犯罪，保护健康或者道德，为了保护他人的名誉或者权利，为了防止泄密，或者为了维护司法官员的权威与公正的因素的考虑。

限制权利的理由以及不同成员国之间的法律情形。❶

就欧盟成员而言,值得一提的是德国。德国有关表达自由与商标权案例中表现出来的法理丰富,法律原则发展良好,因此德国法无论在商标权利还是在表达自由方面,在欧洲都具有很大的影响力。此外,德国的表达自由等宪法权利的法律原则所具有的社会地位、在商标权等私权领域的适用,都为实现平衡的各种方法提供了极具价值的见解。《德国基本法》第5条"言论自由"规定:"(1)人人享有以语言、文字和图画自由发表、传播其观点的权利以及不受阻碍地以通常途径了解信息权利。保障新闻出版自由和广播、电视、电影的报道自由。对此不得进行内容审查。(2)一般法律和有关青少年保护及个人名誉权的法律性规定对上述权利予以限制。(3)艺术、科学、研究和教学自由进行。教学自由不得违反宪法。"第(1)款中,表达与传播观点的权利及获得信息的权利被认为是独自的;根据第(2)款,新闻出版与广播的自由也是彼此独立的;根据第(3)款,艺术自由也是独立的权利。联系到商标的使用,"以语言、文字和图画自由发表、传播其观点的权利"包括所有的主观价值判断。如果商业表达属于形成观点的过程,持有观点的自由同样适用于商业表达,但是,对商业表达的保护程度要低于对公共利益进行辩论的保护程度。❷

---

❶ 欧洲人权法院与欧洲法院并没有任何关系。不过,由于所有的欧盟成员国都是欧洲委员会的成员,且都签署了欧洲人权公约,因此,就这两个法院于案例法间的关系便持续受到关注。对此,欧洲法院认为,欧洲人权法院所形成的案例法以及欧洲人权公约应如同欧盟法律系统的一部分。然而,尽管欧盟的会员国都有加入欧洲人权公约及欧洲委员会,但欧盟本身并未加入,因为在先前的条约中,欧盟本身并不具备加入的能力。不过,随着《尼斯条约》的签订,欧盟机关将受到该条约第6条之拘束,而必须要尊重欧洲人权公约中所宣示的人权。随着《里斯本条约》于2009年12月1日生效,欧盟预期签署《欧洲人权公约》。而这使得欧洲法院受到欧洲人权法院先前所形成的判例法所拘束,并因此成为其所应遵循的人权法,彻底解决了此二法院间的冲突问题。来自 http://zh.wikipedia.org/wiki/%E6%AC%A7%E6%B4%B2%E4%BA%BA%E6%9D%83%E6%B3%95%E9%99%A2,访问日期:2011年12月28日。

❷ Wolfgang Sakulin, *Trademark Protection and Freedom of Expression*, the Netherlands: Boxpress BV, Oisterwijk. 41 (2010).

三、欧美商业表达法律保护的比较分析

笔者之所以选择欧洲与美国有关商业表达的法律规定进行比较,因为美国商标与欧洲商标十分近似,且二者相关规定对世界各国具有影响的重要。2006年一份对美国和欧洲保护言论自由的分析指出:美国和欧洲享有共同的法律传统自由和规则,他们的言论自由理论常常是趋同的而非分离。《美国宪法第一修正案》与《欧洲人权公约》第10条在理论和概念上都是相似的。2004年版《布莱克法律词典》对商业言论的界定也证明了这一点,"商业言论(commercial speech)这个被美国最高法院和欧洲人权法院使用的词汇,可将其定义为……仅涉及发布者与受众的商业利益的交流(例如广告和促销)。"❶

欧洲人权法院经历了一个转型期。在前17年,没有显示其重要性。法院也仅仅处理了17个案例,几乎没有判决涉及言论自由和出版。事实上,直到20世纪80年代,欧洲人权法院才判定商业表达自由为言论自由的事项。❷ 然而,现在的欧洲人权法庭可能已经成为世界上保护人权方面最影响力的法庭和最有效的机构。耶律大学法学院迪安·哈罗德·洪举·科(Dean Harold Hongju Koh)在2008年9月指出,这些年来,在平等、自由等民主探索中,外国法院经常引用欧洲人权法庭的裁定,而有忽视美国最高法院规定的倾向。欧洲人权法庭自称,得益于欧洲人权法庭过去30年的诠释,现在有大量的有关第10条的案例。❸ 据报道,2008年10月已有总计153个判决。❹ 与《美国第一修正案》的法律保护相比,《欧洲人权公约》对表达自由的认可更广泛和更详细,其第10条第一款认可每个人的表

---

❶ Bryan A. Garner, ed. *Black's Law Dictionary*, Eighth Edition [Z], St. Paul, MN: Thomson West Group 8th edition, pp. 1435 – 1436 (2004).

❷ Markt Intern & Beermann v. Gemany, 12 Eur. Ct. H. R. (Ser. A) 161, 171 (1990).

❸ Engel v. Netherlands No. 22, 1 Eur. Ct. H. R. (Ser. A) 647 (1979).

❹ http: //cmiskp. echr. coe. int/tkp197/search. asp? sessionid = 14391684&skin = hudoc-en. 更新时间:2008年11月6日。

达自由，并禁止各国对此拒绝。第 10 条第一款还规定，表达自由权包括保持不同意见的自由。根据第 10 条第一款获得的接受信息的权利，不得等同于从政府机构获取或要求信息的权利，因为后者是公认的人权宣言，是得到公民权利和政治权利国际条约和美国人权宣言认可的权利。此外，TRIPs 协议也在原则上规定，成员可规定商标权的有限例外，只要这种例外兼顾了商标权人及第三方的合法利益。

从比较法的视角审视，商业言论不仅是美国、也是欧洲表达自由的重要组成部分。因为在对公民宪法权利或基本权利的保护问题上，美国与欧洲的法院在处理类似问题时采取了类似的审查方法。美国法律对商业言论的保护所呈现出增长的态势，被认为是《美国宪法第一修正案》在近代最重要且最有趣的现象；与之类似，欧洲人权法院（ECtHR）也将对表达自由的保护拓展至商业言论，并且，这种保护正在日益增长。[1] 当然，尽管商业言论保护较过去获得了更多的法律保护，但无论是美国抑或欧洲，商业言论的法律地位仍处于不断的发展中。[2]

本章小结

商业和经济的发展离不开信息交流，人类的日常生活离开不开商标。商标作为提供产品来源和产品质量等重要和主要信息的标志符号，对消费者而言，具有锁定的功能，发挥着传达信息和帮助理性决策的作用，对企业而言，商标是其参与商场竞争的利器。商标法律保护的正当性与商标的功能密切相关。商标具有表彰来源、区分产品、保障品质、承载商誉和广

---

[1] Maya Hertig Randall, Commercial Speech Under the European Convention on Human Rights: Subordinate or Equal?, 6 *HUM. RTS L. REV.* 53, 54 (2006).

[2] Bruce E. H. Johnson & Kyu Ho Youm, Commercial Speech and Free Expression: The United States and Europe Compared, *Journal of International Media & Entertainment Law*, Winter, 2009 Vol. 2, No. 2., pp. 159 - 198. http://www.dwt.com/portalresource/lookup/wosid/intelli-un-1501-12706/media.name=/Johnson_CommercialSpeech.pdf. 访问日期：2011 年 12 月 28 日。

告宣传等多项功能,而这些功能的实现无不需要将商标符号与经营者的商品或服务相联系。因此,商标的核心价值在于特定商标符号与商品及服务之间的联系。为了保证这种联系不被破坏、毁损和不法利用,商标法不仅给予商标所有人以商标专用权,更赋予商标所有人以商标禁止权,从而使商标权利人得以垄断在与其生产或销售的商品或服务相同或类似的商品或服务上使用特定符号的权利。

  商标权自有其正当性,但它也并非不受限制的权利。如今的商标,随着商业作用的变化、交流功能的发展以及新媒体的出现,已经从标示符号发展成为交流工具,承载着有关商品和服务的信息利益。商标法为了保护商标所有人的利益,通过禁止他人使用商标标志的方式来保护商标的各种功能。然而,在商业领域,第三人在一定情况下对商标的使用,由于包含着有益于消费者的经济信息,因此有理由获得表达自由的保护,从而与商标所有人所获得的具有垄断性质的商标权存在冲突。商业表达虽不比政治、文化领域的非商业表达对民主政治和发现真理的重要性,但商业表达自由的存在亦有其正当性,它源自消费者获取有关商品或服务的不同信息的利益,而这种利益反射为经营者向消费者提供信息的权利。商标是商品经济的产物,是商家选择用以表彰产品和服务来源的符号,在区分商品和服务的同时,成为商家说服公众和开拓市场的重要手段。目前的商标法已经给予商标权人过多的保护,可以说,商标法对商标权利与第三人商业表达自由的保护已经失衡。无论如何,确保消费者接受充足的信息以保护其权益是商标法的基础,商业表达自由为商标法对商标权利的限制提供了正当理由。

  声称商业表达如同政治、社会或文化类表达具有同等价值,固然有些夸大,但以商业表达可能影响消费者的理性决策或者最佳决策作为拒绝保护的理由,也同样缺乏说服力。保护商业表达自由的目的不在于获得经济上的最佳结果,而在于帮助改善消费者的信息状况,其正面效应超过负面效应。此外,如果商业表达有害于商标所有人的权益,法律也为其提供了相应的权利和救济。考虑到商业表达对自我在社会中的实现的消极影响及潜在危害，商业表达受到法律保护的水平必然且必须低于非商业表达。

鉴于 2004 年版《布莱克法律词典》将商业言论界定为，"……仅涉及发布者与受众的商业利益的交流（例如广告和促销）。"❶ 笔者认为，就本书研究对象而言，涉及商标的商业表达包括比较广告、指示性使用、描述性使用等。商业表达自由对消费者所具有的价值，已经被欧洲人权法院和美国最高法院接受。在美国传统的表达自由理论中，并没有商业表达自由的席位。然而，随着经济的发展，商业言论所传达的信息对人们的经济活动和决策越来越重要，美国法院在商业言论保护问题上经历一个从不保护到保护的态度转变，《宪法第一修正案》中的言论自由也从非商业言论拓展至包括商业言论。在欧洲，《欧洲人权公约》（ECHR）第 10 条"表达自由"授予所有个人表达自由的权利。作为欧洲有关表达自由的最重要规定，该条规定涵盖了商业表达自由，对欧盟立法机关来说，必须尊重欧洲人权公约中的权利。在欧盟内部，像德国，就已经认同了对商业表达自由的保护。就目前而言，问题的关键是商业表达自由的空间，或者说这种自由仅次于商标法所要保护的核心利益，则如何减少商标法律保护对第三人的负面效用，而这也是笔者将于后文所要讨论的。

---

❶ Bryan A. Garner, ed. *Black's Law Dictionary*, Eighth Edition, St. Paul, MN: Thomson West Group 8th edition. 1435–1436（2004）.

第四章 商标权的取得与商业表达自由

建立在商标符号基础上的商标权与专利权、版权有着明显的差异，首先，商标权的客体是商标标志，从客体的资源有限性来说，商标权的获得本身就意味着其他任何人丧失了利用有关标志获得在同类商品上使用该商标的权利。❶ 其次，在理论上，商标权可以通过续展得以延伸，这意味着商标所有人就相关标志享有的专有使用权或者说垄断权利在时间上的无限性。然而，商标法律制度的建立并不仅仅是为了保护商标权人的利益，它还肩负着保护消费者权益、保护其他竞争者的合法利益、促进和维护市场公平竞争的重任。从目前的商标法对各方利益的保护来看，现有的商标制度显然更有利于商标权人。

商标在经济生活中至少起到了两方面的作用：从消费者的角度来看，面对不计其数的商品和服务，商标作为指示来源和区分产品或服务的标志，节约了消费者的搜寻成本；从经营者的角度来看，商标所承载的美誉和对未来利益的保证，使商标成为复杂商品经济中经营者进行商业竞争的重要武器。考虑到商业信息的自由流通给消费者带来的信息利益，在商标权人的私益不断扩张的现实状况下，商标法学研究应当对商标权这一私权和受商标法保护的其他公共利益的平衡问题给予必要的关注。

在商标制度的历史发展进程中，商标权最初通过使用取得，而在当代，

---

❶ 潘晓宁："商标权限制理论分析"，载《华东理工大学学报（社会科学版）》2009年第3期。

各国商标法有关商标专用权的取得，几乎均采用注册主义。注册主义除了可以鼓励商标创设使用人及早申请商标注册纳入管理外，尚可避免孰先使用在证明上的困难，❶ 具有程序和实体上的诸多效益；但与此同时，注册主义也带来了商标"储存"之类的投机行为。一个标志是否能够获得商标权的前提是具有显著性，当今各国有关商标注册的显著性要求，实质是最低限度的显著性标准，为了避免商标注册的上述负面效应，各国商标立法通常同时也对驳回注册申请的理由进行了规定，其中，与商业表达自由相关的理由主要有缺乏显著性、描述性标志和通用名称。

商标权与受商标法保护的其他利益之间的平衡，是通过对商标权的限制得以实现的。在注册模式下，从权利限制切入的时间来区分，商标权的限制可分为商标权取得的限制和商标权利范围的限制，与之相应，相关利益的平衡亦分为商标权取得与商业表达自由的平衡、商标权利范围与商业表达自由的平衡这两个阶段。本章将先行就第一个问题展开讨论，有关商标权利范围与商业表达自由的平衡问题则留待第五章。

第一节 商标权的取得模式

当今世界各国所采用的商标确权制度主要有使用取得和注册取得。在使用取得模式中，商标权的确立以商标的使用为基础，并依照使用的先后明确争议商标的归属；在注册取得模式中，注册构成商标权的取得依据，争议商标归申请在先者所有。目前，绝大多数国家采用的都是注册制度，但注册取得模式亦有其不足。为克服纯粹注册主义的不足，保护驰名商标所有人的合法权益，各国商标法通过规定，商标权还可通过"驰名"这一特别渠道获得。

---

❶ 曾陈明汝：《商标法原理》，中国人民大学出版社2003年版，第30页。

一、使用取得

使用取得是指经营者基于对商标的实际使用取得商标权,因此,已经投入实际使用的商标,即使没有注册,亦可获得保护。在历史上,最早的商标立法均以使用作为商标权产生的依据,并按照使用的先后决定商标权利的归属,而这是由商标的功能决定的。现代意义上的商标萌芽于早期用来表明所有人或者制造者身份的标志;到了中世纪,人们用标志来表示商品的制造者,并将标志作为追索产品质量责任的手段,在现代商标功能的司法定义上留下了鲜明的烙印,具有现代意蕴的商标即起源于中世纪商业标志的使用。经营者就商标享有的权利是通过对商标的使用获得的,显然,如果产品不出售、商标既不能说明产品来源又不能证明产品,商标便失去了存在的意义,权利便失去了依托。

最早保护商标的成文法是法国1857年的《关于以使用原则和不审查原则为内容的制造标志和商标的法律》,所采用的就是使用取得模式。后来,法国于1964年放弃了使用取得主义,转而采用注册模式,该模式为现行的《知识产权法典》沿袭,根据法典第712-1条"商标权通过注册取得"的规定,申请注册成为商标权产生的依据。

如今依旧采用使用取得商标权利制度的,仅有美国、菲律宾等少数国家。使用取得制度在美国有着深厚的历史渊源和理论基础。❶《美国商标法》起源于反不正当竞争法中的假冒侵权法理论,即被告以欺骗他人的方式使用原告商标,导致消费者误认的,其行为构成假冒。法律禁止把一个商人的商品假冒成另一个商人的商品出售,以防止低级生产者利用高级生产者辛苦经营获得的商誉。显然,生产者不经营是无法产生商誉的,就商标而言,这意味必须将其投入使用。因此,提起假冒诉讼的经营者必须已经通过对商标的使用积累了一定的商誉。但后来,长期坚持使用取得制度的美国在"1988年商标法修正案"中改变既往做法,使得未实际使用但具

---

❶ 吴汉东主编:《知识产权法》,中国政法大学出版社2004年版,第233页。

有真实使用意图的商标可通过注册获得商标权。

以使用原则作为商标权属确定最早的模式,有其必然性。如前所述,商标是一种具有特定功能的指代符号,使用是商标权利正当性的事实基础,未经实际使用的只是一种符号而非实质意义上的商标。其次,依据使用取得的商标权利具有明显的地域性,则在发生争议的情形下,原告如何证明自己是在先使用人,第三人是否得知有关标志已被使用,商标如何具有域外效力等问题都必须一一解决。若适用使用原则,不仅会导致使用人举证责任过于沉重,还带来如何确定先使用人商标权效力范围的难题。再者,使用原则也不利于保护善意使用人和消费者的权益,从而致使当事人和商标主管机关都不得不付出较高的成本。这也是目前世界上大多数国家采用商标注册制度原因。

二、注册取得

注册取得是指商标权的取得必须经过注册,注册商标受法律保护,未经注册的商标,可以使用,但一般不能享有商标权。就商标权取得模式出现的时间来看,注册取得晚于使用取得,该模式盛行的首要原因在于注册的公示效力。在使用取得模式下,商标权利的效力范围局限于实际使用的地理区域内,如果仍以使用主义向他人发出权利通知,难以满足市场的需要,登记注册无疑是极为安全和简便的权利公示方式。其次,意图使用某标志作为商标者,可以通过在注册之前的商标检索避免与他人已注册商标发生冲突。第三,商标的登记注册减轻了商标所有人在商标争议中的举证责任,在存有商标争议的情况下,有助于准确地确定商标权的归属和存在状态。第四,由于无论是产品抑或地理市场的扩张路径都是不确定的,与此同时消费者又是流动的,况且消费者习惯于推定,每一个以特定品牌名称而被销售的台灯都是相同的品牌,亦即产生于相同的生产者,❶采用商

---

❶ [美] 威廉·M. 兰德斯、理查德·A. 波斯纳著,金梅军译:《知识产权法的经济结构》,北京大学出版社2006年版,第236页。

标注册制度可减轻地理性重叠问题，从而有助于降低消费者的搜寻成本。第五，在注册取得模式下，商标所有人无须担心在先使用人向自己主张权利，有助于激励经营者为建立商誉而投资的经营，有助于注册商标所有人行使商标许可、转让质押等财产权利，从而刺激市场繁荣和经济发展。

商标权依注册产生的制度也和大陆法系的法律传统有关。在大陆法系固有的成文法传统的影响下，商标权利首先来源于有关建立注册制度和规定商标注册效力的成文法，而不是判例和习惯。❶ 因此，在成文商标立法颁布之前，商标尚无法可依，更遑论商标权利问题。大陆法系各国对商标的法律保护与本国商标注册制度的建立是同时进行的，且登记注册构成商标受法律保护的先决条件。

然而，通过注册取得的商标权是一种纸上权利，此种商标权取得模式也存在负面影响。因为商标权的注册取得并不要求商标所有人在申请登记注册时业已将商标投入实际使用，由此带来了商标"储存"之类的投机行为。正如波斯纳《知识产权法的经济结构》中所指出的，"一个企业通过注册即可获得商标的专用权而无须使用该商标，它就可能把数量可观的资源投资于苦思冥想出那些似乎有价值的新品牌名称上。"❷

与商标注册制度所带来的商标存储的负面效果相关的有力佐证，来自于有关域名抢注的经验。作为互联网用户在网络世界的地址，域名具有唯一性，而域名的授予又采用了先占主义，因此将驰名商标或颇有意蕴或似乎有价值的、有市场潜力的标志抢注为域名的投机行为并不罕见。这种典型的寻租行为目的不在经营和建立商誉，而在于储存和转手谋利。事实上，这种行为不仅存在于网络世界，也存在于现实生活中。有日本学者在2001年指出，"所有在日本注册的商标（大约130万件）中，有30%的商标从

---

❶ 吴汉东主编：《知识产权法》，中国政法大学出版社2004年版，第204页。
❷ [美] 威廉·M.兰德斯、理查德·A.波斯纳著，金梅军译：《知识产权法的经济结构》，北京大学出版社2006年版，第236页。

来就没有被使用过，而且在将来也不会被使用。"❶ 至于我国，早在 20 世纪 90 年代，辽宁盼盼集团就已经借助将 1990 年亚运会吉祥物"熊猫盼盼"抢注为防盗门商标而获得巨大成功，如今的商标抢注行为则更加普遍，甚至被学者称为"商标圈地运动"。❷ 从商业表达自由的角度审视，鉴于商标具有传递信息的效用，在商标注册制度下，商标注册人的储存压缩了其他经营者可选择作为商标的标志和符号的范围，进而影响了特定商业资讯的传播和交流，导致使其他经营参与市场竞争成为一件成本更加高昂的事情。

尽管商标权注册取得模式存在上述不足，但由于其程序简便，给注册人带来了程序和实体上的利益，使商标权利不受地域限制，符合市场经济对法律机制"效率"维度的预期和要求，因此成为占据主导地位的商标权利取得模式。

三、驰名取得

对商标的法律保护以商标权利的存在为前提。商标权利的取得最早采用的是使用模式，目前各国则普遍采用注册取得模式。但在注册取得模式下，用于指示产品或服务来源、发挥区分和识别作用的标志如果不注册，便无法得到法律的保护，这在某些情况下可能导致不合理不公平的结果。为了避免这种负面影响，驰名因此也成为商标权取得的渠道之一。

所谓驰名商标是指经过长期使用，为相关公众熟知、具有较高知名度的商标。以申请在先确定商标权归属的注册制度虽然解决了"使用在先"原则的不确定性，使在先商标的存在比较容易为人所知，❸ 但注册原则所奉行的"不注册不保护"原则，加上商标权自身所具有的地域性，给驰名

---

❶ Masaya Suzuki, The Trademark Registration System in Japan: A Firsthand Review and Exposition, 5 *Marquette Intellectual Property Law Review* 133, 148-149 (2001). 转引自 [美] 威廉·M. 兰德斯、理查德·A. 波斯纳著，金梅军译：《知识产权法的经济结构》，北京大学出版社 2006 年版，第 231 页。

❷ 邓宏光："商标圈地运动的法律规制"，载《甘肃社会科学》2008 年第 1 期。

❸ 黄晖：《驰名商标和著名商标的法律保护》，法律出版社 2001 年版，第 46 页。

商标的法律保护带来了问题。例如,某些驰名商标,由于种种缘故虽长期使用却未在本国注册,或者未在他国注册,则一旦他人抢注其商标成功,不仅无法借助商标权予以制止,反而陷入可能无法继续使用、进而被迫放弃原有商标的困境。驰名商标的持有者应当是在商业中长期使用该商标,并为其商誉的建立付出努力的最初使用者和注册者,而不是后来的抢注者;如果仅凭注册便将商标权赋予抢注者,显然损害了驰名商标所有人的合法利益,有违公平合理。

　　商标抢注现象的出现,是尾随商标地域性和商标权注册取得制度而来的一个不可避免的负面效应。为加强对驰名商标的保护,《保护工业产权巴黎公约》第 6 条之二率先引入了对驰名商标的特殊保护制度。目前的文本是,"本联盟各国承诺,如本国法律允许,应依职权,或依有关当事人的请求,对商标注册国或使用国主管机关认为在该国以已经属于有权享受本公约利益的人所有,并且使用在相同或者类似商品而驰名的商标,构成复制、仿制或翻译,可能产生混淆的商标,拒绝或撤销注册,并禁止使用。"❶ 据此,驰名商标即使未注册也可获得与注册同样的法律保护,具有禁止他人注册、使用以及申请撤销恶意注册或使用的效力。

　　作为保护商标的重要国际条约,该规定得到成员国的一致遵守,从而加强了对驰名商标的保护。随后,WIPO 商标、外观设计及地理名称常委会(SCT)在 1999 年《关于驰名商标保护规定的联合建议》及 TRIPs 协议等国际文件对驰名商标的保护做出了进一步发展,对驰名商标的认定原则、驰名的范围、相关公众的确定等问题提供了更加明确的规范。如今,商标因驰名而获得保护已经得到各国承认,并通过立法加以确认。例如,根据欧共体商标一号指令(TM Dir)第 4 条 2(d)款,在商标申请日及可能援引的优先日,在成员国已成为《巴黎公约》第 6 条之二意义上的驰名商标

---

　　❶ http://www.law-lib.com/law/law_view.asp?id=15253《保护工业产权巴黎公约》,访问日期:2012 年 12 月 28 日。

的，构成与在先权利冲突有关的驳回或无效的补充理由。❶ 在美国，对商标的保护不以注册为前提，也不以核准使用的商品为限。驰名商标所有人可根据兰哈姆法的规定，在存在混淆之虞的情形下，依法行使商标权利；此外，还可根据各州法律和联邦商标淡化法案及其修正案的规定，对于未注册商标驰名商标要求跨类保护。在日本，其《商标法》第4条"不能获得注册的商标"第10项、第11项、第15项、第19项及第32条"因先使用而获得的使用商标的权利"第一款❷为驰名商标的法律保护。中国是《巴黎公约》及《与贸易有关的知识产权协议》（TRIPs协议）的成员国，受这两大公约的影响，我国历经数次修改，目前有关驰名商标保护的法律规定主要有《商标法》第13条❸、国家工商总局2003年4月17日颁布的《驰名商标认定和保护规定》以及最高人民法院关于驰名商标的司法解释。据此，已经注册的驰名商标在中国可获得跨类保护，未在中国注册的驰名商标可在相同商品或服务类别上获得相应的保护。

驰名商标的保护应该说是对商标注册制度的重要补充，因为绝对严格地执行注册原则可能对驰名商标的所有人产生不利的影响。驰名商标所有人的商标权利因"驰名"而自动产生，换言之，其撤销他人注册和禁止他人使用的权利不是来源于注册，而是来源于商标的高知名度；认定并不是驰名商标权产生的依据，而只是对因驰名而产生的驰名商标特殊权利的确认。

综上，商标权的取得有使用取得、注册取得与驰名取得三种途径。目前，商标注册制度在适用上具有普遍性，我国采用的也是注册制度，根据

---

❶ 黄晖："协调成员国商标立法1988年12月21日欧洲共同体理事会第一号指令"，载《中华商标》1999年第1期。

❷ 1959年4月13日颁布，1960年4月1日实施。最近的一次修改是2008年。李扬：《日本商标法》，知识产权出版社2011年版，第6页、第26页。

❸ 我国《商标法》第13条：就相同或者类似商品申请注册的商标是复制、摹仿或者翻译他人未在中国注册的驰名商标，容易导致混淆的，不予注册并禁止使用。就不相同或者不相类似商品申请注册的商标是复制、摹仿或者翻译他人已经在中国注册的驰名商标，误导公众，致使该驰名商标注册人的利益可能受到损害的，不予注册并禁止使用。

我国现行商标法，未注册商标可以使用，但不能获得商标权，有鉴于此，笔者下文对商标权的取得与商业表达自由平衡的探讨，将主要围绕商标注册模式中商标权的授予与第三方经营者使用标志的传达有关商品和服务信息的表达自由展开。

第二节 商标注册与商业表达自由

各国有关商标的法律定义通常表现为"任何……能够将此商品或服务与彼商品或服务相区别的标志"，这表明，能够作为商标获得法律保护的关键是具备区分或者识别能力。毫无疑问，这与经济原理相吻合，从经济原理出发，商标必须具备表彰来源和区分产品的功能。这一商标定义同时也说明，商标权利的获得只需要申请注册的标志或符号具备显著性并经过注册即可，它并不要求创造性努力或投资。商标注册制度的经济效益是十分明显的。注册制度有助于实现法律的确定性，因为商标是告知其他经营者特定商标已经被占用的信号，澄清了特定商标的所有人。对企业而言，没有注册制度的商标体系会给他们选择商标带来巨大的成本支出，企业很可能在一无所知的情况下选择一个与既存商标十分接近的商标，从而需要承担因此导致消费者混淆及被诉侵权的风险。出于效率的考虑，商标注册是必需的。

标志是否可以作为商标注册，根本条件在于是否具有显著性。值得注意的是，商标在实际使用之前获准注册也可能在经济上是没有效率或者效率低下的，特别是在某些标志符号被注册锁定而带来的其他经营者无权使用的情况下。纵观各国有关商标注册应当具备显著性的要求，实质是最低限度的显著性标准。这是一个相当宽松的标准，商标主管当局对显著性的评估如果仅仅局限于商标所有人的视角，必然会妨碍市场竞争、损害消费者获得有关商品或服务信息的权利，并最终影响经济的发展。显然，目前的商标注册制度存在如何适度保护竞争者的商业表达自由的问题，因为注册不以商标实际使用为前提，并且允许商标在真正获得实际显著性之前获准注册。为了避免与商标注册制度并存的上述负面效应,各国商标立法往往从反面针对商标注册申请的拒绝规定了相应的理由。各国商标立法中用于驳回注册申请的理由很多,总体看来,与本书探讨的商业表达自由相关的理由主要有缺乏显著性、描述性和通用名称。

商标法作为知识产权法律制度的重要成员,自然也需要协调相关的利益冲突。商标法中的公共利益,主要涉及促进公平有效的竞争和消费者权益保护,并以此促进公共福利;而源自商业表达自由的公共利益是指作为商品和服务提供人的经营者与作为商业表达接受人的消费者的共同利益。商标是经营者为促进商品和服务的销售与提供而被广泛应用于市场和贸易的通讯工具,商标法所要保护的对象,既包括消费者的利益,也包括作为商标权人的生产者、经营者的利益,公共利益与私人利益、私人利益与私人利益之间并不总是协调一致的,就商标注册而言,拒绝缺乏显著性、描述性和通用名称之类标志的注册,正是为了平衡各方利益、促进有效竞争。

一、商标的显著性与商标注册

显著性是商标的固有属性,它也被称为独特性❶、显著特征、商标的区别性或识别性❷等。商标最基本的作用是区别商品或服务的来源,因此,无论由文字、数字、字母、图形、颜色、记号抑或其组合构成,商标都应足以使一般商品购买人识别商品或服务的来源和品质。所以,一个标志是否可以作为商标注册和受到保护,其根本条件也在于是否具有显著性。

各国立法及相关国际条约有关有关商标的界定,往往包含对商标显著性的说明。根据《美国兰哈姆法》第45条,商品商标是将申请者的商品与其他厂商制造或销售的同类商标区别开并表明其哪怕是匿名的出处的任何文字、名称、标志、图形或者其任意组合。服务商标是将某人的服务,包

---

❶ Frank I. Schechter, The Rational Basis of Trademark Protection, 40 *Harv. L. Rev.* 813, 831 (1927).

❷ 曾陈明汝指出,"显著性"或称识别性应为商标构成之要素。参见曾陈明汝:《商标法原理》,中国人民大学出版社2003年版,第26页。

括某种独特的服务与他人的服务区别开来的标志。❶ TRIPs 协议第 15 条规定，"任何标志或标志的组合，只要能够将一个企业的商品和服务区别于其他企业，即可以构成商标"。《欧共体商标一号指令》第 2 条、《欧共体商标条例》第 4 条有关商标的定义均强调，只要是能够将一个企业的商品或服务与其他企业的商品或服务区别开，则任何标志——包括字母、图案、数字、人名、商品形状或其包装组成等在内，得注册成为商标。我国《商标法》有关商标的规定与之类似，根据第 8 条规定，"任何能够将自然人、法人或者其他组织的商品与他人的区别开的可视性标志，包括文字、图形、字母、数字、三维标志和颜色组合，以及上述要素的组合"，均得申请注册为商标。

由上述定义可知，各国有关商标注册的基本要求不外乎，有关标志应当具备最低限度的显著性，能够将其核准使用的商品或服务与他人相区别。法律之所以要求商标必须具备显著性，是出于多方面的考虑：首先，对于某个商标的首次使用者而言，如果其他人使用的商标与该商标过于接近，则首次使用者可以后使用者的商标不具备显著性为由提出异议；其次就是为了反对独占市场上的普通词汇或者描述性词语，类似于禁止授予总括式商标权的政策。❷

商标的显著性是商标保护的灵魂，它的强度不仅直接决定商标是否可以注册，而且还决定着商标权利范围的大小。❸ 从商标注册的法律规定看，只要某一标志的含义或者其产生的观念与特定的商品或服务没有直接关系，即符合显著性要求，具备了识别商品或服务的能力。由此可见，商标法注册所要求的显著性实为最低显著性。❹ 传统商标法理论将商标的显著性划分为固有显著性和获得显著性。然而，就申请注册的标志而言，这种显著

---

❶ 李明德：《美国知识产权法》，法律出版社 2003 年版，第 262 页。

❷ ［美］米勒、戴维斯：《知识产权法》（英文版），法律出版社 2004 年版，第 165 页。

❸ 黄晖：《驰名商标和著名商标的法律保护》，法律出版社 2001 年版，第 11 页。

❹ 吴汉东主编：《知识产权法》，法律出版社 2003 年版，第 195~196 页。

性的要求应当理解为，可能起到的或者说潜在的区分和识别作用，其事实上的显著性则取决于消费者的认知。

从符号学的角度看商标注册的显著性要求，则显著性实为商标法针对商标所指或者意义所作出的要求。❶ 商标是具有多种功能的指代符号，尽管商标所有人在选择某一标志作为商标时带有相当的任意性，但经营者对这些符号的长期固定使用，不仅使消费者将该特定标志与特定的经营者牢固地联系在一起，更使商标符号承载了丰富的意义，这些意义包含了消费者对商标的所有联想，包括产品类别、厂家、产品质量、产品特点、使用价值、消费文化等。❷ 商标是这些信息的中心结点，所有与使用该商标的商品或服务有关的信息都以之为中心组合在一起，一旦消费者的记忆被激活，便自然会将看到的商标与其指示的商品或服务相联系。然而，可作为商标注册或使用的标志都来自公共领域，如果允许某个企业占用描述性的或者通用的标志，这种垄断可能对市场的公平竞争造成不利影响，损害或者剥夺其他竞争者在商业中使用同一标志传递有关产品或服务的来源、产品质量等重要和主要信息的权利和自由。

从欧洲商标法理的发展及欧盟法院的判例来看，商标显著性的判断已经不再局限于消费者的视角。在处理有关商标权争议时，如今的欧洲法院和初审法院在保护消费者合法权益和商标所有人商标权的同时，进一步从竞争政策出发，考虑其他经营者使用某一标志的合理性。如果从表达自由的角度考虑，就特定标志授予商标权将妨碍市场竞争，阻止经营者向消费者提供信息或进行交流，则有关注册将被驳回，已经注册的商标撤销。

二、拒绝注册的通用理由

显著性是取得商标权利的前提，是商标注册的核心标准，但显著性同时也是一个抽象而不确定的概念。❸ 各国法律对商标的规定通常包含有关

---

❶ 彭学龙：《商标法的符号学分析》，法律出版社2007年版，第109页。
❷ 同上书，第110页。
❸ 曾陈明汝：《商标法原理》，中国人民大学出版社2003年版，第26页。

显著性的要求,正如笔者前文所言,立法对显著性的规定是有关识别和区分功能的门槛要求而不是最高要求,事实上,注册商标所要求的能够把一家企业的商品和服务与另一家企业的商品和服务区别开的能力,是一种抽象能力,这一要求不容易正面予以明确界定。从实证法上看,商标显著性的判断一般采用反证法,即排除某些不能作为商标使用、不得作为商标注册的标志。❶ 换言之,缺乏显著性的标志,不得或者限制注册为商标。

《欧共体商标一号指令》第3.1条"驳回或无效的理由"罗列了8项不得注册的标志,这些标志如果已经注册,可以宣布其无效。其中,涉及商业表达自由的理由包括:缺乏任何显著性的商标;纯粹由在商业中可用来表示商品或服务的种类、质量、数量、用途、价值、地理来源,或商品的生产年代或服务的提供年代,或商品或服务的其他特征的标志或指示构成的商标。《欧共体商标条例》中涉及商业表达自由的规定主要是第7条"驳回注册的绝对理由",包括缺乏显著性的商标,仅由在商业活动中可用于表明商品的种类、质量、数量、用途、价值、原产地、商品的生产日期或提供服务的日期的标志组成的商标,或表明商品或服务的其他特征的标志组成的商标,仅由日常习惯用语或由商业诚信惯例中通用的标志组成的商标。❷

根据美国《兰哈姆法》第2条的规定,主要作为姓氏的标志、与在先商标相似的标志、带有贬损性质的标志、不道德的标志、欺骗性的标志等不得作为或者限制作为商标。传统的商标理论将商标的显著性划分为具备显著性与缺乏显著性,忽视了商标显著性的可得性与动态变化。因此,在美国司法实践中,法院将商品标志划分为四类。从显著性或可受保护性来说,这四类标志依次是:任意性或想象性标志、指示性标志、描述性标志、商品或服务的通用标志。❸ 据此,与参与市场竞争的其他经营者的商业表

---

❶ 吴汉东主编:《知识产权法》,中国政法大学出版社2003年版,第230页。

❷ 欧洲内部市场协调局编,国家工商行政管理总局译:《怎样在欧盟注册商标和保护商标》,中国工产出版社2003年版,第21页。

❸ 李明德:《美国知识产权法》,法律出版社2003年版,第282页。

达自由有关的,主要是指示性标志、描述性标志、通用标志以及丧失显著性的标志。这些标志受到限制的主要原因有二:(1)同为参与市场竞争的经营者,每个人都享有使用指示性标志、描述性标志、通用标志的权利,如果赋予某一个经营者使用这些标志的专有权利,必须会影响甚至剥夺其他竞争者的使用自由;(2)商标的作用是向消费者指示有关商品或服务的(明确或匿名)来源,区分不同商品和服务及其提供者。如果上述四类标志均可成为商标,则商标的功能便无从发挥,而商标也将失去其存在的价值。此外,根据《法国知识产权法典》第 L.711-2 条的规定,在通常或职业用语中纯粹是商品或服务的必需、通用或常用名称的标志或文字,用以表示商品或服务的特征——尤其是种类、质量、数量、用途、价值、地理来源、商品生产或服务提供的年代的标志或文字,都是缺乏显著性的标志,其拒绝注册的理由与商业表达自由相关。根据我国商标立法,不得注册为商标的标志有两类,一类为拒绝注册的绝对理由,另一类为拒绝注册的相对理由,分别体现在《商标法》的第 10 条和第 11 条,其中第 11 条所规定的标志包括:仅有本商品的通用名称、图形、型号的;仅仅直接表示商品的质量、主要原料、功能、用途、重量、数量及其他特点的;缺乏显著特征的;这些标关系到市场竞争者的商业表达自由,因此不得作为商标注册,但经过使用取得显著特征,并便于识别的,可以注册。

商标、工业品外观设计和地理标志法律常设委员会(SCT)在第二十一届会议至第二十三届会议上,对涉及商标通用驳回理由的若干工作文件进行了审议。❶ SCT 根据其成员对 WIPO《关于商标法律和实践的问卷》的答复及成员提交的书面来文❷就通用的驳回商标注册申请的理由进行了归

---

❶ 参见文件 SCT/21/2、SCT/22/2 和 SCT/23/2。

❷ 除问卷调查外,下列 SCT 成员就其法律与实践中有关驳回理由的具体方面提交了书面来文:澳大利亚、白俄罗斯、巴西、捷克、丹麦、爱沙尼亚、芬兰、法国、德国、危地马拉、匈牙利、日本、拉脱维亚、墨西哥、挪威、巴基斯坦、韩国、摩尔多瓦、俄罗斯、新加坡、斯洛文尼亚、瑞典、马其顿、英国、美国、越南和欧盟(27 个)。非洲知识产权组织(OAPI)也提交了来文。这些来文全文刊登在 SCT 电子论坛网页上。

纳和整理，其目的是对SCT成员商标立法中最常见的驳回理由提供概览。❶ SCT指出，尽管各国具体立法和商标制度存在差异，但一个标志要发挥商标的作用，其必须满足的条件在世界范围内仍具有相对统一的标准。对此，SCT从正反两个方面对成为商标应当考虑的条件进行了概括。第一个条件是正面条件，实际是对标志显著性的要求，显著性的要求涉及商标的基本功能，即把一家企业的产品或服务与其他企业的产品或服务区别开的功能。第二个是反面条件，即能够成为商标的标志不得具有误导性或者不得给公共秩序或道德带来潜在的不良影响。就SCT对成员商标立法中最常见驳回理由的总结来看，与本书探讨的商业表达自由相关的理由主要有三：缺乏显著性标志、描述性标志和通用标志。其中，描述性标志包括用以表示商品或服务的种类、质量、数量、用途、价值、地理来源、生产商品或服务的时间及其他特点的标志。通常，基于缺乏显著性标志、描述性标志和通用标志的驳回理由经常可能重叠。以描述性和通用标志为由的驳回，也可能引发以缺乏显著性为由的驳回。但是，缺乏显著性驳回理由的范围可能大于描述性标志和通用标志。❷ 与商业表达自由有关商标注册拒绝理由，笔者将于下文另行详细探讨，兹不赘述。

三、源自表达自由的公共利益

"不管对知识产权采取什么措辞，我们更倾向于把知识产权当作一种公共政策的工具，它将特权授予个人或单位应当完全是为了更大的公共利益。"❸ 知识产权是私权，但它与其他任何法律一样，都在维护社会公共利益的前提下，对私益进行提供相应的保护。公共利益是指特定社会中不特定社会成员所享有的利益。世界各国有关公共利益的立法不少，但由于这

---

❶ www.wipo.int/sct/zh/meetings/pdf/wipo_strad_inf_5.pdf，访问日期：2012年12月29日。

❷ 同上。

❸ 唐安邦：《中国知识产权保护前沿问题与WTO知识产权协议》，法律出版社2004年版，第115页。

一概念自身具有的高度性和概括性，均无法作出详细穷尽的规定，而只能原则性加以规定。

公共利益与个人私益相对应。该词汇由"公共"和"利益"两部分构成。站在"公共"的立场上，可以将公共利益理解为全体公众的公同利益，它代表了大多数人的利益，但并非个人利益和简单相加。❶ 而"利益"二字则意指需要，即全体公众生存和发展必需的、不特定社会成员皆可享有的权利。就知识产权而言，由于作为知识产权保护对象的智力成果具有公共产品和私人产品双重属性，知识产权法对权利的保护因此既涉及权利人的个人利益，也与社会公共利益密切相关。对此，TRIPs 协议明确指出，"知识产权的保护与权利行使，目的应在于促进技术的革新、技术的转让和技术的传播，以有利于社会经济福利的方式促进技术知识的生产者和使用者互利，并促进权利与义务的平衡。"❷ 可见，知识产权法保护私权和建立相应激励机制的终极目的是，通过确认、保护私人专有权来实现促进社会进步和经济发展。

作为知识产权的重要成员，商标法当然也涉及对公共利益的保护。但商标不是作品，也不是发明创造，作为市场符号，商标是经营者为促进商品和服务的销售与提供而被广泛应用于市场和贸易的通信工具，商标法中的公共利益，主要涉及促进公平有效的竞争和消费权益保护，并以此促进公共福利。

源自表达自由的公共利益有两个明显形态。对此，也可将它们称作"双形态公共利益"。第一种形态的公共利益，源自第三方经营者为了告知消费者有关产品和服务的信息以及消费者接收此类信息而使用潜在的商标符号的商业表达自由；第二种形态的公共利益，源自第三方以非商业方式使用潜在的商标符号以及受众接收此类表达的自由，而这一点更多的是为了不损害表达的多样性。源自非商业自由表达的公共利益，由第三人就具

---

❶ 冯晓青：《知识产权利益平衡理论》，中国政法大学出版社 2006 年版，第 311 页。
❷ 参见《知识产权协定》序言和第 7 条。

有社会、文化或政治意义的特定符号享有的使用利益构成。受众接收此类表达的信息利益与保护表达多样性的整体利益具有一致性，并且彼此相互协调。商标所有人就具有高度社会、文化或政治价值的符号享有商标权，然而对话民主理论却将这些符号看作持续不断、一直处于发展中的社会对话的一部分。这种对话的主题是，主流社会、文化、政治符号——包括特定的商标在内，所体现出来的意义变迁是一种"意义建构"的过程，非商业表达自由对确保个人与群体参与这种意义建构，发挥着重要的作用。就具有高度社会、文化或政治价值的符号授予商标权可能对这一意义建构过程造成损害。因为商标权这种权利可能以阻碍第三人参与社会对话的方式实施，从而在整体上缩减了表达的多样性。

就源自商业表达自由的公共利益来说，商标是有关产品来源、质量等重要信息的标志符号，作为商业和贸易的交流工具，商标承载着有关商品和服务的资讯。法律之所以授予经营者以商业表达自由，是考虑到商业信息的自由流通给消费者带来的信息利益，或者如欧洲人权法院（ECtHR）所陈述的，"对公众来说，广告是发现提供给他们的商品和服务的特征一种手段。"[1] 因此，源自商业表达自由的公共利益是作为商品和服务提供人的经营者与作为商业表达接受人的消费者的共同利益。

就商标权而言，描述性标志、通用性标志以及赞美性标志在通常情况下被用于描绘商品或服务，商业表达自由保护的正是第三方经营者使用上述标志的利益。所谓描述性标志是指那些被用于描述某一商品或服务的特征的符号。例如，用在机场车位设施上的"Park n'Fly"，或者在来自某区域的特定产品的地理名称，例如"基姆湖"。通用标志是指用于一类或一种商品或服务的那些标志，例如用在苹果上的"APPLE"或在行业内被作为验光配镜盐溶液代称的"BSS"等。赞美性标志通常是指宣传产品的标志或符号，例如"干得好！"（BRAVO）、"红利"（BONUS）、"最佳购买"

---

[1] ECtHR 17 October 2002 Stambuk v. Germany, Application no. 37928/97, Reports of Judgments and Decisions.

(Best buy），它们也能够向消费者传递信息。这些标志显示出产品、服务的特定规格，或者产品、服务的种属或其积极确定的方面。如果就这些标志授予商标权，可能损害经营者与消费者的交流，因为它效率低下、单调乏味，对第三方经营者而言，甚至不可能寻找到其他标志可以将同样的意蕴传递给消费者，消费者也将面临缺乏有效描述替代产品的信息的局面。[1]

在目前采用注册主义的国家，其商标法已经有了一些否决的条款，对可能损害经营者与消费者之间交流的商标授权给予限制或者撤销，例如，拒绝描述性、通用性和不具有显著性标志的商标注册申请，撤销已经成为通用名称的商标。显然，这些理由的适用与商业表达自由密切相关，因此，笔者将于下文从拒绝注册的理由入手，就商标权的取得与商业表达自由的平衡问题展开讨论。

第三节 描述性标志与商标权的取得

在商标法学理论及司法实践中，可根据显著性或可受保护程度的不同，将标志分为四类：想象性标志或任意性标志、指示性标志、描述性标志及通用标志。其中，想象性标志或任意性标志得注册为商标，指示性标志、描述性标志及通用标志则构成拒绝注册的理由。立法上拒绝注册的理由很多，它们对商标注册构成限制，并为压缩商标权排斥第三人的成本提供了实质性帮助。但本书仅就描述性标志、通用标志以及缺乏显著性的标志这三项拒绝注册理由展开讨论，因为它们与本书所要讨论的商业表达自由与商标权取得之间的平衡最相关。

就描述性标志的可注册性而言，其拒绝理由十分重要，因为这类描述性标志的注册会剥夺其他经营者描述和宣传其产品的基本手段。此类可用于描述产品特征的标志，向消费者提供了有关产品的信息，降低了消费的

---

[1] Wolfgang Sakulin, *Trademark Protection and Freedom of Expression*, the Netherlands: Boxpress BV, Oisterwijk. 160（2010）.

搜寻成本。根据经济原理，在有关商品和服务的属性、特征的信息交流中，这类标志发挥着极其重要的作用，就这类标志授予商标权可能是没有什么经济效益的，因此描述性标志应当保留自由之身以待所有人的使用。所以，经营者如果就用于描述商品或服务类别（质量、数量、用途、价值、地理来源、产生日期或提供服务的日期）的标志和符号寻求注册商标的，应当拒绝。

一、描述性标志与指示性标志

描述性标志是对所标示或拟标示商品或服务质量或特征的直接描述。❶ 指示性标志则是间接描述或者是"指示了"商品或服务的特征、质量和用途等的标志。❷ 指示性标志与描述性标志的界限最模糊不清。❸ 尽管一个是直接描述，另一个是间接描述，但很难在它们之间划出泾渭分明的界线，这主要是因为二者都是对商品或服务的特征、质量和用途等的"描述"。正如美国法院在1985年汤普森一案中所指出的，"司法机构难以在描述性的指示和指示性的描述性商标之间作出区别。"❹

在区别指示记标志和描述性标志方面，美国法院通常采用的是"想象力标准"（imagination test）。美国法院在1968年的"斯蒂克斯"一案中提出，"如果某一标志需要通过想象、思考和感觉而就商品的性质获得一个结论，那它就是指示性的。如果一个标志直接传达了有关商品的成分、质量或特征的意思，那它就是描述性的。"❺ 在1985年的Security Center（安全中心）一案中，美国第五巡回上诉法院从"想象力标准"（关于指示性标志）和"使用性标志"（关于描述性标志）两个方面论述了二者的区别。

---

❶ 彭学龙：《商标法的符号学分析》，法律出版社2007年版，第136页。
❷ 李明德：《美国知识产权法》，法律出版社2003年版，第284页。
❸ 同上书，第285页。
❹ Thompson Medical Co., v. Pfizer, 225 USPQ 124 (2d Cir. 1985).
❺ Stix Products, Inc. v. United Merchants & Manufacturers Inv. 295 F. Supp. 479, 488 (S. D. N. Y. 1968).

"首先，必须查清消费者需要多少想象力，从商标中拣选出一些关于产品或服务质量或成分的指示。……其次，必须确定类似产品的销售者是否有可能或者已经在事实上使用该术语，将该术语与他们的产品联系起来。"❶因此，指示性标志具有内在显著性，可以申请注册为商标。关于"使用性标准"，美国法院论证称，为了确定该标志是否可受保护，或者说将它从自由使用的商业用语中分离出来，是否会干扰同类或服务提供者之间的竞争，必须查清该标志真实的和可能的用途。在某一指示性标志的使用者众多的情况下，给予该标志的保护通常会破坏商业竞争的有序和公平。

麦卡锡将描述性标志界定为用来描述"商品的用途、大小、提供者、性质、使用者类别、一个令人满意的特征或者使用者的最终效果的标志。"❷ 有关描述性标志的界定在商标、工业品外观设计和地理标志法律常设委员会（SCT）的相关文件《商标的通用驳回理由》中也得到体现。SCT 在有关描述性的总述中指出，描述性商标是指那些提供有关商品和服务相关信息的商标，所谓描述性包括对商品或服务的成分、质量、特点、功能、特征、目的或用途等的描述。SCT 成员对《问卷》的书面答复显示，不符合非描述性要求，在许多制度中构成驳回理由（68 个肯定答复）。但是，在考察申请商标时，如果需要一定想象、思考或感知才能确定商品和/或服务的性质，则申请商标可能被认为具有暗示性，从而不被驳回。❸

有关描述性标志不得取得商标注册的规定，其背后的原因是让描述性标志可以一直为任何人所用、尤其是为竞争者所用的公共利益目标。例如，《欧共体商标一号指令》第 3.1.c 条"驳回或无效的理由"与《欧共体商标条例》第 7.1.c 对纯描述性标志均适用"驳回注册的绝对理由"，其表

---

❶ Security Center, Ltd. V. First National Security Centers, 225 USPQ 373（5th Cir. 1985）.

❷ J. Thomas McCarthy, *McCarthy on Trademarks & Unfair Competition*, [St. Paul, MN]: West Group. 4th ed., §11.16（2006）.

❸ www.wipo.int/sct/zh/meetings/pdf/wipo_strad_inf_5.pdf，访问日期：2012 年 12 月 29 日。

述为——含有以下排他性标志或指示的商标不得注册：在商业活动中可用于表示商品的种类、质量、数量、用途、价值、原产地、商品的生产日期或提供服务的日期的标志组成的商标，或表明商品或服务的其他特征的标志组成的商标。这一规定旨在保护标志的可利用性，因此保护了第三方的公共利益。根据欧洲法院（ECJ）看法，"那些寻求商标注册的描述商品或服务种类的标志、符号，应当留待供所有人自由使用。"❶ "所有人"应当理解为"所有的经营者"。因为，"许可某一经营者垄断可用于指明产品特征的某一词汇，对其他经营者而言，等于授予该经营者不公平的竞争优势，因为其他竞争者对描述性使用该词汇也享有合理合法的利益。"❷

从表达自由的角度审视，商标注册申请的拒绝理由构成商标权授予最重要的限制。这不仅适用于描述性标志，也同样适用于"指示种类"——即通用性的标志。❸ 源自表达自由的公共利益有两种形态，其中之一就是第三方经营者通过描述性标志与消费者交流的商业表达自由，而构成驳回描述性标志商标注册申请基础的公共利益正是此种。

二、描述性的判断标准

就描述性标志的拒绝注册而言，此处所要讨论的描述性标志，不仅是指那些直接描述"产品或服务特征"的标志，还包括描述产品或服务环境或条件的标志，诸如产品的消费者；或被使用者理解为赞美的标志，如用于婴儿玩具上的"宝贝"标志、用在巧克力上的"百分百"标志，或者用在婴儿服饰上的"可爱"标志。

根据商标、工业品外观设计和地理标志法律常设委员会（SCT）的归

---

❶ ECJ 4 May 1999 Windsurfing Chiemsee Produktions- und Vertriebs GmbH （WSC） v Boots- und Segelzubehör Walter Huber and Franz Attenberger. , Joined Cases C- 108/97 and C-109/97 ［1999］ ECR I-2779. para. 25.

❷ AG 11 March 2004 SAT. 1 SatellitenFernsehen GmbH v. OHIM （"Sat. 2"）, Case C-329/02 P, ［2004］ ECR I-08317. para 22.

❸ AG Colomer 18 January 2001 Merz & Krell GmbH & Co. . （"Bravo"）, Case C- C- 517/99, ［2001］ ECR I-06959.

纳，通常，一个词的描述性可以按该词的一般理解来确定，可以用字典条目作为佐证，或者按词语的一般理解即可清楚认定。此外，专业术语中用以表示商品和服务具体相关特征的词语，可能被认为具有描述性。❶ 但是，"描述"是一个程度问题。有些标志可直接描述商品或服务的特征，例如用于描述香蕉的"黄色"，然而，其他标志则以间接方式进行描述。因为它们并不直接描述产品本身，而是对产品或服务的使用环境进行描述，例如用在健达巧克力上的德语"Kinder"❷，翻译过来就是儿童，儿童并不是对巧克力本身的直接描述，但它是对巧克力消费群体的描述。还有一些标志是对产品或服务的"唤醒"（唤醒感情、记忆或形象）或者"暗示"，而不是直接描述，例如，用在婴儿食品上的"VITALITE"（维他生命力）❸此外，某些标志具有多重含义或歧义，某一含义是描述性的，而另一含义则是与众不同、颇有特色的。为了让含义更丰富，有些商标可能由描述性部分或外语的描述性标志组成。因此，对标志描述性的确认并不是一件简单的事情。

描述性标志仅构成拒绝注册的相对理由，如果有关描述性标志能够在市场上获得显著性，则可以获得注册、受到保护。值得一提的是，欧洲法院（ECJ）和一审法院已经形成了一系列的驳回商标申请的解释规则。因此，他们区分各种程度的描述性商标，不是对驳回所有的描述性商标。

首先，在某一标志与产品或服务的特征之间存在"足够的直接关系和特定联系"时，得拒绝其商标注册的申请。此外，相关公众必须对产品或

---

❶ www.wipo.int/sct/zh/meetings/pdf/wipo_strad_inf_5.pdf，访问日期：2012年12月29日。

❷ 健达巧克力（德语：Kinder，意为孩子）是一种由Ferrero生产，内部充填了牛奶的巧克力；在其原产地德国名为Kinder Schokolade。该巧克力在欧洲特别是德国非常流行，它们可在中美及南美洲某些地点买到，亦有出口到墨西哥，但在美国和加拿大仍然非常罕见。http://zh.wikipedia.org/wiki/%E5%81%A5%E9%81%94%E5%B7%A7%E5%85%8B%E5%8A%9B。

❸ CFI 31 January 2001 The Sunrider Corporation v. OHIM（"VITALITE"），Case T-24/00，[2000] ECR II-00449.

服务与标志的描述性含义之间这种明确、直接的关系"并且有立即并且无需思考的反应"。❶

在 Lokthread 一案中,一审法院将检验标准概括为,"所以,判断某一标志在禁止注册的范围内的标准是,它必须暗示与产品或服务有着充分或足够的、直接的联系,能够促使公众立即想到、察觉到对产品和服务特征的描述,而不需要进一步思考。"❷

其次,在对该标准进一步解释时,欧洲法院(ECJ)采用了一种相当严格的路线,宣布只有那些"以通常方式指示或描述相关商品或服务"的标志应当被排斥在注册范围之外。然而,如果对描述性解释的结果是,所有的标志通常或者一般都得授予商标权利,这意味着,可为第三人使用的语言(及意象)在相当程度上被严格地限制在最寻常、最一般的描述层面上,从而给第三人的表达自由增添了额外的负担。欧洲法院(ECJ)在其裁决中对拒绝理由的范围作了进一步拓展,它主张,"在申请注册时,有关标志或指示是否就真的是对那些与申请有关的商品或服务的描述或是这些商品或者服务特征的描述,正如那些规定本身的措辞所示,这些标志或指示可以用于这样的目的便足矣。如果这些标志具有相关商品或者服务特征

---

❶ CFI 16 March 2006 Telefon & Buch Verlagsgesellschaft mbH v. OHIM & Herold ("WEISSE SEITEN"), Case T-322/03, [2006] ECR II-00835.

❷ CFI 12 June 2007 MacLean-Fogg Co. v. OHIM, ("LOKTHREAD"), Case T-339/05, [2007] ECR II-00061.

的可能含义之一，按照该规定，应当驳回这些标志的注册申请。"❶

第三，在判断标志的描述性时，有关标志不必是对商品或者服务必要特征的描述，是否为同义词也不重要。欧洲法院（ECJ）在 Baby-Dry 一案中引入了"必要"特征标准。❷ 欧洲法院（ECJ）认为，"《欧共体商标条例》第 7（1）（c）款所规定的标志或指示，仅指那些在消费者看来，在通常使用中直接指示或涉及所申请商品或服务基本必要特征之一的、通常的表明用途的标志。在 Postkantoor 一案中，欧洲法院（ECJ）首先在其裁决中指出，"公共利益要求，所有可能用于表征所欲注册的商品或服务的标志或指示应当留给所有企业自有使用，以便他们在描述自己产品的相同特

---

❶ ECJ 23 October 2003 OHIM v. Wrigley（"Doublemint"），Case C-191/01，[2003] ECR I-12447. 箭牌公司的"绿箭"口香糖（Doublemint）在美国已经受了多年的商标保护。1996 年 3 月 29 日，箭牌公司向俄亥俄州申请"Doublemint"一词的联合商标，涉及包括口香糖在内的各种商品。而俄亥俄州的审查员认为，Doublemint 一词作为两个词的合成，包含了产品的特征。根据 40/94 号条例第 7（1）（c），该商标将不能获得注册。箭牌公司向一审法庭提起上诉，请求撤销原判。一审法庭作出的结论是，尽管 Doublemint 一词含义模糊且可作多种解释，由于它并无排他性的描述，该词不应被拒绝注册。欧洲统一市场协调局（OHIM）于是就此向 ECJ 提出上诉。该案一审法院就认为，就申请注册适用的商品来说，"DOUBLEMINT"（绿箭）一词有歧义和暗示含义，这些含义是开放性的，可作不同解释。因此，可能存在的语义组合的多重含义，就使得消费者不会只记住其中之一的特定含义。相应地，所说的这个词就不能使相关公众立即且不用回味就发现其对所述产品特性的描述。http：//www.sipo.gov.cn/dtxx/gw/2004/200804/t20080401_352611.html，访问日期：2012 年 12 月 29 日。

❷ ECJ 20 September 2001 Procter & Gamble Company v. OHIM（"Baby-Dry"），Case C-383/99 P，[2001] ECR I-06251. 该案具体涉及宝洁公司在婴儿尿布上申请的：BABY—DRY（婴儿—干爽）商标是否属于叙述词汇的问题（案号 c—383/99P）。该商标于 1996 年由宝洁公司向内部市场协调局（即欧共体商标局）申请，于 1998 年被驳回，理由是"该商标仅仅由两个非显著的词汇——'婴儿'和'干爽'组合而成，因此完全是一个用来指示申请注册中所指商品的用途——即保持婴儿干爽——的词汇构成"，根据共同体商标条例第 7 条（1）（c），该申请必须驳回。宝洁公司于是上诉到上诉庭，上诉庭以基本相同的理由驳回了上诉，宝洁公司继续上诉至欧共体初审法院，初审法院虽然允许宝洁公司根据共同体商标条例第 7 条第 3 款提供使用证据，以证明该商标已经取得了显著性，但仍然以同样的理由认为该商标违反共同体商标条例第 7 条（1）（c），驳回了宝洁的主要申请，宝洁公司于是就此向欧洲法院寻求最后的支持。http：//www.lawtime.cn/info/shangbiao/sblawsbfzs/2010111246260.html，访问日期：2012 年 12 月 29 日。

征时加以使用。❶ 法院特别指出,"商品或者服务的特征是否为商业性描述还是仅仅为辅助性使用,这都不相关。作为描述对象的商品或服务特征,可能是商业上必不可少的或者是辅助的,与这一点并不相关"。此外,它主张,是否有同义词或者用于指明同样特征的"其他更寻常的标志或符号的存在,与此无关"。在 Postkantoor 一案中,欧洲法院(ECJ)澄清了如下问题,"尽管《欧共体商标一号指令》第3(1)(c)款规定了可适用的拒绝注册申请的理由,标志必须由可用于指明相关商品或服务特征的专有符号构成,但它并不要求这些标志或符号应当成为指明这些特征的唯一方式。"❷

笔者认为,该解释十分有力地扩展了拒绝注册描述性标志和保留对特征自由描述的理由。这也与表达自由相吻合,因为这有助于预先防范可自由获得的描述性标志的缺乏。

第四,从表达自由的角度看来,内含有描述性标志的标志要获得商标注册并不容易。起初,欧洲法院(ECJ)主张,"句法上的独特排列"或者"词汇发明"足以排除对描述性标志的拒绝。❸ 在后来的 Postkantoor 一案中,欧洲法院(ECJ)改进其判断,转而主张,如果内含描述性标志的标

---

❶ ECJ 12 February 2004 Koninklijke KPN Nederland v. Benelux-Merkenbureau ("Postkantoor"), Case C-363/99, [2004] ECR I-01619. 有关案情是, Koninklijke KPN Nederland Nv 向比荷卢商标局申请注册 POSTKANTOOR, 而指定商品与服务项目为国际分类第16、35~39项及41~42项,包括纸类、广告、保险、印花与建筑。这个字在荷兰语中的意思是指"邮局"。比荷卢商标局基于此标志是描述商品可被邮局所提供的,因此而驳回申请。当事人提出上诉,欧洲法院认为,如果此商标在相关类别人们心中现在代表特性的描述,或者可合理被视为是未来的情况,则足以正当化驳回,法律并没有要求标志须系表示其商品特性唯一方式之规定。

❷ ECJ 12 February 2004 Koninklijke KPN Nederland v. Benelux-Merkenbureau ("Postkantoor"), Case C-363/99, ECR I-01619. (2004).

❸ ECJ 20 September 2001 Procter & Gamble Company v. OHIM ("Baby-Dry"), Case C-383/99 P, [2001] ECR I-06251. para. 40. 欧洲法院(ECJ)在 Baby-Dry 一案中宣称,在提交申请注册的语言组合与相关消费群体用于指明商品或服务或其基本特征的通常共有用语之间的任何可感知的差别,都有助于确认该词语组合的显著性特征,从而使其可能注册为商标。因此,在当时倾向于赋予语言组合显著性以使其得以注册为商标。

第四章　商标权的取得与商业表达自由

志比其描述部分的总和更有特色，比如用于邮政系统的 Postkantoor（邮局）之类的标志，可以获准注册。❶

　　由描述性成分构成的标志的整体印象，不能是这些要素的简单组合，相反，它必须足以与这种简单组合相区分。❷ 例如，在欧洲，用于容纳、储存并倾倒的手持式塑料容器装置上使用的标志 "Twist & Pour"（拧并倾倒）❸、用在传送带上的 "Robotunits"（机器人装置）❹ 标志，以及用在纸张和艺术材料上的 "weisse Seiten"（德语 "白页"）❺ 就被驳回注册申请。

　　该规则同样适用于广告用语。在 "Vom Ursprung her Vollkommen"（德语 "完美原产/百分百原产"）一案中，一审法院认为，根据《欧共体商标条例》第 7.1.c 条的规定，这些意欲在诸如啤酒、不含酒精的饮料、果汁饮料和矿泉水之类的其他商品上使用的广告用语，都被驳回注册申请。法院指出，"就矿泉水而言，水源的完美状态，无论从口感还是从健康的角度，对饮品的质量都具有决定性意义。就果汁、啤酒和其他酒精饮料来说，

---

❶ ECJ 12 February 2004 Koninklijke KPN Nederland v. Benelux-Merkenbureau（"Postkantoor"），Case C-363/99，[2004] ECR I-01619.

❷ 同上。

❸ 在 Twist & Pour 一案中，一审法院认为，应当拒绝该标志的注册申请，因为此标志是描述性的。"从总体上看，这一语言标志直接描绘了用于打开有盖容器所需要使用的特定动作，对此类容器来说，在液体物被倾倒出来之前，首先需要拧盖子。因此，拧盖子和倾倒这两个词语的使用强调了有关产品的一个特别重要的特征，即有关使用的极其直接简单的方法。正如上诉委员会所指出的那样，'很难想象，能够有比在盒子的一侧印刷上 TWIST AND POUR 这样的词语更清楚、更直接的方法告知消费者，他们都必须旋转盖子、倾倒液态物'。" CFI 12 June 2007 The Sherwin-Williams Company v. OHIM（"Twist & Pour"），Case T-190/05，[2007] ECR II-01911.

❹ 一审法院认为，Robotunits（机器人装置）这一标志是对 "第 6 类中的金属外形、金属导轨、成型静载装置、成型联结装置；第 7 类中的机器导轨、直线型或纵向性导轨、压力汽缸，带有不同类型驱动装置的长形圆柱体、成型启动装置；第 9 类中的传输带、具有方位控制打击系统"的描述。CFI 26 November 2003 HERON Robotunits GmbH v. OHIM（"ROBOUNITS"），T-222/02，[2003] ECR II-04995.

❺ CFI 16 March 2006 Telefon & Buch Verlagsgesellschaft mbH v. OHIM & Herold（"WEISSE SEITEN"），Case T-322/03，[2006] ECR II-00835.

其配料的来源也是决定产品质量的重要因素。"❶ 可见，这些广告用语具有直接而明确的描述性。❷ 笔者认为，该规则具有重要意义，因为它确保描述性标志的规则不得通过混合标志来规避。

第五，欧洲法院（ECJ）的裁定表明，就地理描述性标志授予商标权，给其他打算使用这些标志的经营者增加了额外的忧虑。诚然，"就地理标志申请商标注册要比就描述性要素构成的标志申请注册，影响更为严重。"❸ 因为几乎不可能找到另一个指向同一来源的词语来替代一个地理描述性标志。与之类似，根据德国商标局有关地理描述性标志的准则，包括其缩写或其图像，通常不能注册为商标。❹ 在笔者看来，这是对第三方商业表达自由所采用的一种更严格的保护路径。

第六，在有关地域范围内，如果消费者能够理解外文标志，则描述性规则同样适用。例如，在比荷卢或德国，很多消费者的英语水平足以理解某一标志的描述性含义。但他们可能不理解芬兰或拉脱维亚语的描述性含义。从表达自由的角度看，问题的关键是这些含义的描述性方式能够为公众理解，因此，不得授予其商标权。欧洲法院（ECJ）在 Matratzen Concord 一案中提及这一点。该案涉及当事人在西班牙于床垫上申请注册的 Matratzen 商标的无效问题，Matratzen 是一个德国词汇，翻译过来就是"床垫"。欧洲法院（ECJ）在其裁决中指出，描述性商标无效或拒绝注册的理由并不适用，"除非成员国的相关公众能够识别该标志的含义"。在笔者看来，这一解释考虑了产生于第三方经营者商业表达自由的公众利益。只要相关消费者理解了外语标志的描述性含义，就应当拒绝注册。

最后一点，也是一个非常重要的规则，即对一个描述性标志而言，该

---

❶ CFI 6 November 2007 RheinfelsQuellen H. Hövelmann GmbH & Co. KG v. OHIM. （"VOM URSPRUNG HER VOLLKOMMEN"），Case T-28/06，［2007］ECR II-04413.

❷ 同上。

❸ AG Jacobs 5 April 2001 Procter & Gamble Company v. OIHM （"Baby - Dry"），Case C-383/99 P，［2001］ECR I-06251.

❹ ECJ 12 December 2002 Ralf Sieckmann v. Deutsches Patent- und Markenamt，Case C-273/00，［2002］ECR I-11737.

标志的留下并不要求真正的、现行有效的和急切需要的存在。例如，在Windsurfing Chiemsee（冲浪基姆湖）一案中，慕尼黑法院请求欧洲法院（ECJ）阐明，Freihaltebedürfnis这个只能被特定的、可确认的竞争者识别的标志，其德语解释是否符合欧共体商标一号指令。欧洲法院（ECJ）驳回了严格的德国解释，指出，构成商标注册拒绝理由的描述性标志的解释，并不依赖根据德国法所述的、存在真实的、现行有效的或急切需要使得标志或指示成为公共产品；况且，在解释驳回的理由时也应当考虑未来的发展。欧洲法院（ECJ）在裁决中称，《商标条例》第3.1.c条有关拒绝描述性标志注册的规定，适用于将来相关企业用该地理名称来指示某类产品的地理来源；如果相关公众在某地理名称与所提到的产品类别之间目前还未产生联系，则该地理名称可用于指明该类商品的地理来源。在对标志进行评估时，需要特别考虑相关公众对讨论中的地理名称、该地名的特征和相关货物类别的熟悉程度，没有必要为了让地名与产品相联系而要求该产品就必须在该地名所在地生产。❶

从表达自由的角度看，该规则的重要性在于，确保了这些在将来可能成为描述性符号的标志不会获取商标权利。在实践中，该规则的意义十分重大。显然，对任何一个国家的商标注册主管机关来说，预测其他国家的语言标志在未来的描述性是相当困难的。

三、描述性概念的扩张——间接描述性标志

为了全面考察源自表达自由的公共利益的两个方面，描述性表达的概念可作进一步的延伸，也即笔者所称之"间接描述性标志"。上文有关讨论已经表明，直接描述性词汇的商标注册申请应当被驳回。然而，描述性标志并不仅仅局限于直接描述"商品或服务的特征"，还应当包括描述有关商品或服务使用环境的标志，例如对商品消费者的描述或者来自部分使

---

❶ ECJ 4 May 1999 Windsurfing Chiemsee Produktions- und Vertriebs GmbH（WSC）v Boots- und Segelzubehör Walter Huber and Franz Attenberger.，Joined Cases C-108/97 and C-109/97［1999］ECR I-2779.

用者的赞美和感叹。此外，如果这些标志在特定领域具有极其重要的主要含义，则即使没有以直接方式描述商品或服务的特征，也应当构成拒绝注册的理由。

有关描述性的判断标准可以简要分解为三点：(1) 描述不需要与基本特征相关；(2) 只要标志所有一个描述性的含义就为充分条件；(3) 无论是否为同义词，只要间接描述性标志或者部分描述性标志具有多重含义或者含义含糊，其商标注册申请都应当驳回。显然，根据前文所讨论到的标准，应当驳回"间接"描述性标志的注册申请。

在 New BORN BABY 一案中，Zapf Creations 股份有限公司申请在玩具类商品上注册 NEW BORN BABY 共同体商标。欧共体内部市场协调局（OHIM）则基于描述性理由拒绝其注册申请，欧盟初审法院评定 New BORN BABY 非描述婴儿娃娃之词语而得以注册，欧共体内部市场协调局（OHIM）提起上诉。欧洲法院法律顾问（Advocate-General）认为，"由排他性要素组成的用于表现某事物的措辞，不得注册为商标，因为产品的基本特征是通过某事物得以表现的"。❶ 欧洲法院（ECJ）在上诉中裁定，"代表货物所指的描述性标志，不能认为是对玩具本身的描述，除非消费者把玩具和其所代表的事物相混淆。"❷ 最终，使用在玩具上的间接描述性标志"新生儿"被驳回注册。❸ 笔者认为，New BORN BABY 为间接描述性标志的事实基础在于，这些玩具自己不是新生儿，但它们代表了新出生的婴儿。与之类似的是，德国联邦最高法院裁定，Kinder（德语"儿童"）标志纯粹是对巧克力消费群体的描述，因此拒绝其商标注册申请。❹

然而，欧洲商标注册实践表明，法院并没有拒绝所有的描述性标志注

---

❶ CFI 3 October 2001 Zapf Creation AG v. OHIM（"NEW BORN BABY"），Case T-140/00，[2001] ECR II-02927.

❷ CFI 3 October 2001 Zapf Creation AG v. OHIM（"NEW BORN BABY"），Case T-140/00，[2001] ECR II-02927. para. 26.

❸ BGH 20 September 2007（Kinder II-"Kinderzeit"），GRUR. 1066（2007）.

❹ BGH（Kinder I）BGHZ 156, pp. 112.

册为商标,欧洲法院和德国联邦最高法院(BGH)、比荷卢的法理似乎都允许间接描述性标志的注册。例如,就摩托车上使用的标志"FUN"而言,这一标志"过于模糊、不确定,对特定产品来说,该标志所要传达的描述性特征是一种主观感受",❶因此可注册为商标。比荷卢法院(the Benelux Court of Justice)也允许间接描述性标志的注册。例如,布鲁塞尔上诉法院(the Brussels Court of Appeals)就认为,对比荷卢商标来说,用于化妆品上的summer skin(夏日肌肤)的标志并非描述性的,因为该标志含义上与渴望获得的产品效果相关,而不是对产品自身特征的描述。❷同样,布鲁塞尔区域高等法院(the Regional High Court Brussels)认为,就剃须用具来说,尽管比荷卢的普通消费者能够准确地翻译SoftPerfection(完美温和)这个词汇,但该词语的组成部分"soft"不是描述性的,因为它并没有向消费者提供有关商品特征的客观准确和直接的信息。此外,由于与商品之间缺乏直接或具体的联系,赞美用语"perfection"也不是描述性的。在法院看来,组合而成的新词"SoftPerfection"有着足够的显著性,因而不是描述性的标志。❸

布鲁塞尔区域高等法院在"move to cure"一案中裁定,申请注册比荷卢商标的英语标志"move to cure"(运动治愈)对娱乐、运动及药物服务来说,并非描述性的。法院认为,尽管比荷卢的普通消费者能够准确地理解和翻译该词语,但对英语的使用原则上并不会被认为是对与服务有关的标志的特有使用。法院进一步指出,movement一词通常与药物服务无关,因此不是描述性的,cure一词则有多种翻译,因此可以认为这一组合标志的含义超出其各部分的相加。❹总体说来,法院认为,在move to cure与申请使用的服务之间不存在"明白无误"的联系。但这一裁决最终被比利时

---

❶ CFI 2 December 2008 Ford Motor Co. v. OHIM ("FUN"), Case T-67/07,[2008] ECR II-00000.

❷ Hof van Beroep Brussel 22 April 2008 ("Summer Skin"), Case 2007/AR/326.

❸ Hof van Beroep Brussel 11 March 2008 ("SoftPerfection"), Case 2005/AR/3223.

❹ Hof van Beroep Brussel 30 May 2005 ("move to cure").

最高法院推翻。❶

对此，有学者指出，一审法院及某些比荷卢法院的解释存在疑问。在商标权的授予扩张至间接性描述标志的情况下，会导致用于告知消费者相关信息的有效标志的缺乏。因此，从表达自由的角度看，应当拒绝将商标权授予那些用于描述商品、服务或与生产、消费有关的情况标志。因为此类权利的存在会以某种方式限制商业表达自由，在原则上是不正当、不均衡的。❷ 在笔者看来，将拒绝注册描述性标志的理由拓展至"New Born Baby"之类的间接性描述标志，是对商标权授予的必要限制。

此外，在欧洲，使用在化肥产品上的 BONUS（奖金/红利/补贴）❸ 或者用在书写用具上的"Bravo"（很棒/妙）❹ 之类颂扬赞美类的标志，也带来了类似的忧虑。目前，此类标志尚未被纳入描述性标志的范围之内，例如，根据德国法学理论，描述销售特征或描述额外性能的标志与商品或服务自身不同，它们不在拒绝注册的标志范围之内，因为它们没有直接和特别地在消费者的思维与商品或服务的描述性特征之间创造联系。❺ 然而，这些标志通常或多或少地宣传了商品或服务的积极和正面品质，在笔者看来，颂扬赞美类标志通常描述商品或服务的特征，这些标志是常见的宣传用语的一部分，如果授予这些标志以商标权利，则第三方的表达自由与市场交流可能因此受损。因此，拒绝描述性标志注册商标的理由应当拓展至具有描述性的颂扬赞美类标志。

从表达自由的角度审视，如果要授予具有高度社会、文化或政治价值

---

❶ Hof van Cassatie 17 April 2008 MAESSCHALCK Lieven v. Benelux Trademark Office（"Move to Cure"），C. 05. 0491. N.

❷ G. B. Dinwoodie, What Linguistics Can Do For Trademark Law, in J. Bentham, J. Davis and J. C. Ginsburg（eds.）, *Trade Marks and Brands: An Interdisciplinary Critique*, Cambridge: Cambridge University Press.（2007）.

❸ BGH 28 February 2002（"Bonus" II）.

❹ ECJ 4 October 2001 Merz & Krell GmbH & Co.（"Bravo"），Case C-517/99, [2001] ECR I- 06959.

❺ BGH 28 February 2002（"Bonus" II）.

且（间接）表达或描述商品和服务的标志以商标权，必须特别谨慎。在此，笔者特别指出有关间接描述性标志的一个典型案例加以说明。

在很多国家，复活节使用的采用金银包装材料的巧克力兔子都是一种间接描述的标志，人们按照特定传统对其加以使用，换言之，如果在复活节当天把巧克力兔送给孩子们，通常要把它们藏在房间或花园里。因此，至少在德国和澳大利亚，这些兔子是文化和传统的代表或表达形式。由于民众没有自制巧克力兔的习惯，人们通常购买巧克力兔来表现这一传统。生产瑞士巧克力产品 Lindt（即瑞士莲）公司❶成功地注册了共同体商标——立体复活节兔子，该巧克力以金色箔纸为包装，并于产品颈部系上红色带子以及小铃铛作为标示。❷ 则根据《欧共体商标条例》第 7.1.b 条的规定，瑞士莲（Lindt）通过注册获得了禁止第三人使用类似标志（即与注册的立体复活节兔子商标的形状和特征相似）的排他性权利。❸ 然而，在传统上，复活节兔子有着完全相同或极为类似的造型及装饰，由于瑞士莲是市场的主力军，消费者很容易相信所有类似的立体复活节巧克力兔都

---

❶ 瑞士莲公司（Lindt & Sprüngli，史宾利·莲）是一个已经传承了六代的瑞士巧克力制造商。其存在已超过 100 年，目前全球的销售量是 17 亿瑞士法郎（折合人民币约 101 亿元），在欧洲、亚洲与美国的员工人数超过 6000 人。它的巧克力品牌包括 Caffarel、Fioretto、Chirardelli、Lindor、Lindt（瑞士莲）、Nouvelle Confiserie 和 Swiss Tradition，涵盖了巧克力的所有相关产品，如杏仁糖、夹心糖、巧克力棒、巧克力脆饼、复活节巧克力蛋与巧克力兔子等。

❷ 原告于 2000 年起即以挂有红色带子及小铃铛的金色兔子，结合"Lindt Goldhase"文字部分，向总部位于西班牙 Alicante 的欧洲内部市场调和局申请立体商标，并于 2001 年获准注册，注册号数第 001698885 号。在取得该立体商标之后，原告即于德国和奥地利，对市场上生产与其注册商标有构成混淆误认之虞的兔形巧克力之公司提起侵害商标权之诉讼，至今仍无确切定论。http://www.taie.com.tw/tc/p4-publications-detail.asp?article_code=03&article_classify_sn=65&sn=485，访问日期：2012 年 12 月 29 日。

❸ ECJ 11 June 2009 Chocoladefabriken Lindt & Sprüngli AG v. Franz Hauswirth GmbH (Goldhase), Case C-529/07, Case C-529/07, [2009] ECR I-00000. para. 19. 欧洲法院在 Lindt v. Hauswirth 一案中指出，"在引发争议的三维商标获得注册后，Lindt & Sprüngli（史宾利·莲）公司开始通过诉讼来对付那些它认为其生产的产品与受到商标法保护的复活节巧克力兔相类似和有可能导致混淆的企业。"

源自或者获得了瑞士莲的许可，这种混淆之虞通常都会出现。其结果就是，第三方生产者被排斥市场之外，无法销售类似的复活节巧克力兔。瑞士莲通过实施其商标权利反对使用类似标志，由此可能成为这一传统文化项目的独家生产者。

笔者认为，将商标授予瑞士莲不仅损害了第三方经营者的竞争自由，也损害了表达的多样性以及公民文化表达的自由。所以，在就此类代表风俗习惯的文化（间接）描述性标志授予商标权时，必须足够谨慎。

第四节 通用化、缺乏显著性与拒绝注册

除了描述性标志外，通用标志和缺乏显著性的标志同样构成拒绝注册的理由。通用标志指向的是一类产品或服务的共有属性，无法发挥商标的作用，因此，通常通用标志属于经济市场竞争者共有，它既不具备显著性，也不能适用获得显著性规则。❶ 其中，有关拒绝描述性标志注册为商标的理由，同样适用于对通用标志注册申请的拒绝。正如1971年美国法院在"出版公司"一案中所指出，"允许通用名称（也即描述所售产品各类的名称）获得保护，甚至是在它们可以指示出第一个使用者的时候获得商标，就会授予该标志的所有人以垄断权，使其他竞争者不能对自己的商品进行确切的描述。"❷ 此外，各国商标立法及有关国际条约也都禁止将缺乏显著性的标志注册为商标。根据经济原理，只有具备显著性的商标能够降低搜寻成本，或者成为推动标志所有人就商品质量进行投资的诱因。缺乏显著性、具有描述性和通用标志这三大拒绝理由彼此之间并不存在清晰的界线，驳回描述性标志和通用标志的理由也可以是缺乏显著性；但缺乏显著性驳回理由的范围显然大于描述性理由和通用名称理由。❸

---

❶ 彭学龙：《商标法的符号学分析》，法律出版社2007年版，第139页。
❷ CES Publishing Corp. v. St. Regis Publications, Inc., 188 USPQ 612 (2d Cir. 1975).
❸ www.wipo.int/sct/zh/meetings/pdf/wipo_strad_inf_5.pdf，访问日期：2011年10月12日。

事实上，在申请注册这一程序中，对商标显著性的判断是一种抽象评估，即由商标主管机关在该标志实际投入商业使用之前，仅就申请所涉及的商品进行判断。显然，这种能够起到区分作用的特性，应该仅仅理解为一种可能，❶或者说潜在的显著性。在这方面，立法上只要求具备最低限度的显著性即可获准注册的通常做法，事实上是有疑问的。❷商标注册主管机关在评估标志显著性方面的宽容，有利于潜在的权利持有人，却没有充分考虑商标权只有在商标确实具备显著性的情形下才产生社会效益和具有正当性这一事实。

一、拒绝通用标志注册的理由

通用标志是指某一类或者某一种产品或服务的名称或标志，单个的产品或服务则是该类别或各类中的一个构成部分。❸从表达自由的角度而言，将通用标志留待公众自由使用具有非常重要意义。为了有效地与消费者交流，所有的经营者都需要使用这些通用标志。对每个人来说，通用术语是通常用于代指产品或服务的符号，因此日常生活的表达必须能够自由地使用这些通用术语，尤其在字典中。

根据商标、工业品外观设计和地理标志法律常设委员会（SCT）对其成员就 WIPO《关于商标法律和实践的问卷》的答复可知，通用名称问题在审查程序中分析，不符合非通用名称的要求在许多制度中构成驳回理由（67 个肯定答复）。❹在欧洲法院看来，该拒绝理由背后的公众利益与《欧共体商标条例》第 7.1.c 条的拒绝理由是一样的，即这些标志应当留给所有人自由使用。此外，这些已经通用化的标志被认为"不具备将此经营者

---

❶ 黄晖：《驰名商标和著名商标的法律保护》，法律出版社 2001 年版，第 11 页。

❷ T. Cohen Jehoram, C. v. Nispen and J. L. R. A. Huydecooper, *Industriele Eigendom*: *Merkenrecht*, Deventer: Kluwer. 175 (2008).

❸ 李明德：《美国知识产权法》，法律出版社 2003 年版，第 286 页。

❹ www.wipo.int/sct/zh/meetings/pdf/wipo_strad_inf_5.pdf，访问日期：2011 年 10 月 12 日。

所提供的服务与彼经营者所提供的服务相区分的显著性",因此,不能实现商标的基本功能。在欧洲,《共同体商标指令》第3.1.d条"驳回或无效的理由"和《欧共体商标条例》第7.1.d条所规定的"驳回注册的绝对理由"也是有关拒绝授予通用标志商标权的规定。然而,这一拒绝理由的作用没有那么突出,因为该拒绝理由与对描述性标志和缺乏显著性标志的拒绝理由存在部分重叠。因此,在拒绝通用标志注册为商标这个问题上,笔者仅作简要分析。

在当代各国,这种仅由在现代语言中或在善意和公认的商务实践中已经成为惯用的标志或名称构成的标志,通常不予注册。换言之,在相关行业人员看来,一个标志表示普遍意义上的一种产品或服务,而非表示来自某一具体商业来源的产品或服务的,可被认为已成为通用名称。缩写通常也包括在通用标志范围内,因为只有在其已成为惯用的之后其含义才可被了解。商标图形要素是商品和服务的常用指称,或者已成为标准指称的,也可以包括在内。❶ 在我国,根据《商标法》第11条规定,仅有商品的通用名称、图形、型号的标志不得注册为商标注册,因此,通用标志在我国同样也构成拒绝注册的理由。根据2005年12月中国商标局和商标评审委员会制定的《商标审查标准》第二部分中的规定,通用名称是指国家标准、行业标准规定的或者约定的商品的名称,包括全称、简称、缩写、俗称。

通用标志有两类。一类是商业中普遍使用的产品或服务的名称或标志,其基本含义是表明某类产品或服务,或者产品、服务的本质、主要成分等。例如,以"酸奶"作为酸奶及酸奶饮料的文字商标,由于酸奶是该行业通用的指代此类商品的称呼,该标志不具备显著性,因此不能获准注册。在法国,经营者在"巧克力糖,巧克力和糖果制品"上申请注册商标"LES SARMENTS"被驳回,原因就是"sarments"是通用名称,表示一种葡萄藤

---

❶ www.wipo.int/sct/zh/meetings/pdf/wipo_strad_inf_5.pdf,访问日期:2011年10月12日。

形状的传统巧克力制品。❶ 在美国，Noon Hour 食品有限公司是最早产生"BOND-OST"奶酪的商家，2008 年该公司就奶酪类产品申请注册商标"BOND-OST"，审查委员会认为，"BOND-OST"是对瑞典式牛奶奶酪的通用名称，因此驳回其申请。Noon Hour 食品有限公司提出上诉。然而，审查员收集了大量有关"BOND-OST"是通用名称的证据，包括源自 1898 年版书籍对该词使用的摘录；美国农业部在政府出版物中对该词汇的使用、在互联网上以及在购物公众可以得到的报刊杂志中使用情况的证据；奶酪卖家，包括网上供应商以及超市和专业店熟食或奶酪柜台和专卖店使用该词的证据。由此证明，相关公众对"BOND-OST"标志的理解就是奶酪，而不是指奶酪的一个具体来源，委员会最终确认对该通用标志拒绝注册的裁定。❷ 在欧洲，一审法院在 Weisse Seiten 一案中，围绕用于电话号码簿上的"weisse Seiten"（德语"白页"）这一名称的商标注册申请进行审查。法院认为，印刷品的通用标志同时也是其电子版的通用标志。因此，绝对拒绝以该通用名称提出的在第 16 类商品（包括印刷品、参考书目、分类目录）和第 9 类商品（包括磁带、唱片、只读光盘）上的商标注册申请。❸

另一类是原本具备显著性的商标，在使用的过程中，其显著性逐渐弱化或退化以至最终演变为商品或服务的通用名称或标志。例如，阿司匹林（aspirin）本为拜耳（Bayer）公司著名的止痛药品牌，但由于被人们普遍用于泛指止痛药，最终为沦为通用名称的；Chapstick 原为惠氏（Wyeth）生产的护唇膏品牌，如今已取代 LIP BALM 一词，成为护唇膏的通称；Scotch tape（思高牌胶带）原为 3M 公司生产的透明胶带，现在一般透明胶带多称为 Scotch tape；还有人们日常接触的 ZIPPER 拉链，源自 1920 ~

---

❶ www.wipo.int/sct/zh/meetings/pdf/wipo_strad_inf_5.pdf，访问日期：2011 年 10 月 12 日。

❷ John M. Murphy, EX PARTE DECISIONS OF THE TRADEMARK TRIAL AND APPEAL BOARD, http://www.valdirrocha.com.br/pdfs/Ex%20Parte%20Decisions%20-%20TTAB%20-%20June%202008.pdf，访问日期：2011 年 10 月 12 日。

❸ CFI 16 March 2006 Telefon & Buch Verlagsgesellschaft mbH v. OHIM & Herold（"WEISSE SEITEN"），Case T-322/03，[2006] ECR II-00835.

1925年美国所生产的一个厂牌名。❶ 在我国同样存在此类原为商标、后为通用标志的情形。例如，富强是指一种比较精细、面筋含量高、杂质少、较白类似于精粉的高筋面粉，本为我国20世纪50年代的商标，现在已经成为特制一等粉的通用名称。"优盘"（U盘）本为朗科公司注册在第9类计算机存储器等商品上的第1509704号商标，然而，如今的"优盘"（U盘）已经成为一种电子储存器的通用名称，对原指定使用的第9类计算机存储器等商品的质量、功能、用途等特点具有直接的叙述性。

从商业表达自由的角度看，如果允许通用标志注册为商标，就意味着在市场语言中用于指代某类产品或服务的普遍名称、周知标志为个别经营者垄断，不仅会导致后来者遭遇市场进入方面的阻碍，也给相同市场中的其他竞争者带来不便，将其他经营者置于不公平竞争的境地。显然，在通用标志被独占的情形下，其他经营者不得不舍弃原本常用的标志，采用其他诸如发明新名称或使用其他不够确切的称呼等方式或途径将产品或服务的相关信息传递经消费者，这不仅带来了表达上的不经济，更增加其他竞争者的经济成本，还给消费者带来了购物上的不便，增加他们的搜索成本，因为在实践中，消费者通常不会把通用标志当作表彰产品或服务的来源，在通用标志被独占的情形下，带来消费者的误认和混淆。

二、商标的通用化及其撤销

有学者把商标的通用化称之为"商标退化"，指某一商标在使用和宣传过程中，特别是在取得了较高的社会知名度之后，由于使用不当、保护不力或者他人的淡化行为等原因致使其商标的显著性逐渐退化，丧失了指示商品特定来源的功能，进入公有领域沦为该类商品的通用名称。❷ 商标在商业中沦落为通用名称，会导致商标所有人因商标的撤销而丧失其商标

---

❶ 袁真富："论商标退化及其法律规制"，载《西南大学学报（社会科学版）》2010年第3期。

❷ 范晓波、韩婷婷："商标通用化问题研究"，载《中国发明与专利》2010年第3期。

权利。商标权的撤销以商标的基本功能为基础。注册商标成为通用名称的，一般被认为失去了施展商标基本功能的能力，尤其是指示商品或服务来源的识别能力，即商标的显著性。

商标的显著性又称商标的区分性或识别性，即该商标可用来区分和识别不同的商品或服务及其提供者的能力。正是基于这一点，各国商标法有关商标的界定中都有"用于区分""便于识别"之类的表述。例如，我国《商标法》第9条便规定，"申请注册的商标，应当具有显著特征，便于识别"。在采用使用主义模式的国家，在先使用者所使用的标志必须获得事实上的显著性，方能享有商标专用权；在采用注册主义模式的国家，商标权的取得不以实际使用为前提，申请注册时要求的显著性实为潜在显著性，注册商标的实际显著性必须通过市场使用获得。然而，商标的显著性在商业中表现为一种适时状态。随着诸多市场因素的影响，商标的显著性会随着商标所有人的使用行为、随着所有人的经营活动而呈现曲线变化——增长或丧失。从符号学的角度看，注册商标的通用化实质是商标与特定商品提供者之间的联系发生模糊或中断，而在消费者认知中产生了该标志与某类商品之间的指代关系。❶ 从功能来看，通用名称和商标的重要区别在于前者指示商品或服务的种类不同，后者用于区分提供商品或服务的经营者不同。❷ 在商标通用化的情形下，对竞争者而言，其对通用标志的使用利益是明显的。而对消费者来说，商标的识别功能意味着——以商标为依据进行的消费，如果其结果被证实是积极的，能够促使消费者重复其消费经验；如果其结果证实是消极的，消费者将避开该标志指示的商品或服务。因此，注册商标的通用化，意味着本为商标的标志不再具有成为商标的固有能力，如不能撤销，则不仅影响到市场竞争者在商标法中的利益，也因此取消了消费者的利益。

在1921年"拜仁公司"一案中，美国法院裁定，拜仁公司就其新药所

---

❶ 陶懿："'解百纳案'：通用名称认定的法律困境及思考"，载《电子知识产权》2010年第3期。

❷ 同上。

使用的商标"阿司匹林",尽管一开始是想象性的商标,但已经被人们普遍地认为是一种解热镇痛的西药,成为"乙酰水杨酸"的通用名称。该案的汉德法官提出了一个判定通用标志的标准:"在我看来,在所有的这些案例中,唯一的问题仅仅是一个事实问题:就双方所争执的文字的用途来说,这些购买者对它的理解是什么?如果他们将它理解为仅仅是某种被销售的产品,那么我认为,不论原告怎么努力让购买者理解出更多的意思,那也没有什么不同。"该标准后来被普遍援引。❶ 在1963年的"瑟毛斯"一案中,美国第二巡回法院在援引了"阿司匹林"一案的判断标准后,直接指出,"这一标准的实质不是公众还有什么其他的选择,而是公众对于该字词在使用中的理解是什么。"❷ 事实上,在确定某一商标是否沦为通用标志时,美国法院采用的是两步判断准则:第一步,确定对于争议商标来说,什么是商品或服务的属名;第二步,相关公众是否主要把该商标用语指称为商品或服务的属名。可见,在商标通用化问题上,相关公众(有关消费者)的理解至关重要。❸ 依据《欧共体商标一号指令》第12.2条和《欧共体商标条例》第50.b条规定,如果因商标所有人的作为或不作为,商标在其注册的商品或服务的商业中成为常用称谓的,其所有人可能因申请撤销而丧失其商标权利。

在我国,现行商标法律并没有规定涉及通用名称认定时应当适用的法律标准。按照《商标审查及审理标准》的规定,商标法中的通用名称是指国家标准、行业标准规定的或者约定俗成的商品的名称,包括全称、简称、缩写、俗称。❹ 例如,2011年,北京市高级人民法院就涉及服装行业有关"DP"标志的注册商标与通用名称之争的行政诉讼案作出的终审判决认定,自然人李某所有的"DP"(服装行业专用术语"Durable Press"的缩写,

---

❶ Bayer Co. v. United Drug Co., 272F. 505(2d Cir. 1921).
❷ King-Seeley Thermos Co. v. Aladdin Industries, Inc., 138 USPQ 349(2d Cir. 1921).
❸ 杜颖:"通用名称的商标权问题研究",载《法学家》2007年第3期。
❹ 参见国家工商行政管理总局商标局,国家工商行政管理总局商标评审委员会:《商标审查及审理标准》,更新时间:2005年12月31日。

意为持久压熨）商标不具有在服装商品上的商标显著性，应予撤销。❶ 在我国商标实务中，具体认定通用名称时所依据的标准主要来源于以下几个方面：（1）国家标准和行业标准；（2）同行业经营者约定俗成、普遍使用的名称和专家意见；（3）专业工具书、辞典等公开出版物中记载的内容；（4）诸如民意调查等消费者认知。❷

商标、工业品外观设计和地理标志法律常设委员会（SCT）根据成员的答复，就商标的通用化认定标准指出：仅由在现代语言中或在善意和公认的商务实践中已经成为惯用的标志或名称构成的商标，通常不予注册；换言之，在相关行业人员看来，一个标志表示普遍意义上的一种产品或服务，而非表示来自某一具体商业来源的产品或服务的，可被认为已成为通用名称。一些成员国的来文显示，这种驳回理由也适用于最初无含义或者有其他含义的文字。此外，有意见指出，这种标志或名称不一定是字典中有定义的词，有证据表明这样的标志在现代语言中是惯用的即可。缩写也包括在内，因为只有在其已成为惯用的之后其含义才可被了解。此外，商标图形要素是商品和服务的常用指称，或者已成为标准指称的，也可以包括在内。❸

三、拒绝注册之缺乏显著性

商标、工业品外观设计和地理标志法律常设委员会（SCT）在其文件中指出，显著性可以定义为：商标被市场参与者视作一种将一家企业的商品或服务与其他企业的商品或服务区别开的手段，从而让这些商品或服务

---

❶ http：//www.51ip.com.cn/tm/news/130023457511155.html，访问日期：2011年10月10日。

❷ 陶懿："'解百纳案'：通用名称认定的法律困境及思考"，载《电子知识产权》2010年第3期。

❸ www.wipo.int/sct/zh/meetings/pdf/wipo_strad_inf_5.pdf，访问日期：2011年10月12日。

能够被识别为来自某一商业来源的固有能力。❶ 如上所述,在商标权注册取得模式下,商标的显著性不需要实际证明,商标显著性的评判因此在一定程度上与寻求核准使用的商品或服务有关。事实上,在这种抽象的评判中,各国商标法设定的商标注册的显著性要求标准相当低,由于只有那些"缺乏任何显著特征"标志不得注册为商标,所以,只需要具备最低限度的显著性便足以排除拒绝商标注册的理由。无论如何,鉴于商标权的授予可能以一种损害第三人表达自由的方式实施,拒绝注册缺乏显著性的标志因此可能对限制商标权利的授予起到帮助作用,从而对源自表达自由的公共利益也产生了一部分效用。

评价标志的显著特征时,需要考虑商标所针对的服务或产品。通常,商标法区别一系列缺乏显著特征的标志:在通行语言或专业语言中属于必要的标志;产品或服务的通用名称或常用名称;用于表示产品或服务一项特点的标志,尤其是品种、质量、数量、用途、价值、地理来源、生产商品或提供服务的时间;仅由产品的性质或功能决定的形状或使产品具有实质性价值的形状构成的标志。❷

商标的功能在于,使消费者能够区分商品服务的来源,从而使消费者重复其消费或避免再次体验,拒绝注册缺乏显著性标志的理由因此保护了那些会使用商标来定位其经济行为的消费者的利益,同时也保护了标志区分产品来源的功能,但是,这一拒绝理由并没有保护第三人对标志的可用性和可得性的需要。因此,笔者认为,根据拒绝注册的理由,就颜色标志、颂扬标志和广告标语等标志而言,只有在商标注册机构发现消费者将此类标志看做对商品的赞美而不是特定来源时,或者消费者将T恤上的口号和广告用语看作一种观点的表达而不是显著性标志的时候,这些标志才被拒绝注册为商标。在这部分,笔者将检讨拒绝缺乏显著性标志注册的理由,并尝试从保护源自表达自由的公众利益的角度,对其进行解释。随后,笔

---

❶ www.wipo.int/sct/zh/meetings/pdf/wipo_strad_inf_5.pdf,访问日期:2011 年 10 月 12 日。

❷ 同上。

者将对诸如颜色、广告标语和商品包装等缺乏显著性标志进行理论分析。

（一）缺乏显著性与消费者的感知——与表达自由相吻合的解释

商标最基本的功能是表彰来源和区分来源，商标保护的关键是防止混淆，因此，某一标志能否成为商标受到保护，其根本性条件是具有显著性，换言之，缺乏显著性的标志是不能注册为商标的。在欧洲，根据《欧共体商标一号指令》第3.1.b条❶和《欧共体商标条例》第7.b条❷，缺乏（任何）显著性属于驳回商标注册申请的理由。《日本商标法》第三条"商标注册的要件"将"消费者无法识别属于任何人所属商品或服务的商标"作为拒绝注册的理由。在我国，根据《商标法》（2001修正）第11条的规定，缺乏显著特征的标志不得作为商标注册。根据商标、工业品外观设计和地理标志法律常设委员会（SCT）对成员《问卷》答复的归纳，申请注册的商标缺少显著特征，在许多商标制度中是驳回理由（70个肯定答复）。❸

对标志是否具有显著性的评判，涉及有关商品或服务的消费者是否会将某一标志看作特定来源的指示符号这一问题。正如笔者在第三章所论述的，保护商业表达自由的主要理由是，商业信息的自由流动对消费者所具有的重要价值，因此，法律必须将这种自由和权利授予经营者，以便他们向消费者提供相关信息。从表达自由所要保护的公共利益出发，消费者的感知为缺乏显著性这一拒绝理由留下了解释的空间。

消费者是一个法律概念，在评估时需要考虑其变动。❹ 拒绝缺乏性标

---

❶ 根据商标指令第3.1.b条的规定，"缺乏任何显著性的商标"属于"驳回或无效的理由"。

❷ 根据《欧共体商标条例》第7.b条的规定，"缺乏显著性的商标"构成"驳回注册的绝对理由"。

❸ www.wipo.int/sct/zh/meetings/pdf/wipo_strad_inf_5.pdf，访问日期：2011年10月12日。

❹ J. J. C. Kabel, Rechter en publieksopvattingen: *feit, fictie of ervaring? Over de beoordeling door de rechter van commerciële communicatie* (oratie: UvA), Amsterdam: Otto Cramwinckel Uitgever 2005.

志注册的理由必须根据"相关公众的感知"来评估,所谓相关公众是指"理性的、信息充足的、善于观察和谨慎周密的标准消费者"。❶ 消费者是商标法中的万能尺度,商标只是在被消费者视为产源标志的意义上存在。❷ 在欧洲法院(ECJ)和一审法院(CFI)看来,消费者的概念确实根据商品或服务的种类以及核准使用的标志而变化,因此,欧洲法院(ECJ)和一审法院(CFI)对某些标志适用了较低程度的消费者注意力的法律推定。例如,就商品或商品包装的形状而言,它们认为,"在缺乏图画或文字元素的情况下,一般消费者没有根据产品的形状或其包装对商品来源进行假定的习惯。"欧洲法院(ECJ)认为,就《欧共体商标条例》第 7.1.b 条❸的目的而言,只有与相关领域的规范或惯例的(形状)标志相去甚远,由此实施了商标指示来源的基本功能,并具备商标要求的显著特征。❹ 据此,在 Bang & Olufsen A/S v. OHIM 一案中,Bang & Olufsen 公司❺的铅笔形扩音器就被认为具有显著性,因为它充分地偏离了该行业箱式扩音器这一商业规范。❻ 类似的解释也被适用于通常被认为不能区分商品或服务的广告标语等其他缺乏显著性标志的判断中。

通过解释的途径,对源自表达自由的公共利益的保护在一定程度上可以获得接受。然而,这种解释的途径具有限制后果,因为在根据缺乏显著

---

❶ ECJ 12 February 2004 Koninklijke KPN Nederland v. Benelux-Merkenbureau ("Postkantoor"), Case C-363/99, [2004] ECR I-01619.

❷ 彭学龙:《商标法的符号学分析》,法律出版社 2007 年版,第 112 页。

❸ 根据《欧共体商标条例》第 7.b 条的规定,"缺乏显著性的商标"构成"驳回注册的绝对理由"。

❹ ECJ 12 January 2006 Deutsche SiSi-Werke v. OHIM, Case C-173/04, [2006] ECR I-00000.

❺ 丹麦品牌 Bang & Olufsen(简称"B&O")由工程师皮邦(Peer Bang)和斯文·奥卢夫森(Svend Olufsen)于 1925 年在丹麦的斯特鲁尔(Struer)创立,专长于设计优质的音频、视频、医疗和多媒体产品。http://zh.wikipedia.org/wiki/Bang_%26_Olufsen,访问日期:2011 年 10 月 12 日。

❻ CFI 10 October 2007 Bang & Olufsen A/S v. OHIM, Case T-460/05, [2007] ECR II-04207.

性这一拒绝理由对申请注册的标志加以评估时,是通过消费者是否确实认为该标志具有显著性来确定,而不是根据第三者使用特定标志的需要是否存在来确定的。因此,笔者认为,表达自由的法律保护需要拒绝某些特定标志的商标注册申请,虽然它们具有一定程度的显著性,换言之,确认公共利益、保留这些标志,从而避免第三方的表达自由和总体表达的多样性遭受不适当的损害。

(二) 颜色标志

在通常情况下,颜色可以作为商标的构成要素,与文字、数字、字母、单词或图案等共同组合成商标,若干不同色彩的颜色也可以组合成商标,用以指代商品或服务的来源或作区分之用。在早期的商标法中,颜色并非商标权利的客体,然而,随着科技和经济的发展,不少国家商标法已经承认颜色可以作为商标加以使用。颜色是视觉可感知的标志,颜色的组合具有显著性,可以作为商标。但以颜色作为商标仍然存在困难。就目前有关商标注册的理论与实务来看,在颜色标志的可注册性这个问题上,争议最多的是单色或一种色调能否有效地构成商标。

在美国,传统的反对单色商标的理由主要有五类。第一类是"不是商标说",即单色或者纯色不在商标定义之内。第二类是"不能识别说",即颜色不能发挥直接识别的作用。第三类是"颜色功能说",即颜色具有功能性,因此不应该被一家企业垄断。第四类是"颜色枯竭说",主张颜色在数量上的有限性,认为如果单色可注册为商标,势必导致颜色枯竭,妨碍竞争者对适当颜色的使用。第五类是"色差难辨说",主张颜色在视觉上的难以区分性,因此无法具有区分功能。❶ 对此,美国最高法院在1995年的 Qualitex Co. v. Jacobson Co. 一案中,对上述观点逐一批驳,在理论上肃清了注册单色商标的障碍。美国最高法院认为,首先,美国有关商标的立法既然允许任何"词汇、名称、符号及标志"构成商标,则颜色当然不应被排除在外;其次,尽管颜色不像文字、单词等那样直接指示商品或服

---

❶ 黄晖:《驰名商标和著名商标的法律保护》,法律出版社2001年版,第27页。

务的出处，但仍然可能通过使用获得显著性，进而起到区分作用；再次，并不是所有的颜色都具有功能性，很多时候，颜色的使用对商品的用途、目的或价值、质量而言，并无必要，因此不具有功能性；最后，颜色的有限性和区分上的困难，并不适用于所有的情形，也不构成禁止单色作为商标的正当理由。❶

尽管在理论上单色标志可以构成商标，并且《与贸易有关知识产权协议》（TRIPs 协议）第15（1）条并没有明确把单色标志排除在商标客体范围之外，但是，商标权利客体的扩张至颜色，确实影响了第三方经营者的公共利益。由于颜色具有特殊的可利用性以及低下的显著性，如果宽松地允许将其作为商标而专有，就会将其他竞争者置于十分不利的境地，进而妨碍合法竞争。在对缺乏显著性的评估这个问题上，欧洲法院（ECJ）认为：（1）只要具备最小的显著性便足以注册商标；（2）对显著性的评估具有事实特征而不是规范特征。在其裁定中，欧洲法院（ECJ）指出，"在评估颜色是否具有潜在显著性得注册为商标这个问题上……必须从总体利益考虑，没有对其他提供相同类型的商品或服务的经营者在颜色的可利用性方面构成不适当的限制。❷ 以颜色作为商标，需要考虑该颜色是否具有功能性，是否会对同行竞争者造成不利影响。事实上，学者在讨论单色商标问题时，往往忽视了美国联邦巡回法院1985年在 Owens-Corning Fiberglas 一案中的观点，即以颜色作为商标注册和使用，还必须符合其他条件，如非功能性、不妨碍市场竞争和具有第二含义等。例如，使用药物较久的病人会将药的颜色和其治疗功效联想在一起，服用多种药物的患者（尤其是高龄患者）有将药物混装的倾向，诸如红色、蓝色这样的单色对药品的使用就具有一定的功能性。由于在心脏病发作之类的紧急情况下，患者在一定程度上正是依靠颜色来区分药品的，颜色因此具有防止混淆的功能。

在单色或一种色调能否有效地构成商标这个问题上，SCT 的工作也显

---

❶ Qualitex Co. v. Jacobson Co., 514 U.S. 159.

❷ ECJ 6 May 2003 Libertel Groep BV v. Benelux-Merkenbureau, Case C-104/01, [2003] ECR I-03793.

示，单色一般被认为缺乏固有显著性。许多立法承认，没有任何事先使用的一种颜色本身，只在例外情况下才被视为具有显著性。这种例外情况可能是，申请注册的是非常具体的细分市场中非常有限的商品或服务。通常，不能证明已通过使用取得显著性的单色，不能轻易得到注册。在评价某一颜色的潜在显著性时，注册部门必须考虑不对相关行业商品或服务的其他贸易商可用的颜色进行不当限制的普遍利益。同样的规则也可能适用于用抽象方式描述、无轮廓的颜色组合。❶

商业表达自由的正当性源自消费者获取有关商品或服务的不同信息的利益，而这种利益为经营者享有与消费者交流信息的权利提供了支持。在笔者看来，颜色商标的案例显示，如果其他拒绝理由不能给予充分的保护，则建立在缺乏显著性基础上的其他公共利益也获得需要保护。

(三) 颂扬标志和广告标语

在商业活动中，为了推销商品或服务，经营者常常采用各种宣传措施，特别是在宣传中使用表达赞美颂扬含义的标志及广告类标语。尽管它们在通常情况下不具备商标的识别和区分功能，主要目的不外乎宣传商品或服务，其变动性也较大，但如果商务标语符合商标法有关显著性的要求，也可以成为商标。

大多数颂扬标志和广告标语的注册申请不会被商标主管当局以描述性的理由拒绝，因为它们并不是对商品或服务特征的直接描述，也没有落入通用化的范围。欧洲法院（ECJ）和一审法院以及德国联邦最高法院便认为，消费者不会把宣传产品质量的标志看做产品来源指示的，因此，这类标志被归入因缺乏显著性而被拒绝注册的标志之列。❷

在欧洲法院（ECJ）看来，如果某一广告标语强调的是某产品或服务

---

❶ www.wipo.int/sct/zh/meetings/pdf/wipo_strad_inf_5.pdf，访问日期：2011年10月12日。

❷ ECJ 4 October 2001 Merz & Krell GmbH & Co. ("Bravo")，Case C-517/99，[2001] ECR I-06959.

共有的良好特征，则其显著性要求需要比其他标志高。❶ 例如，就用于金融服务上的标语"LIVE RICHLY"（富裕生活）来说，欧洲法院（ECJ）认为，当该标语被用于表示促销时，消费者的察觉度相对低一些，这极好地提醒了消费者不要把它看做是决定性的。❷ 同样，在 Erpo Möbelwerk 一案中，欧洲法院（ECJ）认为，就用在家具上的"DAS PRINZIP DER BEQUEMLICHKEIT"（"舒适准则"）而言，消费者没有以此类广告标语为根据假定产品产地的习惯。❸ Norma v. OHIM 一案涉及用在个人消费品上的"MEHR FÜR IHR GELD"（物有所值）这一宣传用语，对此，欧洲法院（ECJ）认为，"调查结果是，该标志不具备显著性，这足以证实，审议中的文字商标的语义内容向消费者指示了有关商品市场价值的特征，但同时并不确定该市场价值来自促销或广告信息。相关公众首先和首要感知的是促销或广告信息，而不是作为产品商业来源指示的标志。"所以，标语 MEHR FÜR IHR GELD（物有所值）不具备显著性，因为这一标志在其显而易见的促销含义之外，没有"可能促使相关公众很容易记住它并成为指代有关产品符号的显著性含义。"❹ 初审法院进一步指出，由宣传标语或购买激励构成的标志，以及其作用不过是在词语传统意义上实施其功能的标志，只有在以下情形下具备显著性——如果它们"可以直接被视作商品或服务指示，从而促使相关公众将商标所有人的商品或服务与其他不同商业来源相区分，且没有任何混淆的可能。❺ 在初审法院看来，标语"BEST BUY"（最佳购买）对诸如个人电脑上之类的商品来说，其之所以缺乏显著性，

---

❶ ECJ 21 October 2004 Erpo MöbelwerkGmbH v. OHIM（"DAS PRINZIP DER BEQUEMLICHKEIT"），Case C 64/02，［2004］ECR I-10031.

❷ CFI 15 September 2005 Citicorp v. OHIM（"LIVE RICHLY"），Case T-320/03，［2005］ECR II-03411.

❸ ECJ 21 October 2004 Erpo MöbelwerkGmbH v. OHIM（"DAS PRINZIP DER BEQUEMLICHKEIT"），Case C 64/02，［2004］ECR I-10031.

❹ CFI 30 June 2004 Norma Lebensmittelfilialbetrieb GmbH & Co. KG v. OHIM（"MEHR FÜR IHR GELD"），Case T-281/02.［2004］ECR II-01915.

❺ 同上。

因为相关公众会把这一标语理解为"用于指示商家可能提供的最佳服务或最佳性价比这一纯粹的促销准则。同样,对以牛奶为原料的食品和饮料来说,标志 VITALITY(生命力)则被认为是缺乏显著性。初审法院认为,消费者会把该标志看成指示有关产品可促进其健康的指示,而不是产品来源的指示。❶

与欧洲法院(ECJ)和初审法院类似,德国联邦最高法院同样以缺乏显著性为由,拒绝此类主要为描述性含义的标志的注册申请。❷ 由于这类标志并不直接描述商品或服务的特征,因此它们不在拒绝描述性标志注册这一理由范围内。然而,它们的含义通常为描述性或通用的意义,在商业中并没有被作为显著性标志加以使用。例如,商业中普遍使用的 TODAY 这一标志,被拒绝在通常满足日常需要的商品上注册为商标,因为它缺乏德国商标法所要求的显著性。根据德国联邦最高法院的观点,消费者通常把这类标志看作表明商品时尚的标志,而不是产品来源的指示。❸ 德国联邦专利法院(German BPatG)将这一解释推进了一步,即以公共利益为根据,对标语的显著性进行解释,从而将这些标志留下以便所有人可自由使用。例如,在 ZEIG DER WELT DEIN SCHÖNSTES LÄCHELN(向世界展示你最美丽的微笑)一案中,德国联邦专利法院(German BPatG)将拒绝缺乏显著性标志申请注册理由背后的公众利益,重新解释为,为了消费者利益而保留标志的自由以供普遍使用的必要性,即消费者对这些标语的感知是难以确定,显著性必须根据第三方经营者能够使用这类标语的必要,而不是通过对消费者感知的推测性判断来评判。❹

在笔者看来,这些案例有一个重要的方面,它们清晰地指出,拒绝注

---

❶ CFI 17 April 2008 Nordmilch eG v OHIM ("VITALITY"), Case T 294/06, [2008] ECR II-00059 (summary publication).

❷ BGH 7 June 2001 ("LOOK"), GRUR. 1150 (2001).

❸ BGH 6 November 1997 ("Today"), Case no. I ZB 17/9.

❹ BPatG 22 July 2003 ("ZEIG DER WELT DEIN SCHÖNSTES LÄCHELN"), GRUR. 333 (2004).

册的另一理由是，没有充分保护第三方的公共利益以保留描述性和通用化标志的可得性，这一理由与源自商业表达自由的公共利益正相吻合。笔者认为，商标权可能不仅在授予纯粹描述性或通用化标志的情况下，还在授予颂扬赞美类标志和广告标语以商标权利的情形下，过度限制了第三方经营者的公共利益。因此，法院应当在拒绝授予缺乏显著性标志的同时，对表达自由提供适当的保护。

（四）功能性三维标志

三维标志的功能性，是指商品自身的性质产生的形状、为获得技术效果而需要有的商品形状或者使商品具有实质性价值的形状。❶ 尽管商标法通常对描述性标志、通用标志以及仅由产品的性质或功能决定的形状或使产品具有实质性价值的形状构成的标志进行了区分，但从是否具备显著性的角度审视，这些标志都是缺乏显著特征的标志。

根据商标、工业品外观设计和地理标志法律常设委员会（SCT）对其成员有关涉及商标通用驳回理由答复的归纳，功能性问题可能在允许注册立体形状、产品包装、颜色或商品或服务其他商业外观的商标制度中出现。在这种客体得到使用并且可以成为商标的地方，如果其包含商品的一项功能性特征（即其用法或用途必需的特征），或者如果其对产品的成本或质量有影响，作为一项公共政策问题，它可能不具备"区别能力"。❷ 显然，所谓的公共政策与源自表达自由的公共利益完全契合。换言之，商标法之所以拒绝功能性三维标志注册为商标，主要是出于竞争政策的考虑，从保护商业表达自由的视角审视，这种排除具有避免由于商标保护而导致不正当竞争的效用。从商标应当具有的功能来看，商品都有自己的形状和结构，出于销售或使用或保证质量等因素的考虑，商品也需要包装，因此，这种立体的形状并不具有来源商品来源和区分不同产品提供者的功能。此外，还有一些属于可获得专利的客体，而专利权利具有期限性，一旦专利期间

---

❶ 吴汉东主编：《知识产权法》，法律出版社2003年版，第196页。

❷ www. wipo. int/sct/zh/meetings/pdf/wipo_ strad_ inf_ 5. pdf，访问日期：2011年10月13日。

届满，原本受到专利法律保护的技术特征便可进入公共领域，从而促进社会进步。如果对其给予商标法上的保护，由于商标权利可通过续展无限延续，就会对专利制度造成冲突，并妨碍市场竞争和技术发展所必需的适度模仿。简言之，此种情形下的商标保护具有负面经济效应，为保证公平竞争和促进经济技术发展出发，商标法将此类标志列入拒绝注册的理由。

《欧共体商标一号指令》第3.1.e条和《欧共体商标条例》第7.1.e条将纯粹由商品本身的性质决定的外形或取得某种技术效果所必需的外形或赋予商品实质价值的外形构成的标志，列为拒绝注册的理由。《日本商标法》第3条有关商标注册要件的规定排除了仅仅由商品形状构成的标志的可注册性。我国《商标法》第12条规定了三条拒绝以三维标志申请注册商标的理由，包括仅由商品自身的性质产生的形状、为获得技术效果而需要的商品形状或者使商品具有实质性价值的形状。在商标理论上，此类标志因具有功能性特征，出于商标显著性的要求以及反垄断和鼓励自由竞争的考虑，不能取得商标权，这意味着，只有非功能性的立体商标才会获准注册。例如，劳斯莱斯的小飞人、麦当劳的罗纳德·麦克唐纳小丑以及海尔的双王子，这些都是不具有功能性的标志，因此已经获得商标保护。

欧洲法院特别强调指出，对三维标志显著性的审查标准应当与其他标志显著性的审查标准相同，而不能采取更为严格的标准。❶ 据此，法院认为，分析三维标志是否具有显著性，应当考虑的是"一位掌握了合理信息并且进行合理观察和合理谨慎的普通消费者，是否从产品的外形就可以得出这个结论：具有该外形或包装的商品都是源于特定的经营者，并可以借此将一个经营者提供的产品区别于其他经营者提供的产品。❷ 该标准意味着，有关外形或者形状对于消费者来说，必须是特别和非同寻常的设计，

---

❶ 邓宏光：《商标法的理论基础——以商标显著性为中心》，法律出版社2008年版，第129页。

❷ Koninklijke Philips Electronics NV v. Remington Consumer Products Ltd（C-299/99）[2002]（para.35，63）转引自邓宏光：《商标法的理论基础——以商标显著性为中心》，法律出版社2008年版，第129页。

能够引发消费者的关注，使消费者将该外形或形状视为表彰商品来源和区分的指示标志，此外，还需要考虑有关外形或形状是否落入公共领域。如果将那些非常类似于公用的基础性商品形状通过商标注册而授予特定经营者排他性权利，将会阻碍竞争者对开发和销售，与商标法促进市场竞争的立法宗旨相悖。❶

功能性包括三个方面：（1）性质功能性，即仅由商品自身的性质产生的形状，例如，以上衣的形状申请在服饰类商品上注册的，当然不能取得商标权。（2）实用功能性，即为获得技术效果而需有的商品形状，例如，矿泉水瓶瓶口的螺旋状花纹具有帮助旋转瓶盖的功能。（3）美学功能性，即使商品具有实质性价值的形状。在美国，美学功能性的概念源自 1938 年《侵权行为法法律汇编》第 742 条："当商品主要是由于其美感的价值而被购买，则因为他们明显地提供如此价值，而且促成这些商品所要达成的目标，因此这些特征是具有功能性的"。❷ 该评论以心形糖果盒为例，指出，由于心形糖果盒在作为送给爱人的礼物时有相当重要性，因此可能具备功能性，在对美学功能性进行判断时，其标准是，如果禁止其他经营者使用，是否会剥夺其权利和阻碍市场竞争。❸ 事实上，关于功能性，美国最高法院着眼于竞争需要（competitive need），有两种方法可用于检验功能性，第一种是传统规则，也就是产品特征是否为该产品之使用或达成产品目的所不可或缺的，或影响该产品的成本或质量；第二种则为竞争必要性之检验，通常适用于美学功能性的检验，即如果对争议特征的排他使用会导致竞争者处于与商誉无关的重大不利地位，则该特征为功能性特征。如果依据传

---

❶ 邓宏光：《商标法的理论基础——以商标显著性为中心》，法律出版社 2008 年版，第 130~131 页。

❷ "When goods are bought largely for their aesthetic value, their features may be functional because they definitely contribute to that value and thus aid the performance of an object for which the goods are intended." Restatement of Torts §742, comment a (1938).

❸ The determination of whether or not such features are functional depends upon the question of fact whether prohibition of imitation by others will deprive the others of something which will substantially hinder them in competition. Restatement of Torts §742, comment a (1938).

统规则可认定为功能性特征,则无须继续讨论该特征是否为竞争之必需。❶

为判定提出权利要求的特征是否具有功能性,可以评价产业界的证据以及申请人提供的信息,例如某项实用专利是否包括该特征。在判定功能性时,可以考虑下列部分或全部因素:对申请注册的客体实用优点的宣传,申请人为有关客体提交的任何专利申请,是否有替代性设计,以及客体对生产效率或成本的影响。一些来文显示,标志具有功能性的,不得注册,即使申请人能够显示标志已经具有显著性也是如此。就此问题,可以参考功能性原则,该原则禁止注册功能性产品特征,以便在商标法和专利法之间保持适当平衡,鼓励合法竞争。它可以确保,对产品实用特征给予的保护,是通过有期限的实用专利、不是通过可能无期限的商标注册进行的。实用专利到期后,专利所包含的发明进入公有领域,专利中公开的功能性特征这时就可以被他人仿制。❷

第五节 获得显著性与商业表达自由的保护

各国有关商标注册拒绝的理由有一个共同的限制,即获得显著性的规定;据此,标志通过使用获得显著性的,可申请注册为商标。标志的含义能够变化、它们可随着时间的流逝成为具有显著性的标志,有关获得显著性的规定正是法律对这一事实的承认。例如,广告标语通常因缺乏显著性而被拒绝注册为商标,但标语的一部分如果是能够获得显著性的,如雀巢公司奇巧巧克力的宣传标语 "Have a Break…Have a Kit Kat"❸(轻松一刻,奇巧时刻),其中"轻松一刻"(Have a Break)便因获得显著性得以注册

---

❶ 289 F. 3d 351 (5th. Cir. 2002). 转引自邓盛琦:《美国立体商标之功能性原则》,"国立"交通大学硕士论文,第 54 页。

❷ www.wipo.int/sct/zh/meetings/pdf/wipo_ strad_ inf_ 5. pdf,访问日期:2011 年 10 月 13 日。

❸ Kitkat 是雀巢公司的产品,是一种巧克力方块,是需要"break"(掰开或是截开)的爽脆食物。所以这里的广告作用是把 break 字两用,一指"歇息",一指"掰开",属于对 break 的妙用。

为商标。❶

从表达自由的观点看，以获得显著性作为对商标注册拒绝理由的限制，可能存在问题：以前被认为不具备显著性或具有描述性或通用性的标志，一旦获得显著性，则除了其新发展出来的特有含义外，其原有含义仍将继续同时存在，则就此类标志申请商标注册的，可能存在一定的风险。这种风险，即如果这类标志被注册为商标，则就其（间接）描述的、通用的、富于表现的以及社会文化政治方面的含义而言，它们也许会成为难以接近的标志，从而构成对竞争的妨碍。

对缺乏显著性的标志来说，对其第二含义加以使用的资格或能力在很大程度上将依赖于对获得显著性的检验及证据。在本节，笔者将检查显著性的获得如何评估，特别是要求获得的显著程度、获得显著性的证据等问题。此外，笔者将在法理上讨论是否有必要将特定类型的标志排除在获得显著性范围之外，而这关系到本书对商标权利限制的讨论。

一、获得显著性概述

显著性是商标法的核心，可以说，商标的所有意义都建立在显著性的基础上。商标的显著性即商标的区分能力，作为商标必备的属性，得到了各国商标立法以及包括《巴黎公约》和《知识产权协议》在内的产权国际条约的普遍承认。显著性也被我国台湾学者称为"特别显著性"，"所谓'特别'系指商标本身具有与众不同之性，能引起一般消费者之注意而言；所谓'显著'，系指依一般生活经验加以衡酌，其外观、称呼及观念，与其指定使用的商品之间的关系，足以资借以与他人商品相区别，亦即有商品商标志别适应者而言。"❷ 换言之，商标权的建立不以创造性为基础，无论何种标志，只要能够其含义或者所产生的观念与特定的产品或服务本身

---

❶ ECJ 7 July 2005 Société des produits Nestlé SA v. Mars UK Ltd（"Have a Break"），Case C 353/03，[2005] ECR I-06135.

❷ 参见我国台湾地区"行政"1984年度判字第461号判决。转引自曾陈明汝：《商标法原理》，中国人民大学出版社2003年版，第114页。

没有直接相关,具有标志商品来源并与其他经营者的商品相区别的功能或者说作用,就符合显著性要求。

依据不同的标准,可对显著性作出不同的划分。就显著性取得方式的不同,商标的显著性可分为固有显著性和获得显著性。而依据商标显著性程度的差异,显著性不仅有强弱之分,也是动态的、可变的;原本没有显著性或缺乏显著性的标志,可以通过使用获得显著性,原本具有显著性的标志也可能失去其区分功能,演变为不具备显著性的符号。

固有显著性是指一个标志具有天然的显著特征,按照传统理论,具备固有显著性是指商标标志不能被合理地理解为是对其所附着产品的描述或装饰,消费者会自动将这种标志视为产品出处的表征。❶ 获得显著性也称"第二含义",或者说通过使用取得的显著性❷,是指原本缺乏显著性的标志通过长期连续使用产生了新的含义,在消费者和商业中被认为具有区别出处的作用,即经过后天努力取得的显著性。按照宜于获得商标保护的适格程度和保护强度的不同,可将标志分为通用标志、描述性标志、暗示性标志、臆造标志和任意性标志。❸ 其中,暗示性标志、臆造标志和任意性标志为具备固有显著性的标志,而通用标志和描述性标志属于不具有固有显著性、但可以通过使用获得显著性的标志。

臆造标志由杜撰的文字、词汇构成,并无特定含义,人们创设这类标志的目的就是作为商标使用,其唯一性和独特性使自己成为理想的商标标志,显著性最强,有助于获得商标独占权。任意性标志由既存词汇文字等构成,虽然已经具有自身的含义,却与商品或服务的特征和属性之间没有直接联系,其显著性低于臆造标志。暗示性标志由常用语构成,其特点是使用比喻、暗示等隐晦的手法提示消费者通过想象、推理或思考将自身与特定的商品或服务相联系,属于显著性较弱的标志。至于通用标志和描述

---

❶ Barton Beebe, The Semiotic Analysis of Trademark Law, 51 *UCLA L. Rev.* 621 – 702 (2004).

❷ 黄晖:《驰名商标和著名商标的法律保护》,法律出版社2001年版,第14页。

❸ Abercrombie & Fitch Co. v. Hunting World, Inc., 537 F. 2d 4 (2d Cir. 1976).

性标志，由于它们是对商品或服务的特征、质量等的直接描述或者指代某一类或者某一种产品或服务的名称或标志，因此是不具有与生俱来的显著性的标志。从商标注册对显著性的要求来看，暗示性标志、臆造标志和任意性标志符合商标注册立法对显著性的要求，即具有法律上的显著性或者说潜在的显著性即可注册；而通用标志和描述性标志则因为缺乏显著性不得注册，只有在通过使用获得事实上的显著性，方能取得商标权。

TRIPs协议第15条"可保护客体"便是获得显著性规则的体现。依据该规定，如标志无固有的区别有关货物或服务的特征，则各成员可以由通过使用而获得的显著性作为注册的条件。此外，欧共体商标一号指令第3.3条与《欧共体商标条例》第7.3条、我国《商标法》第11条也是有关缺乏显著性的标志获得显著性后可注册为商标的规定。在许多国家，以缺乏显著性为由驳回注册申请的，如果商标因为使用而在申请注册的商品和服务上具有显著性，可以克服该驳回理由。❶

获得显著性的合理依据在于，承认一个标志在市场使用所产生的结果，并赋予其商标专用权，不仅是对市场主体在商品竞争中付出努力取得的经营成果的承认，也有助于维护消费者的利益。❷ 从商标权利与商业表达自由平衡的角度来说，获得显著性规则构成对商业表达自由的限制，有利于保护合法的商标权益，有助于防止搭便车等商标侵权行为。可以说，为了防止商标权的不当扩张，有必要以商业表达自由予以平衡，而为了防止其他经营者假借商业表达自由实施搭便车等商标侵权行为，有必要以获得显著性规则进行反向限制。

二、获得显著性的检验及相关证据

缺乏内在显著性的标志是否获得事实显著性，由商标主管机关评审决定。在欧洲法院（ECJ）看来，获得显著性由主管当局根据"标志成为表

---

❶ www.wipo.int/sct/zh/meetings/pdf/wipo_strad_inf_5.pdf，访问日期：2011年10月13日。

❷ 吴汉东主编：《知识产权法》，法律出版社2003年版，第198页。

示有关产品来自特定企业的来源指示,从而使此产品能够与来自其他企业的产品相区分的证据"全面评估确定,❶ 获得显著性必须是有关标志被作为商标加以使用的结果,因此具备了商标的特征和功能。❷ 有关检验需要明确测定,相关公众或至少是相关公众的大多数是否必须以这些因素为基础,根据该商标来识别商品来源于特定企业。❸ 此外,该检验必须按照此前的拒绝理由和有关公共利益来解释,因为《商标指令》第3.3条与《欧共体商标条例》第7.3条仅为拒绝注册绝对理由的例外,并且它没有为商标注册提供独立的权利。❹

就拒绝注册的理由以及获得显著性而言,问题的关键在于"假定某类商品或服务的普通消费者是掌握了适当信息的、谨慎和观察力敏锐的理性人。"❺ 通常情况下,公众在整体上被视为所有潜在的消费者。例如,德国Lotto一案涉及就"Lotto"一词在彩票游戏上注册商标的问题,德国联邦最高法院确认,德国下级法院裁决中有关相关公众,不仅应当包括对彩票有兴趣的人,即固定消费者,还应当包括所有那些仅仅偶尔对玩彩票有兴趣的公众。❻

商标权具有地域性,因此,在衡量是否获得显著性时,还必须考虑获得显著性的地域范围时。例如,欧共体商标获得显著性的条件就必须符合

---

❶ ECJ 4 May 1999 Windsurfing Chiemsee Produktions- und Vertriebs GmbH (WSC) v Boots- und Segelzubehör Walter Huber and Franz Attenberger, Joined Cases C-108/97 and C-109/97 [1999] ECR I-2779.

❷ ECJ 18 June 2002 Koninklijke Philips Electronics NV v. Remington Consumer Products Ltd., Case C-299/99, [2002] ECR I-5475.

❸ ECJ 4 May 1999 Windsurfing Chiemsee Produktions- und Vertriebs GmbH (WSC) v Boots- und Segelzubehör Walter Huber and Franz Attenberger., Joined Cases C-108/97 and C-109/97 [1999] ECR I-2779.

❹ ECJ 7 September 2006 Bovemij Verzekeringen NV v Benelux-Merkenbureau. ("Europolis"), Case C-108/05, [2006] ECR I-07605.

❺ ECJ 18 June 2002 Koninklijke Philips Electronics NV v. Remington Consumer Products Ltd., Case C-299/99, [2002] ECR I-5475.

❻ BGH 19 January 2006 ("LOTTO"), GRUR. 760 (2006).

"在欧盟主要领域内，该标志不存在《欧共体商标条例》第 7（1）（b）（c）（d）有关驳回注册理由的规定情形。"❶ 此外，如果标志仅在一种语言中——例如法语中具有描述性，则应当在使用该种语言的领土范围内考虑其获得显著性。❷

提交给商标主管当局的、用于证明获得显著性的证据，必须是明确可靠的，将有关标志作为商标加以使用的证据。事实上，有关获得显著性的证据的种类，似乎多数情况下具有详细却无法证实的性质。证据主要包括商业资料的数量，称不上对事实显著性的定性。在基姆冲浪 Windsurfing Chiemsee 一案中，欧洲法院（ECJ）设定了可用于决定获得显著性的标准。具体包括以下几点：(1) 标志占有的市场份额；(2) 标志使用的频率、地域范围及时间长度；(3) 企业为推销该标志而投入的资金；(4) 借助该标志将商品与其来源特定企业联系的相关消费者的比例；(5) 以及商业和制造业或其他贸易和专业协会的声明。❸ 在初审法院（CFI）看来，上述五个标准是获得显著性的"直接证据"。此外，初审法院（CFI）还承认的次要证据有以下几类：(6) 销售额；(7) 广告宣传材料；(8) 使用持续时间。❹

在某些地区，通用类标志获得显著性的标准十分严格。在某一标志已经成为惯常使用符号的情况下，有关使用某一标志以保持其显著性的监督和检测报告不足以说明该标志获得了显著性，无论是营业额还是在广告宣传上的投资材料都不足以用以证明显著性的获得。无论如何，申请人都必

---

❶ CFI 5 March 2003 Alcon Inc, formerly Alcon Universal Ltd v. OHIM（"BSS"），Case T-237/01，[2003] ECR II-00411.

❷ ECJ 7 September 2006 Bovemij Verzekeringen NV v Benelux-Merkenbureau.（"Europolis"），Case C-108/05，[2006] ECR I-07605.

❸ ECJ 4 May 1999 Windsurfing Chiemsee Produktions- und Vertriebs GmbH（WSC）v Boots- und Segelzubehör Walter Huber and Franz Attenberger.，Joined Cases C- 108/97 and C-109/97 [1999] ECR I-2779.

❹ CFI 12 September 2007 Glaverbel SA v Office for Harmonisation in the Internal Market （Trade Marks and Designs）（OHIM），Case T-141/06，[2007] ECR II-00114.

须证明公众确实已经认为有关标志与众不同,有其自身特征。高度显著性的获得也有着同样的要求。例如,在欧洲,就地理名称申请注册商标的,如果该地理名称十分出名,则只有经过长期密集的使用,企业申请注册的标志才能根据商标指令第3.3条的规定获得显著性。❶ 事实上,欧洲法院(ECJ)没有指示注册当局一直要求以调查证据的形式提交有关获得显著性的证据。在上述8个标准中,只有标准(4)与消费者感知这一直接事实证据有关。此外,在欧洲法院看来,"对申请注册商标的标志来说,共同体的法律没有排除主管当局用于评估其显著特征的手段,在这一点上,根据其国内法规定的条件,求助于民意调查作为评估的指导,有着特殊困难。"❷ 笔者认为,这一声明可能阻碍调查证据——有关消费者感知的直接证据的唯一形式——的使用;但是,从商标法自身的正当性以及表达自由的正当性来看,对存在于消费者之中的事实显著性的评估是必需的。因此,无论前述三大拒绝理由是否被驳回,标志都应当在商业中具备显著性。在这个方面,值得一提的是德国联邦最高法院。德国联邦最高法院要求显著性必须达到的程度是50%以上的相关公众,并且对高度描述性标志来说,像使用在巧克力产品上的"Kinder"(儿童),显著性的一致知悉是必需的。❸

根据商标、工业品外观设计和地理标志法律常设委员会(SCT)的统计,在一般情况下,商标如果被足够多的相关公众视作一个贸易商的商标,可以被认为具有显著性。调查显示,非传统商标取得显著性的标准与适用于各种商标的标准并无不同。在一些管辖区,使用证据是认定商标是否已经具有显著性的一个因素。通常接受的证据包括民意调查、普查、行业组织和消费者组织的说明、文章、小册子、样品、营业额和广告及其他各种宣传的证据、成功打击侵权者的证据。此外,还应出示商标使用方式的例

---

❶ ECJ 4 May 1999 Windsurfing Chiemsee Produktions- und Vertriebs GmbH (WSC) v Boots- und Segelzubehör Walter Huber and Franz Attenberger. , Joined Cases C- 108/97 and C-109/97 [1999] ECR I-2779.

❷ 同上。

❸ BGH 20 September 2007 (Kinder Ⅱ - "Kinderzeit"), GRUR. 1066 (2007).

子（手册、包装等）、使用的时间和使用量，后者尤为重要。此外，使用的必须是申请商标，不是差异很大的变体，而且使用必须是在商标申请中的商品和服务上的使用。❶

三、获得显著性的部分排除

显著性的获得需要调查材料予以证实，因此必须充分满足显著性有关标志区分能力的要求。然而，为了保证标志所具有的原本（间接）描述性的含义、通用意义等含义的可得性，这些标志及其意义需要予以保留。因此，无论是授予商标权利，还是法院解释商标权利的范围，抑或需要对商标权利加以限制的时候，从保有有关标志最初含义自由的观点出发，应当拒绝这些标志的商标注册申请或者拒绝给予商标权利的保护，从而将其保留以供第三方获得和使用。

在《美国商标法》中，通用标志以及某些具有高度描述性的标志（包括某些标语）在法理上都被排除在获得显著性范围之外。因为，对通用标志商标权的承认会极大地妨碍以通用语命名的商品或服务市场的竞争。面对预期消费者，竞争者拒绝使用某术语来命名有关商品或服务，将对涉及其产品性质或特征方面的信息交流产生极大不良影响。消费者将被迫要么花费额外的时间和金钱调查相互竞争产品的特征，要么向已经在广为人知的通用语上注册商标的权利人支付额外费用。无论如何，销售者不能从公共领域中移走一个通用语，把使用替代名称的重担扔给其他竞争者；在通用语与特定使用者之间建立联系的成功，亦不能对抗授予商标权的禁止性规定。虽说在某些情形下，公众会根据名称将某一产品与其唯一或主要生产者相联系，但这种联系的证据对该措辞而言，并没有建立起来源意义，因此不能用于支持商标权利的主张。尽管此类第二含义的受惠者可能有权利反对对来源的不实陈述，但维护通用标志可用性的公共利益排除了对商

---

❶ www.wipo.int/sct/zh/meetings/pdf/wipo_strad_inf_5.pdf，访问日期：2011年10月20日。

标权的承认。因此，除非标志的通用意义事实上已经废弃，否则即使存在有关第二含义的证据，也无法在通用语上确立商标权。❶

笔者认为，仅仅依靠商标拒绝理由所具有的限制作用，不足以保护源自表达自由的公共利益，因此需要从法理上排除某些标志的获得显著性。这种对某些标志获得显著性的排除对商标法来说并不陌生，因为它也适用于商标法中有关拒绝注册理由的规定。以《欧共体商标一号指令》第3.1.e条和《欧共体商标条例》第7.1.e条所包含的拒绝理由为例，这两条规定声称，特定外形构成的标志不得注册为商标，"由商品本身的性质决定的外形，取得某种技术效果所必需的外形，赋予商标实质价值的外形，不得注册。"如前所述，在商标理论上，出于商标显著性的要求以及反垄断和鼓励自由竞争的考虑，此类标志因具有功能性特征而不能取得商标权，这一理由同样可适用于对某些标志获得显著性的排除。

在这方面，值得一提的是包含纯粹描述性部分的混合商标或（词语与图画）组合商标的获得显著性问题。在欧洲法院（ECJ）看来，这类组合商标的构成部分也可获得显著性，但这不能适用于此类标志的描述性含义。笔者认为，如果组合商标中的描述性标志通过使用也可获得保护，将对第三方表达自由构成严重的限制。例如，为了禁止其他经营者使用 Kinder（德语"儿童"）一词，巧克力生产商 Kinder 公司试图援引组合商标 KINDER BUENO（健达缤纷乐）的商标权利。德国联邦最高法院在裁决中没有指明，描述性部分 Kinder 是否获得了显著性。然而，尽管费列罗公司已经在巧克力产品上注册了 kinder 商标，却没有能够就 Kinder 一词获得商标权，因为法院认为，必须将这一描述性标志——包括在类似产品上使用的 Kinderzeit（童年）和 Kinder Kram（孩子的东西），保留给第三方使用。从表达自由的视角看，Kinder 一词确有必要留下，以供所有的第三方使用。❷ 当然，为了在自己的产品或服务上使用一个完全为描述性的标志，

---

❶ Restatement (Third) of Unfair Competition. § 15 (2007).
❷ BGH 20 September 2007（Kinder II－"Kinderzeit"）, GRUR. 1066 (2007).

第三方需要向德国最高法院提起诉讼显然也是有问题的。

要言之,出于对源自商业表达自由的公共利益的保护,必须排除高度描述性标志和通用标志的获得显著性。就混合商标或由词语和图画组合而成的商标的描述性部分来说,在商标注册中,有必要注意,标志的描述性部分没有资格成为商标,否则会对第三方的商业表达自由构成不适当的损害。

本章小结

商标确权制度主要有使用取得和注册取得两种模式,目前,包括我国在内的绝大多数国家采用的都是注册制度。商标注册制度符合市场经济对法律机制效率维度的预期和要求,经济效益十分明显,这也是其占据主导地位的原因。然而,在此种商标权取得模式下,符合显著性要求的标志在实际使用之前即可获准注册,也存在相应的负面效应:对其他经营者而言,商标所有人就某一标志取得商标权意味着同一标志被注册锁定,该标志的可利用性因此大为缩减甚至丧失,此外,尾随而来的商标抢注等投机行为也压缩了其他经营者选择商标标志的范围,进而影响商业信息的传播和交流,导致使其他经营参与市场竞争的成本更加高昂。

权利是受到法律保护的一种利益。商标权虽然是私权,是商标法为保护私人利益而设定的权利,但商标法保护的对象并不仅限于商标所有人的合法利益;作为维护市场公平竞争的法则,商标法还承担着保护消费者权益、维护社会公共利益的重任。商标法中的公共利益,主要涉及促进公平有效的竞争和消费权益保护,并以此促进公共福利。从商业表达自由的角度审视,商标作为人为创设的符号,具有传递关产品或服务信息、帮助消费者理性决策的效用,源自商业表达自由的公共利益即作为商品和服务提供人的经营者与作为商业表达接受人消费者的共同利益。平衡是现代知识产权法的基本精神,是知识法律保护的动力之源。就商标权利的取得而言,各国有关商标注册的基本要求通常是,有关标志应当具备最低限度的显著性，能够把其作为商标注册所用于的商品或服务区别开，这一规定更有利于注册申请人，则如何实现其与竞争者的商业表达自由之间的平衡成为商标注册立法应当关注的问题。为了解决这一问题，实施商标注册取得制度的国家均在立法中从反面就商标注册申请的拒绝理由加以规定。

在本章，笔者讨论了拒绝注册的三大理由，首先是对商品或服务的描述性标志，其次是通用化标志，第三种是对特定商品或服务来说缺乏显著性的标志。有关商法注册的立法通常都有关于不得就描述性标志申请注册商标的规定。从表达自由的角度审视，拒绝将描述性标志注册为商标的最重要的理由是，这类标志在有关商品和服务的属性、特征的信息交流中有着极其重要的作用，为了保护作为商品和服务提供人的经营者与作为商业表达接受人消费者的共同利益，立法需要拒绝描述性标志的注册诉求，将此类标志留下供所有人免费使用。所谓描述性标志，笔者以为，不仅是指那些直接描述"产品或服务特征"的标志，还包括描述产品或服务环境或条件的标志和间接描述性标志。

通用标志是指某一类或者某一种产品或服务的名称或标志，这类仅由在现代语言中或在善意和公认的商务实践中已经成为惯用的标志或名称构成的标志，通常也被拒绝注册为商标。首先，通用标志指向的是一类产品或服务的共有属性，由于缺乏显著性，因此也无法发挥商标的区分和识别功能。其次，从表达自由的角度而言，为了有效地与消费者交流，所有市场参与者需要、也必须能够自由使用通用标志。正是基于上述原因，在商标显著性退化或丧失、沦落为通用名称的情况下，该商标所有人的商标权利得因撤销而丧失。

获得显著性也称"第二含义"，是指原本缺乏显著性的标志通过长期连续使用产生了显著性，在消费者和商业中被认为具有区别出处的作用，则可申请注册为商标。在许多国家，如果因缺乏显著性而被驳回注册申请的标志通过使用而在申请注册的商品和服务上具有显著性，可以再次申请获得商标权。显著性的获得需要调查材料予以证实，为此，商标注册申请人需要提供证据证明，相关公众或至少是相关公众的大多数是根据该商标来识别某商品来源于特定企业的，以此充分满足显著性有关标志区分能力的要求。这里，获得显著性规则又反过来构成对商业表达自由的限制，以防止搭便车等商标侵权行为和保护合法的商标权。

  在这部分，笔者重点分析了源自欧洲法院（ECJ）的法理学说和判断标准。笔者认为，有关对商标注册拒绝的这三大理由，在一定程度上，保护了源于表达自由的公共利益，因为它确保了大量描述性和通用标志被留给第三人使用，从而充分顾及了源自表达自由的两方面利益，有助于实现保护消费者利益、商标权人利益和维护公平竞争三者之间的平衡。

第五章　商标权的效力范围与商业表达自由

为了使一些权利与其他权利相协调，每个社会都面临着分配权利和限定权利范围的任务。❶ 商标法是规制市场经济秩序的重要法律制度，它既需要保护商标权人的私人利益，也需要保护公共利益，而商标法中的公共利益主要涉及促进公平有效的竞争和消费权益保护。源自表达自由的公共利益具有两种形态，即源自商业表达自由的公共利益与源自非商业表达自由的公共利益。就本书所涉及的商业表达自由的公共利益而言，商标法需要妥善解决"没有合法的商标独占垄断权利，就不能极大地激励经济发展"与"没有提供信息和开通接近消息者的通道，就不能有效维护其他经营者和消费者的信息利益"之间的冲突。换言之，商标法需要限定商标权的效力范围，在商标法律保护与商业表达自由之间取得平衡。

商标权的限制可以理解为在一定的情况下，当商标权人的权利与其他人的正当利益发生冲突时，为平衡及公正地保护各方的利益而对商标权作出的必要限制。❷ 如前所述，商标在权利内容上主要表现为"专用权"与"禁止权"两方面，商标禁止权通过排斥他人对权利客体的占有、使用和控制，实现商标所有人对商标使用的独占和垄断；与此同时，为避免损害商业交流，商标法为第三方经营者在比较广告中对商标的合理使用留下了

---

❶ ［美］博登海默著，邓正来译：《法理学——法律哲学与法律方法》，中国政法大学出版社1999年版，第298页。
❷ 冯晓青：《知识产权法利益平衡理论》，中国政法大学出版社2006年版，第667页。

空间，同时还允许对商标的指示性和描述性使用，商标法就是通过这样的方式界定了商标权利的范围，换言之，商标法通过对商标权利的限制换得了对源自商业表达自由的公共利益的保障。

由于商标权是一种阻止竞争对手在相同或类似的商品或服务上使用相同或近似商标的专有权（在商标驰名的情况下还可扩展至不相同、不近似的商品或服务类别），商标保护会对竞争对手的经营活动造成阻碍，因此，从商标法的宗旨来看，促进经济发展、维护公平有效的竞争，必须平衡商标所有人与其他经营者之间的利益。商标法保护第三方经营者的商业表达自由，并通过保护这种向消费者提供信息的权利，相应地保护了消费者接收信息的利益。有鉴于商标权利的行使可能损害第三人与消费者之间的交流，以致侵害他们的商业表达自由，笔者将于下文就商标权利的范围与商业表达自由的平衡展开探讨。

第一节 合理使用与商业表达自由

商标权具有排他的效力及经济利用价值，并且是具有永续发展及传承的知识产权，但该权利在一定情况下受到限制，其使用具有阻却违法性。[1]凡权利必有其边界，没有限制的权利会被滥用，以致危害公共利益。法律对商标权利的保护亦有其范围，在不会引起混淆和淡化的前提下，对商标的正常合理使用应予允许，并构成对商标权利的限制。此类限制主要包括合理使用、商标权利用尽、商标在先使用权以及对商标的非商业性使用等。其中，与商业表达自由相关的合理使用主要指描述性使用、指示性使用和比较广告中的使用。

一、合理使用概述

所谓合理使用是指对描述性商标以善意正当的方式进行的商业性使

---

[1] 曾陈明汝：《商标法原理》，中国人民大学出版社2003年版，第76页。

用❶，属于法定阻却理由，因此不必征得商标权利人的许可，也不必支付对价。合理使用制度是商标法的重要组成部分。TRIPs 协议第 17 条对此作出了原则性规定，"各成员方可对商标所授予的权利规定有限的例外，如合理使用描述性词语，只要此类例外考虑到商标所有权人和第三方的合法权益。"❷ 此外，《欧共体商标一号指令》第 6 条和第 12 条、《美国兰哈姆法》第 33 条第 2 款第 4 项、《日本商标法》第 26 条均有关于商标合理使用的规定。广义的合理使用不仅包括对商标的描述性使用、指示性使用和在比较广告中的使用这类商业使用行为，还包括滑稽模仿、新闻报道等非商业合理使用行为。本书所言及的合理使用主要是指商业性使用，也被称之为狭义的合理使用。

从公平的角度讲，商标权人在其商标上投入大量的人力、物力，通过大量的使用行为，使其商标的意义从信息来源到质量担保及商誉保护，发挥的是真实的信息转换器的作用。❸ 然而，用于界定商标权利范围的标准在法学理论中逐步扩张，与此同时，有关商标权利限制的解释则受到拘束。这意味着，商标权利的行使可能损害第三方经营者与消费者之间的交流，以至侵害他们的商业表达自由权利，因为商标权利实施所带来的限制在原则上既不正当也不适宜。❹ 在商标权利人禁止第三人通过使用商标这样有效的方式与消费者交流的情况下，商业表达自由可能受到侵犯；特别是在禁止把商标作为指示符号或禁止在比较广告中把商标作为描述符号加以使用的情况下，这种交流变得困难或无法进行。对未经许可的经营者而言，对商标的指示性使用十分重要。在市场上，为了告知消费者自身是有关商品或服务的销售者或修理者，企业确实需要使用他人商标，例如在替代剃

---

❶ 吴汉东主编：《知识产权法》，法律出版社 2004 年版，第 221 页。

❷ http://www.sipo.gov.cn/sipo/flfg/zscq/gjty/200703/t20070329_148066.htm，访问日期：2011 年 10 月 20 日。

❸ 崔立红："商标权利益选择的合理性评价"，载《法学论坛》2002 年第 6 期。

❹ Wolfgang Sakulin, *Trademark Protection and Freedom of Expression*, the Netherlands: Boxpress BV, Oisterwijk. 203（2010）.

刀的包装上使用 Gillette（吉列）商标以告知消费者，这些刀头可用于 Gillette（吉列）牌刀架。在商业中，对经营者、新手和小商家来说，这类在备件或零件上的指示性使用是必不可少的，对他们来说，如果没有这类指示符号，将很难甚至不可能实现向消费者指示其产品的目的。

第三方经营者对商标的描述性使用有以下两种方式。第一种是，第三方需要使用诸如 SPA 之类地理方面的描述性标志的，例如，尽管已经有商家就 Spa 一词在矿泉水上享有商标权利（比利时 SPA 丝帕矿泉水❶），但并不妨碍其他经营者为表明产品来自比利时 Spa 小镇而使用 Spa 标志。在这种情况下，该标志自身有一个普通（非商标的）的描述性含义可供人使用。特别是在描述性较弱或具有部分描述性的标志享有商标权利的情况下，第三方对该标志的这种描述性使用就会受到妨碍。在对这种描述性使用的讨论中，因此也会涉及第四章对"拒绝描述性标志注册的理由限制了商标权授予"的分析，但根据商业表达自由，这一拒绝理由必须延伸至包括"间接描述性标志"。第二种描述性使用则是为了告知消费者有关商业信息的使用，例如，"我们的产品使用了××品牌的标准"。在这个例子中，对商标这种使用是描述性的，但只涉及该标志的商标意义，而不是该标志的普通描述性意义。比较广告中对商标的使用有利于对商品或服务进行高效比较。例如，为了让消费者知悉替代选择的存在，电信市场中的竞争者可能在比较广告中使用商标指代市场龙头企业或其产品。同样，如果不使用竞争者的商标，价格比较也无法进行。

商标法上的合理使用作为一种最重要的侵权抗辩事由适用于描述性商标。描述性商标由普通标志构成，多为表示商品或服务的质量、材料、用途等的描述或含有地理名称的标志。根据商标法有关注册显著性的要求，这类标志虽然缺乏固有显著性，却可以通过使用获得显著性从而注册为商标，但其显著性程度不高，所注册的商标亦为弱商标，因此，在使用中与

---

❶ Spa 这个词来自从古罗马的 SPARSA，其意思就是"喷涌"。现在，Spa 在英语等语言中已经成为温泉站和温泉水的代名词。

第三方经营者商业表达自由之需要发生冲突时，无法像强商标那样加以排斥和禁止。对商标所有人来说，选择此类标志固有表现直接和便于记忆等优点，但出于竞争政策的考量，立法中则不宜让此类标志为人独占，换言之，源自表达自由的公共利益为第三方经营者的使用行为提供了正当性。

二、描述性使用

描述性使用（Descriptive Fair Use）是指经营者使用他人商标描述自己的商品或服务的行为。描述性使用构成商标侵权的法定抗辩事由，对此，各国立法均有规定。《欧共体商标一号指令》第6条以及《欧共体商标条例》第12条将描述性使用作为对"商标效力的限制"加以规定，"商标赋予其所有人的权利不得用来禁止第三人在商业：a）使用其姓名和地址；b）使用有关商品或服务的种类、质量、数量、用途、价值、地理来源，或商品的年代或服务的提供年代，或商品或服务的其他特征的指示……"《美国兰哈姆法》第33条对叙述性使用的规定是，"将并非作为商标，而是对有关当事人自己的商业上的个人名称的使用，或对与该当事人的产地有合法利益关系的任何的个人名称的使用，或对该当事人的商品或服务，或其地理产地有叙述性的名词或图形的使用，作为合理使用。"《日本商标法》第26条所规定的"商标权的效力不及的范围"与上述规定类似，更特别在立法中明确规定，此类商标包括构成其他商标组成部分的商标。我国《商标法实施条例》以及台湾地区商标法第23条对此也有规定。

描述性使用往往涉及描述性商标，有人因此将描述性使用定义为"善意地使用与具有第二含义商标相同或近似的描述性商标标志，即使用以普通名词、描述性名词、地理名词、姓名、名称、颜色本身等作为商品标志的行为"。然而，对他人商标的描述性使用与描述性商标并非同一概念。所谓描述性商标是由对商品或服务的成分、质量、特点、功能、特征、目的或用途等加以描述的标志构成的商标；由于描述性标志不具有固有显著性，因此只有在通过使用获得显著性——产生了能够指示商品或来源的第二含义的条件下，方可成为商标、受到商标法的保护。根据美国法院傅瑞德的商标五分法，商标可分为包括臆造商标、任意商标、暗示商标、描述性词汇和通用名称，虽说描述性使用的对象在通常情况下是描述性词汇，但这并不妨碍第三方经营者使用其他类型的商标来描述自己的商品或服务。以"本企业孕妇装防辐射服使用了添香标准"为例，"添香"❶ 是驰名防辐射服装品牌，而"添香"一词来自古代的诗文里的"红袖添香"一语，红袖借指年轻貌美的女子，添香指焚香，❷ 现将"添香"用在孕妇装防辐射服这类商品上，以指示该产品的来源，显然，该商标为任意性商标而非描述性商标，这个例子中的使用则是描述性的使用。❸

描述性合理使用的目的在于保护竞争者对自身产品进行描述的自由，❹ 则第三方经营者对他人商标的描述性使用，可根据他人商标被使用含义的不同划分为两种。此划分方法有助于理解立法缘何将描述性使用作为商标侵权的抗辩事由。

第一种描述性使用是对商标原始含义或者说普通含义的使用。以描述性商标为例，叙述性标志可在获得"第二含义"（次要含义）的情况下注册为商标，与此同时，其原有的普通含义、基本含义或者说第一含义仍然存在；因此，如果第三方经营者只是使用该商标的第一含义来描述自身的商品或服务，且这种使用又不会导致消费者误认或混淆对商品或服务来源的，就应认定该行为不构成对商标权利的侵害。例如，白蒲黄酒❺商标的商标权人就不能禁止他人使用白蒲这一地名来表明商品或服务的来源。由于描述性商标由具有普通含义的描述性标志构成，描述性商标成为合理使

---

❶ 添香是隶属于上海翰纳森企业的一个高端防辐射服装品牌，在美国、新加坡和我国台湾地区等享有很高的知名度。

❷ 旧指书生学习时有年轻貌美的女子陪读。典出自清人魏子安《花月痕》第三十一回："从此绿鬓视草，红袖添香，眷属疑仙，文章华国。"

❸ Roger E. Schechter and John R. Thomas, *Intellectual Property: The Law of Copyright, Patents and Trademark*, St. Paul, Minn.: Thomason West. 248 (2003).

❹ 陈丽娟、郑光辉："商标合理使用制度及立法完善"，载《福建政法管理干部学院学报》2005 年第 1 期。

❺ 白蒲仅是如皋市一乡镇名称，该黄酒商标仅描述了商品的产地，而不传达任何其他信息，属于欠缺显著性的商标。

用的主要对象。此外,任意商标和暗示商标所使用的标志均来自公共领域,因此任何人无权独占其原有的基本含义,第三方经营者亦得有权用以描述其商品或服务。

第二种描述性使用主要涉及对商标第二含义的使用,目的是为了告知消费者有关商业信息,换言之,这种使用是建立在描述性使用而不是商标性使用的基础之上的使用。臆造商标由杜撰的文字或词汇构成,与所标示的商品或服务本无任何关联,在经过使用后,市场赋予该臆造词以含义,即作为特定商品或服务商标的含义。❶ 描述性商标、任意标志和暗示标志的基本含义,要么与商品或服务无关,要么是对商品或服务特征的暗示,因此虽然不具有固有显著性,仍得注册为商标,用以指示核准使用的商品或服务的来源,与特定商品或服务建立特定的联系,因此也具有作为商标的含义。但这并不妨碍第三方经营者使用他人商标告知消费者有关其商品或服务的质量、数量、主要原料、用途、价格或其他特点的信息,在此种情形下,第三方经营者对他人商标的使用虽然涉及该标志的商标意义而不是该标志的普通描述性意义,但在使用方式上并没有把他人的商标当作指示自己商品或服务的符号或标志。正如美国学者谢希特指出,"描述性合理使用抗辩并不取决于商标所有人的商标根据通常的方法是否归入叙述商标的类别,关键在于被告是否使用这些词汇公平且准确地描述其商品或服务。"无论何种商标,只要第三方经营者的使用是为了向消费者传递有关商品或服务的信息,而不是将其作为商标加以使用,不会导致消费者的混淆和误解,就有可能构成描述性合理使用。当然,总体而言,描述性合理使用规定的出现,主要是对于商标法允许一些没有先天显著性的文字、图形或记号注册为商标,而使商标在消费者中更多地体现为"第二含义"的情况下,为了他人能够在普通意义上使用该文字、图形或记号(即对商标的"第一含义"的叙述)而作出对商标权的合理限制。❷

---

❶ 彭学龙:《商标法的符号学分析》,法律出版社 2007 年版,第 131 页。
❷ 黄瑞耀、赵吟佳、王霄飞、黄秀芬:"商标合理使用制度探析",载《浙江工业大学学报(社会科学版)》2008 年第 4 期。

三、指示性使用

指示性使用是指第三人因描述性商品或服务而需要提及另一种商品或服务时对他人商标进行的合理使用。❶ 允许指示性使用也是顾及一般公众了解与产品有关的真实信息的角度对商标权做出的限制,从商业表达自由的角度看,为了保护消费者的这种利益,商标法需要赋予其他经营者在其商业交流中使用他人商标向消费者提供信息或进行交流的权利和自由。

TRIPs协议第17条对"缔约方可以规定对商标所赋予权利的例外"是有关商标合理使用的依据,条件是这样的例外顾及了商标所有者和第三方的合法利益。1993年12月通过的《欧共体商标一号指令》第6条c)规定,"商标赋予其所有人的权利不得用来禁止第三人在商业中为标示商品或服务的用途,尤其是作为零配件所必须时,使用该商标。但这种使用应符合工商业的诚实惯例。"《欧共体商标条例》第12条"共同体商标效力的限定"(c)的规定与之类似。《法国知识产权法典》第713-6条第2款和《德国商标法》第23条第3款、《日本商标法》第26条均为有关指示性使用的规定。在商标合理使用的问题上,美国不仅通过《兰哈姆法》对其加以规定,更通过司法实践创设指示性合理使用(Nominative Fair Use),作为法定合理使用之补充。指示性合理使用最早是在1992年New Kids On The Block v. News America Publishing, Inc.一案中确立的,在之后的2002年Playboy Enterprises Inc. v. Terris Welles一案得到进一步的发展,2003年的Brothers Records, Inc. v. Jardine一案对该原则的构成要件进行实质性的修订与完善,以更好地协调其与法定合理使用原则的关系。❷

指示性使用是描述性合理使用的必要补充,与描述性使用同为商标合理使用的一部分。与描述性使用相比,此种合理使用侧重于保障消费者的知情权,自然也属于经营者在其商业交流中使用他人商标向消费者提供信

---

❶ 刘明江:《商标权效力及其限制研究》,知识产权出版社2010年版,第183页。
❷ 邱进前:"美国商标合理使用原则的最新发展:The Beach Boys一案评析",载《电子知识产权》2005年第5期。

息或进行交流的范围之列。对"描述性合理使用"和"指示性合理使用"的区别,第九巡回区法院在 Cairns v. Franklin Mint Co. 案中有相当精确的阐述,"如果被告使用了原告的商标来说明原告的商品……那么此时用指示性合理使用进行分析是合适的;当被告使用了原告的商标,仅仅是用来说明他自己的产品,而根本不是来描述原告的产品,那么,就应当适用描述性合理使用进行分析。"❶ 因此,McCarthy 亦称之为"被提及的合理使用",意指在某种特定情形下,使用者为提及或指示商标所有人的商品或服务,而不是使用者自己的商品或服务,在不造成混淆的条件下,可以不经权利人许可,使用他人的商标。❷ 在指示性合理使用中,行为人使用他人商标,意在使消费者将该商标与特定的商品或服务相联系,进而知晓自己的商品或服务与商标权人的商品或服务的关系,如维修、组配、兼容、对比关系等。尽管所有的商标都可用于指示性使用,但对第三方经营者来说,此种使用的目的是让自己的商品或服务为消费者所知,如果使用的是名不见经传的商标,其效果可想而知,因此,通常情况下,被使用的商标为驰名商标。

指示性合理使用的实质在于,在符合工商业诚实惯例的前提下,行为人不使用他人商标来指示有关商品或服务,就无法向消费者恰当地传达相关信息。就欧洲法院审理的宝马(BMW)案中,法院指出,案中被告使用BMW 的商标为了指示其究竟针对何种商品提供修理和维护服务。如果禁止使用原先的商标,被告将无法向公众传达他有能力维修这一车型的信息。❸ 因此,如果使用不当,使消费者产生混淆、误认,或者损害了驰名商标的声誉,第三方经营者的使用行为便滑向了侵权而不是合理使用。

---

❶ Cairns v. Franklin Mint Co. 292 F. 3d 1139, 63 U. S. P. Q. 2d 1279 (9th Cir. 2002).

❷ J. Thomas McCarthy. 2 *McCarthy on Trademarks and Unfair Competition* (4th ed.), Eagan: Thomson Reuters/West 2008.

❸ 黄晖:《驰名商标和著名商标的法律保护》,法律出版社 2001 年版,第 194 页。

四、比较广告中的使用

"广告"一词源于拉丁语"注意""诱导",具有"广而告之"的意思。广告是一种对广告受众具有强烈刺激作用和说服力的宣传形式,其目的在于促进各种社会团体或者个人广泛地进行观念与信息的交流。❶ 信息是当今社会赖以生存的重要资源,美国传播学者认为,信息需要通过传播,传播就像血液流经人的心血系统一样流过社会系统,为整个有机体服务。❷ 广告具有信息功能,现代广告提供的消费信息极大地丰富了消费者的选择范围和消费内容,并对生产发挥着决定性的作用。

使用人在广告中将自己的产品与商标所有人的产品相媲美,亦即比较广告。欧洲联盟理事会《关于误导广告和比较广告的指令》中将比较广告定义为,"任何明确或含蓄地提及竞争者或竞争者的商品或服务的广告。"❸ 美国实务界则把比较广告定义为,"将同一类型的商品的等级特别列举出名称,或者为使消费者认识而提示出两个以上的厂商或企业名称予以比较,并且,对商品的一个以上的特定功能予以比较的广告。"❹ 基于对比较广告性质及利弊认识的不同,世界各国对比较广告的态度并不一致,反映在立法和司法中,表现为有禁止者、有允许者。其中,商标法律制度发达的美国和欧盟均持允许态度。总体来说,就是为确保消费者利益,维护自由有效的竞争,除对产品进行虚假描述以及利用比较广告误导从而导致混淆的情况之外,在比较广告中善意地使用他人的商标是合法的。❺

在美国,最早的比较广告是 1910 年的 Saxlehner v. Wagner 一案,在该案中,美国最高法院允许被告销售矿泉水时使用原告的商标,以告诉消费

---

❶ 曹新明:"比较广告之法律问题探微",载《法商研究》1999 年第 5 期。
❷ 谭英双:《广告经济分析》,西南师范大学出版社 2000 年版,第 2 页。
❸ 安青虎:《国外广告法规选译》,中国工商出版社 2003 年版,第 117 页。
❹ 孔祥俊:《反不正当竞争法的适用与完善》,法律出版社 1998 年版,第 316 页。
❺ 潘晓宁:"比较广告中的商标合理使用问题研究",载《华东理工大学学报(社会科学版)》2010 年第 1 期。

者它的水与原告的并无二致。❶ 被引用较多且典型意义较突出的是 Smith v. Chanel 一案，该案中，Smith 与原告均为香水生产商，Smith 在其广告中将自己的香水与香奈尔 5 号香水相比，以此告知广告受众，自己生产的香水具有替代作用和价格优势。美国第九巡回法院在判决中认定，该比较广告对他人商标的使用并不违法。理由是，模仿是竞争的血液，既然香奈尔 5 号并非是获得专利保护的产品，其他人的模仿不应当被禁止；并且，该比较广告有关产品价格的比较信息可使消费者获益。❷ 有关比较广告中的商标合理使用的主要立法为《兰哈姆法》第 43 条，"任何人在商业中，在任何商品或服务上或与之有关方面，或在商品的容器上，使用任何文字、名词、名称、符号或图形，或其组合，或任何虚假的产地标志，对事实的虚假的或误导性描述，或对事实的虚假的或误导性表示，（A）引起混淆，或导致欺骗，使人误以为其与他人有附属、联系或联合关系，或者误以为其商品或服务或商业活动来源于他人、由他人赞助或同意，或者（B）在商业广告或推广中，错误表示其本人的或他人的商品或服务或商业活动的性质、特征、质量或原产地，该人在任何人认为这种行为已经或可能使其蒙受损害而提起的民事诉讼中，应负有责任。"❸ 在美国，商业广告、有关产品或服务的宣传等信息传播均属于商业表达，正如笔者在第三章所阐述的，早在 1975 年，美国联邦最高法院在 Bigelow v. Virginia 一案中就已经指出，言论并不因其以商业广告的形式表达而被排除在宪法修正案的保护范围之外。因此，有关合法活动的、没有误导和不实信息、不存在混淆淡化的比较广告可以获得美国宪法第一修正案的保护，尽管其对商业表达自由所提供的保护在程度上低于非商业表达。

在欧盟，涉及比较广告中商标合理使用问题的相关法律主要有《欧洲

---

❶ 黄晖：《驰名商标和著名商标的法律保护》，法律出版社 2001 年版，第 201 页。
❷ Smith v. Channel, 402 F. 2d 562, (9th Cir. 1968).
❸ 江苏商标网，http：//www.jssbw.com，更新时间：2004 年 10 月 18 日，转引自韩赤风：《知识产权法》，清华大学出版社 2005 年版，第 154 页。

联盟理事会关于误导广告和比较广告的指令》❶和1988年《商标一号指令》。根据指令的规定，比较广告原则上是合法的，但必须满足一定的要求；同时要求欧盟各成员国不得采纳高于或低于该指令的标准。允许比较广告最有力的理由是消费者享有知情权，尤其是在欧盟各国实现产品自由流通后，市场竞争全面升级，同质可替代的商品或服务极其众多，消费者不可能完全掌握有关产品及服务的各种知识和技术，如果缺乏足够的信息，消费者的"自由选择"在实质上等于落空，为此需要给予经营者就产品和服务提供充足有效、清晰明朗的信息和资料的自由。比较广告中对他人商标的合理使用可以是描述性合理使用，也可以是指示性使用；在确定究竟构成合理使用还是构成侵权时，依旧需要讨论混淆与淡化的判断标准。对此，笔者将于本章的第二节和第三节作进一步的论述。

  作为商业广告的一种，比较广告最突出的特点在于比较，通过比较突出自身产品或服务的特性，以说服消费者或激发其购买诉求。较之其他类型的广告，比较广告向消费者提供更多、更有价值的商业信息，为消费和选择商品或服务提供更为方便的条件，但鉴于比较广告无不直接或间接涉及自己的竞争对手，或提及其产品和所提供的服务项目，商标作为指示商品或服务的标志和符号，通常也会出现在比较广告中，经营者在广告中使用自己的商标，自然不存在侵权问题，但若使用了作为比对对象的其他经营者的商标，则经营者此种使用他人商标的行为是否属于合理使用的范畴，值得考虑。显然，在自由市场中，比较广告鱼龙混杂，既存在真实有益、合法使用他人商标的比较广告，也不乏利用比较广告提供不真实信息误导消费者、侵犯他人商标权益、贬损竞争者的比较广告。从商标法的角度，如何平衡发布广告者的合理使用权、竞争者的商标权以及消费者的信息知

---

  ❶ 欧洲议会与欧盟理事会1997年10月6日通过的第97/55/EC号指令，修订了欧洲经济共同体1984年发布的第84/450号指令，并将1984年条例更名为《欧洲联盟理事会关于误导广告和比较广告的指令》（第84/450/EEC号）。

晓权，是商标合理使用制度在比较广告中适用的重点。❶

第二节 禁止混淆与识别保护

正如有关学者指出的，商标的权利无论是通过使用、注册或驰名产生，其保护的基本依据都是建立在避免混淆之上的。❷ 商标的基本功能是表彰来源和区分产品，而避免混淆，不外乎重点保护商标的识别和区分功能，商标的品质担保功能是识别和区分功能的延伸。商标法中的禁止混淆和识别保护主要影响的是与商标所有人相竞争的经营者的商业表达自由，作为竞争者，这些经营者所提供的产品或服务与商标所有人相同或类似，因而需要在比较广告中使用他人商标或者对他人商标进行指示性使用或描述性使用。

商业表达自由的主要表现形式是商标的合理使用。然而，第三方经营者对他人所有的商标在比较广告、指示性甚至描述性的使用，在大多数情况下都会落入商标法关于未经许可禁止使用的范畴，而这些使用的保护，则要寻求商标法有关合理使用的例外规定。商标法保护的核心是维持商标与特定商品或服务之间的联系不被破坏，不能说这些使用对商标的功能完全没有影响，但只要不存在混淆，就不能妨碍或限制人们为了指示商品或服务的用途或者为了向消费者传达有关商品或服务的资讯而使用他人商标的自由。商标的合理使用构成对商标权利范围的限制，商标权是私权，与建立在商业表达自由上的消费者获取有关商品或服务的不同信息的公共利益以及此种利益折射而来的公平竞争的必要性相比，显然后者是商标法的宗旨所在。

一、欧洲的合理使用与禁止混淆

商标法赋予商标所有人以独占权，此种专有权利以注册登记的商标符

---

❶ 潘晓宁："比较广告中的商标合理使用问题研究"，载《华东理工大学学报（社会科学版）》2010年第1期。

❷ 黄晖：《驰名商标和著名商标的法律保护》，法律出版社2001年版，第57页。

号为据,以核准使用的商品或服务类别为限。商标是经营者用以表彰所提供商品或服务的标志,其基本的识别功能,即向消费者指示有关商品或者服务的来源特征,使之区别于其他来源的商品或者服务的功能,如果允许任何第三人在商业中随意使用他人商标指示自己的商品或服务,则商标的作用将无法发挥,消费者亦无从识别和区分,商标制度也就失去了存在的价值。为了对抗他人非法使用注册商标、保护商标与特定商品或服务之间的联系不被破坏,商标所有人有权禁止任何第三人未经同意,在商业中,在与其注册的商品或服务相同的商品或服务上,使用与其商标相同或相似的标志,有权禁止任何第三人未经其同意,在与其注册类似的商品或服务上使用与其商标相同或相似的标志,以避免混淆的可能。有关禁止在相关商品或服务上使用权利人商标的法律规定,通常被解释为——主要目的是禁止影响商标必要功能的使用,以保证商品商标或者服务的来源识别,使消费者或者终端使用者,在不会发生可能混淆的情况下,将此产品或服务同其他产品或者服务区别开来。这种有关商标志别保护的解释将所有的指示性、比较广告中的使用和绝大部分描述性使用均涵盖在内。

事实上,商标法中的指示性使用是可诉性的,因为这种"使用"利用了商标表明商标权人产品来源的功能。在 BMW v. Deenik(德国宝马汽车公司诉 Deenik)一案中,一位在荷兰未得到授权的宝马汽车专家做广告宣称,他以前出售二手宝马汽车,并且是修理宝马车的专家。欧洲法院认为,这里宝马标志被 Deenik 用来告知公众,他从事修理和维护宝马汽车的工作。该类使用之所以是可诉的,因为就所提供的维修服务来说,Deenik 使用了商标来确认货物的来源,因此,就同样服务提供指向的货物来说,商标在这里的作用就是同其他来源的货物相区分。❶ 同样,在 Gilette v. LA-Laboratorie 一案中,LA-Laboratorie 是一家可更换剃须刀头生产商,为了向顾客表明其货物的终点,在自己生产的可更换剃须刀头的包装上采用了吉列剃须

---

❶ ECJ 23 February 1999 Bayerische Motorenwerke AG (BMW) and BMW Nederland BV v Ronald Karel Deenik, Case C-63/97,[1999] ECR I-905.

刀商标。欧洲法院认定，这属于指示性使用而无须进一步讨论。❶

至于描述性使用，往往也不在商标法所赋予的商标禁止权项的范畴之内。除非是在商标意义或第二含义上使用诸如"JOY"这样属于公共领域的词汇，才会涉及不当使用。竞争对手完全可以在词汇的普通或基本含义上自由使用该词。❷ 欧洲相关的判决表明，第三方经营者对他人商标的使用通常发生在与商标所有人提供的产品或服务相同或类似的产品或服务上，因此，描述性使用的判断取决于法院综合案件实情进行的个案评估。在有关描述性使用的案件上，欧洲法院将把该使用放在《商标法指令》第5.1条有关商标禁止权的规定下进行考虑，并根据《商标法指令》第6条"商标效力的限制"的规定，商标赋予其所有人的权利不得用来禁止"第三人在商业中使用有关商品或服务的种类、质量、数量、用途、价值、地理来源，或商品的生产年代或服务的提供年代，或商品或服务的其他特征的指示"，对商标使用的描述性的评估往往根据案情最终确定。在 Hölterhoff v. Freiesleben 一案中，第三方在其销售谈话中对商标进行了描述性使用。Hölterhoff 先生，是一位宝石经销商，他向一位潜在客户表明，他过去提供的是"精神太阳"（Spirit Sun）和"环境切割"（Context Cut）宝石，而该两种宝石的标志都是 Freiesleben 先生注册的商标。Freiesleben 先生就此提起诉讼。本案的关键点在于，宝石经销商 Hölterhoff 先生和那位潜在客户都知道，这些宝石并不源自 Freiesleben 先生，而"精神太阳"（Spirit Sun）和"环境切割"（Context Cut）词汇仅仅用来描述这些宝石的特征而已。欧洲法院判定，Hölterhoff 先生对 Freiesleben 先生商标的使用，对《商标一号

---

❶ Gillette Company and Gillette Group Finland Oy v. LA-Laboratories Ltd Oy, C-228/03, [2005] E. C. R. I-2337. 在该案中，原告吉列公司拥有"Gillete"商标权用于手动刮胡刀等产品，该产品主要由刀架把手和刀片组成。被告 LA-Laboratories 也生产刮胡刀刀架手柄和可置换的刀片等产品，并在可置换刀片的产品包装上粘贴声明，告知消费者，所有被告的以及原告的刀架手柄均可适用该刀片。

❷ Jean Patou, Inc. v. Jacqueline Cochran, Inc., 201 F. Supp. 861, 865 (S. D. N. Y. 1962), sff'd, 312 F. 2d 125 (2dCir. 1963).

指令》第5.1（a）❶赋予的禁止混淆的权利并无影响，并指出：指令第5（1）款的解释应当为，第三人在商务谈判过程中透露自产货物的来源，或者仅仅使用谈论中的标志来指示他准备销售的货物的特征，商标所有权人不能依赖于其排他权禁止第三方的使用；毫无疑问，在这种情况下，所使用的商标被看做是指示商品原产企业的符号而已。❷

《欧共体商标一号指令》和《欧共体商标条例》均对商标合理使用问题做出了具体规定。《欧共体商标一号指令》第6条"商标效力的限制"罗列了三种商标所有人不得禁止第三人在商业中使用其商标的合理使用情形：a）使用自己姓名及地址的；b）用于标志产品与服务的种类、质量、数量、用途、价值、地理来源、或商品的生产中服务的提供，或商品或服务的其他特征的指示；c）为标指商品或服务的用途，尤其是作为零配件所必需时，使用该商标，但上述使用应符合工商业的诚实惯例。其中，a）、b）主要是针对描述性使用，而c）通常是针对指示性使用的情况。据此，描述性使用必须具备的条件是，①出于善意而使用他人商标，即符合工商业的诚实惯例；②该使用没有超出合理的限度；③将他人商标用于描述自己的商品或服务的特征。指示性使用必须具备的条件也有三项，前两项与描述性使用相同。第三个条件是，为标指商品或服务的用途所必需。当然，这种使用不得对商标的基本功能造成损害，不能存在混淆。这一点，在《欧共体商标一号指令》第5条和《欧共体商标条例》第9条中均有规定。

同理，比较广告中的商标使用也不得违反禁止混淆的法律规定。根据欧洲法院的观点，比较广告中商标的使用影响到商标的基本功能，因为它同时提及商标权人和广告人的产品和服务，但原则上，仅在可能引起混淆的情况下才禁止在比较广告中使用他人商标。欧共体法院于2008年对一起

---

❶ 第5条商标赋予的权利（1）注册商标赋予其所有人以独占权。所有人有权禁止任何第三人未经其同意，在商业中：a）在与其注册的商品或服务相同的商品或服务上，使用与其商标相同的标志……

❷ ECJ 14 May 2002 Michael Hölterhoff v. Ulrich Freiesleben, Case C 2/00, [2002] ECR I-04187.

由比较广告引发的商标纠纷 O2 v. H3G 作出的裁决表明，在没有造成混淆的情况下，在比较广告中引用他人的注册商标不构成商标侵权。原告 O2 公司是移动通信服务提供商。它在英国将水中气泡图形注册为商标，经核准在通讯器材和通讯服务上使用。同为移动通信服务提供商的被告 H3G 公司，提供以数字"3"为标志即打即付的"Threepay"电话预付费服务。2004 年，被告在电视广告中，使用了"O2"和与原告注册商标近似的动态黑白气泡图案，借画外音告知受众自己的费用比原告的便宜。原告于是向英格兰威尔士高等法院大法庭提起诉讼，指出被告的广告侵犯了其气泡商标的专用权。在诉讼中，原告虽然对"被告的广告未使消费者对双方的产品和服务产生混淆"这一点不存异议，但仍坚持认为，被告未经其同意在广告中使用与自己商标近似标志的行为构成商标侵权。在其诉讼请求被高等法院驳回后，原告提起上诉，上诉法院对本案涉及的比较广告中使用他人注册商标是否构成商标侵权的问题，提请欧洲法院作出初步裁决。❶ 2008 年 6 月，欧洲法院作出 C—533/06 号裁定指出，《比较广告指令》3a（1）和《一号指令》第 5 条 1（a）（b）都明确，商标所有人无权制止他人在符合《比较广告指令》第 3 条 a（1）的情况下，在比较广告中使用与其商标相同或近似的标志。在没有造成混淆的情况下，原告不能根据商标一号指令追究被告的侵权责任。❷ 欧洲法院重申，符合《一号指令》第 5 条 1（b）的侵权使用应当有四个条件，分别为：（1）对他人商标的使用系商业使用；（2）未获得商标权人的许可；（3）该标志所相关的产品或服务与商标注册的产品或服务相同或类似；（4）该使用由于在部分公众中产生了混淆可能以致影响或倾向于影响该商标的区别产品或服务来源的主要

---

❶ "欧共体法院对比较广告中使用他人注册商标是否必然构成商标侵权的问题作出初裁"，载《中华商标》2008 年第 7 期。

❷ O2 Holdings Limited and O2（UK）limited v. Hutchison 3G UK Limited, C-533/06, 2008 E. C. R. I-04231.

功能。❶

二、美国的合理使用与禁止混淆

美国商标合理使用制度的发展较完备，我国学者对该制度的介绍也尤其多。关于美国商标合理使用与禁止混淆之间的关系，有学者指出，商标权赋予商标所有人一种排他性权利。但这种排他性权利仅仅是在有关标志作为商标的意义上来说的，商标权人不能禁止他人对自己商标的所有使用形式。至于商标所有人可以禁止什么样的使用，不能禁止什么样的使用，完全由商标法的最终标准来判定，即有关使用是否会造成商品或服务来源上的混淆，或者说是否存在混淆的可能性。他人在没有造成商品或服务混淆可能性的提前下，可以使用有关商标。❷

美国有关商标合理使用的立法见诸1946年的《兰哈姆法》，其第33条明确规定："将并非作为商标，而是对有关当事人自己的商业上的个人名称的使用，或对与该当事人的产地有合法利益关系的任何人的个人名称的使用，或对该当事人的商品或服务，或其地理产地有叙述性的名词或图形的使用，作为合理使用；当然这种使用必须是只用于叙述该当事人的商品或服务的正当地、诚实地使用"❸。显然，这是有关商标描述性使用的规定，在该规定的基础上，学者们总结出有关描述性使用必须具备的三个条件，即(1) 出于善意而使用他人商标；(2) 该使用没有超出合理的限度；(3) 将他人商标用于描述自己的商品或服务。《兰哈姆法》规定描述性合理使用的用意在于，商标的注册人或持有人不能将某一描述性的短语作为其独占使用的权利加以限定，从而剥夺他人对其商品进行准确描述的权利。❹ 毫无疑问，正是为了防止商标权利的垄断性给第三方的正常经营活

---

❶ 潘晓宁：《商标权限制制度比较研究——以美国法和欧盟法为中心》，华东政法大学2010年博士学位论文。

❷ 李明德：《美国知识产权法》，法律出版社2003年版，第308~309页。

❸ 15 U.S.C $ 1115 (b) (4) (1999).

❹ New Kids on the Block v. News America Pub, Inc. 971 F.2d 302, 309 (9th Cir. 1992).

动造成阻碍，或者说为了保护消费者获得有关商品或服务信息的权利，同为市场竞争者的其他经营人有合理使用他人商标描述自己的商品或服务的自由。

20 世纪 90 年代后，美国又通过一系列司法判例创设了商标指示性合理使用，并进一步丰富和发展了商标合理使用的规则。关于指示性合理使用的司法实践可追溯至 1992 年的 New Kids on the Block v. News America Publishing, Inc. 一案。❶ 引发争议的"New Kids on the Block"是原告某摇滚乐队的注册商标，法院认为，"New kids On The Block"本身不是一个具有描述性质的短语，而仅仅是一个音乐组合的任意标志，所以不适用《兰哈姆法》所规定的"叙述性合理使用"。❷ 但法院主张，这并不影响合理使用的成立，并因此赋予其"被提及的合理使用"这一新称谓，从而把合理使用区分为指示性合理使用与传统的合理使用。❸ 这就是商标的指示性合理使用。该案确立了指示性合理使用的三个条件：（1）使用的必要性条件，即不使用该商标，则无法描述特定的产品或服务；（2）使用的合理性条件，即对他人商标的使用仅限于合理地明确使用者的产品或服务；（3）被告的使用不得暗示其与原告存在赞助或许可关系。❹ 法院认为，在被告提出指示性合理使用的案件中，被告至少在文字上使用了与原告相同的商标，如果还是采用传统的混淆可能的测试方法来处理这类案件，那么

---

❶ 在该案中，原告 New Kids on the Block 是一个组合乐队，被告是美国新闻出版公司和 Gannett 卫星信息网络公司。美国新闻出版公司做了一个调查，该调查问年轻的读者"你最喜欢五人中的哪一个？"使用了这个组合的名称和照片。调查参加者拨打 900 电话，并缴费 50 美分。Gannett 卫星信息网络公司也做了类似调查。组合诉两家公司未经其允许也不支付报酬而使用他们的商标。New Kids on the Block v. News America Pub, Inc. 971 F. 2d 302, 309 (9th Cir. 1992).

❷ New Kids on the Block v. News America Pub, Inc. 971 F. 2d 302, 309 (9th Cir. 1992). 转引自武敏："商标合理使用制度初探"，载《中华商标》2002 年第 3 期。

❸ New Kids on the Block v. News America Pub, Inc. 971 F. 2d 302, 309 (9th Cir. 1992).

❹ New Kids on the Block v. News America Pub, Inc. 971 F. 2d 302, 309 (9th Cir. 1992). 转引自邱进前："美国商标合理使用原则的最新发展：The Beach Boys 一案评析"，载《电子知识产权》2005 年第 5 期。

所有的指示性使用都将导致混淆。美国法院这种主张将传统商标法的混淆理论闲置一边，仅依据被告行为进行判断，因此引发了学界的批评。美国商标法权威学者麦卡锡（McCarthy）便主张，合理使用仅仅是一种不能导致混淆可能的使用。❶

为了与《兰哈姆法》协调，法院在 The Beach Boys ❷一案中修订了商标指示性合理使用的第三要件，要求被告必须证明不存在混淆的可能，以满足指示性合理使用抗辩的要求。❸ 在 2005 年 10 月 Century 21 RealEstate Corp. v. Lendingtree, Inc. 一案中，美国联邦第三巡回上诉法院指出，指示性使用与描述性使用的不同在于，后者是被告使用原告的商标来说明自己的商品或服务，而前者是使用原告的商标来说明原告的商品或服务。法院认为，原告主张被告构成商标侵权，需就存在混淆的可能承担举证责任，在原告完成举证后，举证责任转移至被告❹，必须证明指明商标权人的商

---

❶ 邱进前："美国商标合理使用原则的最新发展：The Beach Boys 一案评析"，《电子知识产权》2005 年第 5 期。

❷ 海滩男孩（英语：The Beach Boys），美国摇滚乐团，成立于加利福尼亚州洛杉矶县霍桑市，是冲浪摇滚音乐的经典代表乐团。该团以精准的合音，以及反映着加州青年文化、关于车和冲浪的歌曲著称。http://zh.wikipedia.org/wiki/%E8%B5%B7%E7%81%98%E7%94%B7%E5%AD%A9，访问日期：2011 年 11 月 3 日。

❸ 邱进前："美国商标合理使用原则的最新发展：The Beach Boys 一案评析"，载《电子知识产权》2005 年第 5 期。

❹ 原告承担的举证责任和普通案件中证明消费者发生混淆的举证责任不同，它简化"消费者混淆可能"的证明要素，考虑如下四个要素：商品价格等要素表明的消费者购买商品时施加的注意程度、在没有发生实际混淆证据的状态下被告使用商标的时间、被告采用商标的意图、发生实际混淆的证据。如果原告通过上述 4 个要素证明存在混淆可能，则发生举证责任转移。425 F. 3d 211 (3d Cir. 2005). 转引自杜颖："指明商标权人的商标合理使用制度——以美国法为中心的比较分析"，载《法学论坛》2008 年第 5 期。

标合理使用不构成消费者混淆。❶

在美国，消费者混淆的可能性，是联邦商标法据以判断是否构成商标侵害的标准。在商标侵权诉讼中，作为原告的商标所有人必须证明被告对其商标的使用导致消费者有混淆的可能；法院通常根据被告的使用行为是否致使消费者错误地相信商品或服务来自商标所有人为判断标准。然而，由于美国《兰哈姆法》第33条并未提及混淆，也没有对描述性使用进行界定，美国实务界对合理使用能否适用混淆理论，一直有着不同的见解。美国联邦最高法院于2004年12月在 KP Permanent Make-Up, Inc. v. Lasting Impression, Inc.❷ 一案中就此发表意见，最高法院法官全体一致认为，在商标侵权案件中，即使存在混淆的可能，亦得主张描述性合理使用，被告以此理由进行抗辩时，并没有义务证明消费者对于商品或服务的来源不存在任何混淆的可能性，但根据联邦商标法《兰哈姆法》第32条，原告必须证明消费者因被告的行为，致使其对商品或服务的来源有混淆、误认或欺

---

❶ 425 F. 3d 211 (3d Cir. 2005)。该案原告有三，其中，"21世纪房地产"是著名的房地产中介服务提供商，在全美有超过8200家特许加盟店（中国挂名的那些店不知道是否授权加盟）。被告是一个帮助用户寻找并确定贷款银行、房地产经纪人、汽车保险商及其他金融服务公司的网络服务提供商。在其网站中，被告有一个不动产推荐服务系统：用户可以输入他们想购买或销售的房产所在位置和特点，被告选择后将信息传输给加盟了该系统的四个房地产中介服务公司。如果用户最终使用了被告所推荐的房地产经纪人，用户将得到诸如航空里程和礼品卡等奖励。同时，被告还有一个提供金融机构贷款抵押服务的推荐项目。被告在提供上述服务的过程中，在其印刷宣传资料和网站上多次提到了原告并使用了三原告的标志或Logo（原告陈述的具体侵权事实有四，参见判决书）。被告针对原告诉请，提出了其使用是合理使用的抗辩，否认侵犯了原告的商标权。http://wqlaw.fyfz.cn/art/213943.htm。

❷ KP公司和Lasting公司均为从事永久彩绘美容行业的经营者。原告从1992年开始把"micro color"作为商标使用在自己的商品上，并于1993年成功申请为注册商标。1999年，该商标取得了不容置疑的资格。KP公司于1990年开始在传单上使用"micro color"，从1991年开始在自己生产的色素颜料商品上使用该标志，并于1999年在其产品目录中使用"micro color"。2000年1月，Lasting公司通知KP公司，主张KP公司的使用系未获授权的使用，构成商标侵权，并要求对方停止使用。KP公司向加州法院提起诉讼，主张"micro color"为通用名称，Lasting公司不能获得商标保护。Lasting公司则提起反诉，主张KP公司侵权。

骗之虞。美国最高法院还认为，某种程度的消费者混淆与合理使用之间，可以并存，并援引 Restatement of Unfair Competition 第 28 条，原告商标的强度与可能或真正的混淆的程度，构成判断描述性合理使用的重要因素。❶ 随后，案件被发回联邦第九巡回上诉法院重审。第九巡回上诉法院则在判决中指出，判断 KP 公司使用"mircro color"这个词合理与否，取决于对其使用是否构成混淆之虞，否则，法院将无法作出判决；在考量合理使用抗辩时，事实上只有在当事人举证证明存在混淆之虞的，该抗辩理由才开始运作。❷ 麦卡锡则认为，最高法院提到的某种程度的混淆，意味着最高法院在判断是否存在混淆之虞时，并未检视混淆的证据，相反，法院观察混淆证据的相关性取决于混淆的程度，这就如同观看计速器上的刻度。❸ 仔细分析上述观点，不难发现，虽然如同有的学者所提出的那样，"被告提出法定合理使用之抗辩无须否定混淆可能"❹，但由于原告必须证明，消费者因被告的行为致使其对商品或服务的来源有混淆、误认或欺骗之虞，则作为被告，在主张合理使用的同时，为避免承担侵权的不利后果，通常仍会力求证明不存在混淆。

　　对经营者来说，只要其针对自己商品或服务的广告或销售所传达的信息真实、并且没有造成消费者的混淆和误认，便可合理使用他人商标。通常情况下，经营者未经许可在比较广告中使用他人商标，意图不外乎扩大市场占有率。比较广告的目的并不在于使竞争者借机分享原商标的推销能力或知名度，而在于借助商标在消费者心中的地位来凸显或提升经营者自己提供的商品或服务系属同值或等价、甚至优于原商品或服务。简言之，即借他人商标上位，但鉴于比较广告可帮助消费者选购商品或服务，在一定范围内有助于公平竞争，因此，美国允许经营者发布广告，但此类广告

---

❶ 543 U. S. 111, 125 S. Ct. 542, 551 (2004).
❷ 408 F. 3d 596 (9th Cir. 2005).
❸ J. Thomas McCarthy, *McCarthy on Trademarks and Unfair Competition*, Eagan: Thomson Reuters/West 2008, §11: 47.
❹ 邱进前："美国商标法定合理使用原则"，载《中华商标》2005 年第 5 期。

不得欺骗消费者、误导或作不实陈述,如果存在欺骗、误导或不实陈述的情形,将推定其给竞争者造成损害并须承担相应责任。

在 1910 年的 Saxlehner v. Wagner 案一中,美国联邦最高法院的判决支持了被告对原告商标的使用行为,因为这样做有利于消费者进行合理的购物选择。❶ 在另一富有影响力的案件——Smith v. Chanel, Inc. 的判决中,联邦第九巡回法院指出,商标的作用在于传达有关商品或服务的信息,商标的法律保护范围仅限于商标指示来源的功能,如果对商标的保护超出该保护范围,将严重影响公平竞争;在此,如果被告不能使用原告的商标,就无法对消费者或大众传达有关其产品的真实信息,因其使用仅在于指示竞争者的产品,被告的行为不构成对商标权利的侵害。❷

美国用于制约比较广告的立法主要是《兰哈姆法》第 43 条第 1 款,美国第二巡回上诉法院在 Amercian Home Prods. Corp. v. Johnson & Johnson 一案中,以之为据确立了用于衡量比较广告合法性的 5 个标准❸:被告对自己或他人的产品的陈述是否虚假或引人误解;是否有意欺骗或至少可能欺骗大部分广告对象;欺骗是否足以影响消费者的购物决定;广告产品是否进行州际贸易;原告是否可能受到营业下降、声誉受损的危害。❹ 根据传统的混淆理论评判标准,美国比较广告中的商标合理使用应当满足以下条件:(1) 善意地表述;(2) 使用他人商标表述他人的产品或服务,而非以商标的形式使用于自己的产品或服务上;(3) 这种使用没有导致混淆的可能。❺ 因此,只要没有混淆和不实之词,无论所有人如何不情愿,都没有正当的阻止比较广告的理由。

---

❶ 216 U. S. 375 (1910).

❷ 402 F. 2d 562 (9th Cir. 1968).

❸ Amercian Home Prods. Corp. v. Johnson & Johnson, 577 F. 2d 160 (2d Cir. 1978).

❹ 黄晖:《驰名商标和著名商标的法律保护》,法律出版社 2001 年版,第 202 页。

❺ 潘晓宁:"比较广告中的商标合理使用问题研究",载《华东理工大学学报(社会科学版)》2010 年第 1 期。

三、与混淆相关的问题

商标法赋予其所有人以独占权,因此,各国商标法通常规定,任何第三人在商业中未经其同意、在与所有人商标所覆盖的商品或服务相同或相似的商品或服务上,使用与其商标相同或相似的标志,可能造成混淆的,所有人有权禁止其使用。然而,该规定需要考虑两个方面的问题。首先是特定问题,即有关第三人使用描述性商标以及对标志描述性部分的处理问题。其次,案件的处理,即就具体案件而言,部分消费者可能会混淆,而其他消费者可能通过第三者商标使用获得大量信息的好处。

首先,有三个重要的因素被用于评估混淆的可能性,它们之间互相依存,一个因素的缺失可从另外因素的强度上得到补偿。这三个因素是:商标的显著性、商标或服务之间的相似性、所使用标志与商标之间的相似性。商标的显著性在评估中起着重要的作用。例如,欧洲法院就指出,"具有高度显著性的标志,不管是自身的显著性还是后来在市场上得到认可的显著性,较之弱显著性商标,享有较广泛的保护",❶ 这意味着,在先标志的显著性越强,混淆的可能性越大。❷ 然而这里所说的情况并非总是正确,在某些情况下,商标的显著性将导致混淆的可能性降低,这是笔者在此要强调的另一个问题。根据欧洲法院的判决,显著性、货物或服务之间的相似性以及标志之间的相似性可能互相补偿,也即"货物或服务之间较低的相似度,可能因标志之间的较高的相似度而抵消,反之亦然。"❸

欧洲法院指出,法庭需要考虑"当商标不含有其注册的货物或服务的描述性因素的情况",该补偿规则可能使得法庭不注重标志的描述性。如果所用标志很相似,且货物或服务几乎完全相同,法院可能会无视商标缺

---

❶ ECJ 29 September 1998 Canon Kabushiki Kaisha v. Metro-Goldwyn-Mayer Inc., Joined cases C-208/06 and C-209/06, [1998] ECR I-05507.

❷ ECJ 11 November 1997 Puma v. Sabel, Case C-251/95, [1997] ECR I-06191.

❸ ECJ 29 September 1998 Canon Kabushiki Kaisha v. Metro-Goldwyn-Mayer Inc., Joined cases C-208/06 and C-209/06, [1998] ECR I-05507.

乏显著性而在一定程度上具有描述性的事实。例如，就关于荷兰词汇 Lief（甜美的）的案件来说，"Lief"一词作为荷兰语中最常用的赞美词之一被商家作为商标申请注册，经核准在婴儿服装上使用。作为竞争者的第三方也在婴儿服装上使用了该标志，而根据荷兰法律规定，此种使用引发了混淆的可能性。❶ 然而，根据《欧洲人权公约》（ECHR）第10.2款❷该禁止不具正当性，因为很明显 Lief（甜美的）是一个描述性词汇。在民主社会里，不正当地或者不均衡地禁止婴儿服装的生产者或者销售者使用表明婴儿是甜美的这一词语，是不适宜的。很明显，该案错就错在，当初经营者就 Lief（甜美的）一词申请注册商标的时候，就应当根据商标指令驳回。由于在注册以后，经销商进行了大量的投入并将该标志作为一种概念（尽管可能不作为商标）进行推销，这促使法院以之为据来主张商标权的有效性，商标权利人因此有权禁止其他制造者在婴儿服装上使用同样的描述性表达。

　　类似问题更多出现在组合标志上，其中标志的某部分是描述性的。❸ 正如笔者前文曾经讨论过的儿童（Kinder）巧克力商标，德国法院认为，尽管该组合标志具有强显著性，但其描述性部分必须允许第三方使用。注册在健达巧克力上的"Kinder"一词，在德语中指儿童，虽然它不是对巧克力本身的直接描述，但它是对巧克力消费群体的普通或者说通常的德语

---

❶ Hof Den Haag 30 September 2008（"Lief!"）The Bo-Dean Company & Lief! v. Prenatal, nr. 06/1056, IEPT 20080930.

❷ 第10条：（1）人人享有表达自由的权利。此项权利应当包括持有主张的自由，以及在不受公共机构干预和不分国界的情况下，接受和传播信息和思想的自由。本条不得阻止各国对广播、电视、电影等企业规定许可证制度。（2）行使上述各项自由，因为负有义务和责任，必须接受法律所规定的和民主社会所必需的程序、条件、限制或者是惩罚的约束。这些约束是基于对国家安全、领土完整或者公共安全的利益，为了防止混乱或者犯罪，保护健康或者道德，为了保护他人的名誉或者权利，为了防止秘密收到的情报的泄露，或者为了维护司法官员的权威与公正因素的考虑。

❸ ECJ 6 October 2005 Medion AG v. Thomson multimedia Sales Germany & Austria GmbH（'Life'/'Thomson Life'），Case n c-120/04，[2004] ECR I-08551.

描述。❶ 因此，尽管费列罗公司成功注册了 kinder 商标，却不能就该商标的描述性部分 Kinder 一词获得商标权。出于对源自商业表达自由的公共利益的保护，就混合商标或由词语和图画组合而成的商标的描述性部分来说，必须将其保留给第三方使用，以避免剥夺其他经营者描述其商品或服务的必需手段。然而，在金色复活节兔子（golden Easter bunny）一案中，法院认为，第三方销售类似的兔子，尽管没有使用具有主要显著性特征的 Lindt 商标，但仍然引发了混淆。❷ 由于注册以后标志的描述性内容可能难以维持，因此笔者认为上述案件表明最关注的问题应当在注册之时就预先考虑到。

在禁止第三方使用时，可能出现部分消费者混淆而其他消费者获得重要信息的好处。在一个严格解释间接混淆的案件中，经销商可能受阻在比较广告中使用商标，例如，"如果你喜欢 X®，你就会爱上 Y"；此外，还有指示性使用，诸如"我们的产品符合标志为 X® 的打印机"以及类似的描述性使用。这种广告让很多人迅速将 X® 产品的质量与产品 Y 联系起来。然而，部分人则可能认为，生产 X 产品的某公司有一种新产品上市。在这类案件中，在比较广告中对使用商标 X® 的一般禁止将原则上违背《欧洲人权法案》10.2 中的公正性和均衡性。因为这要求销售商使用弃权声明或或者构建一种避免混淆的比较方式。❸

而且，在互联网上，当商标被用做广告词或作为元标签来比较搜索引擎搜索结果页面的产品时，一些计算机用户可能因这样的比较而（间接）混淆，而其他大多数消费者来说，这样的比较在搜索产品或服务时则非常有用。有学者认为，在这种情况下，即使混淆程度有限，也应当允许第三

---

❶ BGH 20 September 2007（Kinder II - "Kinderzeit"），GRUR. 1066（2007）.

❷ ECJ 11 June 2009 Chocoladefabriken Lindt & Sprüngli AG v. Franz Hauswirth GmbH（Goldhase），Case C-529/07，Case C-529/07，［2009］ECR I-00000. para. 19.

❸ R. Tushnet, Trademark Law as Commercial Speech Regulation, *South Carolina Law Review*（58）. 749（2007）.

方销售商告知消费者实情,因为这些混淆常常是无法避免的。❶

在那种语境中,另外一个难题是欧洲某些法院提到的初始混淆原则。初始混淆是《美国商标法》认可的混淆类型。当潜在购买者在购买到货物之前,对产品或者服务的可得到性的混淆,就是所谓的初始混淆。在购买商品时,这种混淆就降低了。典型的例证是高速公路上的广告牌,比如另外一家汉堡店为了吸引顾客在高速公路上树立一广告牌,上面写道"下一出口,汉堡王"。在汉堡销售点,当顾客到达其他汉堡店并决定购餐时,混淆才不会存在。然而,在顾客到达销售点前,混淆对购买决定是有影响的。这种混淆可能导致汉堡消费者到第三家餐厅就餐。该初始混淆理论还没有得到欧洲法院的认可,但是德国联邦最高法院对 vis-à-vis 元标签一案的冲动判决中已经有所运用。❷ 在《欧共体商标法指令》接受混淆的拓展形式为可诉情形,且《商标法指令》第 5.1.a 条赋予保护的绝对性质之前,欧洲法院不可能宣布该种互联网使用为同等的可诉混淆。❸

正如欧洲法院在 2003 年就 Arsenal v. Reed 一案❹对商标的核心作用进行的分析,商标法的目标是保护商标的核心功能,即向消费者保障商品的来源。此前的欧洲法院判例也将商标保护局限在保障商品或者服务的来源、将商标权人的商品和服务和其他人的商品和服务相区别;当商标的这些功

---

❶ R. C. Dreyfuss, Reconciling trademark rights and expressive values: how to stop worrying and learn to love abiguity, in (eds.), *Trademark law and theory: a handbook of contemporary research*, Cheltenham: Edward Elgar Publishing Ltd. 286 (2008).

❷ BGH 18 May 2006 ("Impuls"), GRUR. 65 (2007).

❸ Wolfgang Sakulin, *Trademark Protection and Freedom of Expression*, the Netherlands: Boxpress BV, Oisterwijk. 237 (2010).

❹ 在该案中,Reed 先生在 Arsenal 球队主场体育馆外的一个小商亭出售印有 Arsenal 文字商标和图案的围巾。他的商亭外头有一个显著的标志告诉消费者,其所出售的商品不是 Arsenal 队的官方特许商品。在该案中,虽然当时在 Reed 先生店中购买商品的顾客可能不会对其商品与商标权人的商品以及 Reed 先生与商标权人的关系产生混淆,但如果该商品再次转让,则后来的买受者完全有可能会被混淆。

能没有受到威胁时，法院即没有必要介入。❶ 综上，就本部分所提及的案件而言，从表达自由的角度来看，有必要为第三方经营者的告知义务和消费者相应的知情权留下更多的空间，因此，并不是所有的混淆都可以或必须予以预先制止。

第三节 反淡化与商标声誉的保护

商标为表彰商标之标志，其所用之文字、图形、记号或其联合式，应足以使一般商品购买人信赖商标而区别商品之来源与品质。故商标应具有特别性与甄别力，亦即应具有显著性。❷ 对一个标志来说，如果自身缺乏显著性，便无从发挥指示来源的功能，也无法引发消费者的认知和关注，自然也就谈不上发挥区分和识别的功能，商标承载商誉和广告的功能更无从谈起。如前所述，商标的显著性包括固有显著性和获得显著性，前者指商标具有的天然显著性，是商标获得显著性的有利条件，后者是商标通过使用获得的显著性，是商标成为商标的要件。商标法在根据商标的显著性来确定其保护范围时，同时涵盖了这二者。

显著性是商标的固有属性，它不仅是商标注册的实质要件和积极要件，更对商标强度和名誉及商标的保护范围都具有决定作用。某一商标的强度或者说显著性决定着它能否成为一件合法的商标，以及它受到保护的程度。❸ 在判断商标保护范围时，商标的声誉即知名度，也具有重要意义。商标法对显著性强、声誉高的商标的保护力度就比普通商标更大，例如，驰名商标的知名度明显高于普通商标，因此商标法对驰名商标的保护比普通商标更强、在保护范围上也超出了普通商标。无论如何，如果立法者的

---

❶ C-408/01 Adidas-Salomon AG and Adidas Benelux BV v Fitnessworld Trading Ltd., [2003] ECR I-12537 at 40. 转引自：http://law.ruc.edu.cn/iplaw/ShowArticle.asp? ArticleID=22047，访问日期：2011年11月7日。

❷ 曾陈明汝：《商标法原理》，中国人民大学出版社2003年版，第26页。

❸ 李明德：《美国知识产权法》，法律出版社2003年版，第300页。

选择是通过商标立法抑制对驰名商标显著特征和声誉的攀附和损害，法律需要在特定条件下对没有相关公众混淆情形的商标进行保护。然而，假使法律赋予了商标权人如此强大的权利，则是否会引发商标权利发生不当扩张、以至损害第三方经营者的商业表达自由，就成为需要慎重考虑的问题。

一、商业表达自由与反淡化保护

商标反淡化保护的基点是，在不同类或不类似的商品或服务上使用他人的驰名商标，导致该商标在公众的意识中逐渐丧失了显著性，割断了商标与商品或服务之间的独特联系，商标所承载的商誉也将随之被破坏。

当代经济的发展使商品和服务已经实现全球化的自由流通，市场竞争也已经演变为服务、形象和品牌的竞争。在这种背景下，商标的功能有了重大发展，从过去的单一的表彰来源扩张至承载商誉和进行广告宣传、向消费者提供有关购买的额外信息或替代动力的功能。为了用商标占领人们的思维空间，商标权利人对商业广告进行投入，通过广告，商标得以长期、生动地存活在公众的脑海里，并因此取得独立的信誉。经营者们尽一切努力在市场环境中用具有吸引力的方式植入适宜的符号。❶ 在这个过程中，商标形成了独立于产品来源指示器的价值，发挥着承载商誉和产品或服务的广告功能。因此，权利人对保护该商标的固有价值具有强烈的兴趣。之所以要给予这种特别的反淡化保护，其原因就在于，显著性商标的所有人有权继续维持其花费大量时间和金钱获得的独特地位，任何可能危及其商标独特性和显著性以及由此产生的广告效应的行为都应当禁止。其根本目的不在于禁止任何形式的混淆，而在于保护合法获得的资产不被侵害。❷

---

❶ U. S. Supreme Court 4 May 1942 Mishawaka Rubber & Woolen Mfg. Co. v. S. S. Kresge Co., 316 U. S. 203（1942）.

❷ QUICK BGH 1959 GRUR 182, See Eur. Intell. Prop. Rev. 125（1995）, Jeremy Phillips, *Trade Mark law: A Practical Law: A Practical Anatomy*, Oxford University Press. 381（2003）.

商标便于消费者区分商品，一般是促进竞争的。❶ 然而，商标越强势，愈具有识别性、独特或知名，其给公众留下的印象因而较深，也就愈容易被人攀附和利用。滥用他人商标是典型的不正当竞争，如第三人将驰名商标用于自身的商品或服务，商标所有人辛苦建立起来的商标魅力便会因此减损。禁止不正当竞争、弱化和丑化会严格限制商业和非商业表达自由，因此，保护商标的显著性和商誉与表达自由之间的冲突是最强的。

有关驰名商标的反淡化保护，在美国和欧洲都得到了承认，并体现在相关立法中。在美国，不仅有专门的《联邦商标淡化法》及其修正案，还有一系列判例。在欧洲，《欧共体商标一号指令》第4.4.a）条和第5.2条的规定❷以及《欧共体商标条例》第9.1.c）条的规定，事实上就是有关商标淡化的规定。据此，虽然具体条文并未采用淡化的措辞，但商标所有人有权禁止任何未经其同意的第三方在不相类似的商品或服务上使用与其在成员国有一定知名度的商标相同或近似标志，如果第三方使用了此类标志并且该使用无正当理由，攫取了不正当竞争优势或损害了其商标的显著性或声誉的行为，商标所有人有权采取相应的法律行动。

正是通过保护驰名商标的显著性和商誉、赋予反对不正当竞争或搭便车、反对弱化和淡化两种损害，商标法上的反淡化制度保护了商标所有人这种利益。而该规则下的商誉意味着，"一个商标必须被其货物或服务所

---

❶ 王先林、仲春："国际视角——《竞争政策与知识产权行使》介评"，载《电子知识产权》2009年第5期。

❷ 《欧共体商标一号指令》第4.4.a）条规定，成员国可以在下列情形下和限度内规定驳回商标注册申请，或者宣布已经注册的商标无效：a）该商标如果于在先国家商标相同或相似，并在与在先商标注册的商品或服务不相似的商品或服务上将要或已经注册，如果该在先商标在该成员国享有声誉，且在后商标的使用无一步具体在先商标的显著性或声誉中获得或者对他人造成损害的。第5.2条规定：任一成员国可以规定，商标所有人有权禁止任何第三人未经其同意，在商业中在与其商标注册的商品或服务不相似的商品或服务上使用与该商标相同或近似的标志，如果某商标在成员国享有声誉，而且该标志的使用无正当理由从其商标的显著性或声誉中获利或者对其造成损害。

及范围内的大部分相关公众知晓",❶ 这也必然包含在利基市场（niche market）❷ 中形成的商誉。商誉的存在主要与数量因素相联系，因此，商誉问题可以简化为多少人认可该商标。笔者认为，这不是一个足够高的以获取正当保护的条件。因为从保护商标权利的正当性来说，保护商标的显著性特征和商誉的权利，仅当所保护的权利毫无疑问的是权利人通过自己的努力获取的时候，才具有正当性。

从商业表达自由的角度看，如果对商标法中利用、弱化和丑化他人商标的使用行为的判决标准作广泛的解释，这种广泛解释就可能会损害有效率的比较广告、指示性使用或描述性使用。通常，当其他商家的专用标志被用来做比较、被用在备件上指示其最终用途、或被非授权的汽车经销商用于宣传其产品或服务时，就可以给消费者传递大量的有效信息。然而，正是这些专用标志，它们承载了极强的显著性特征或商誉，也因此常受到商标法的较强保护。显然，商标法对商标所有人基于反对淡化所享有的禁止权范围不宜解释得过于宽泛，否则第三人的商业表达自由就会遭遇重大危险，因为第三人通过与驰名商标进行比较、通过提及该商标来表明其产品或服务的质量或产品用途等告知公众有关产品信息的方式，就会受阻。

二、《欧洲商标法》对声誉商标的保护

（一）声誉商标法律的保护

传统的混淆理论可以解决他人在竞争性商品以及关联商品上使用相同或近似商标，从而对权利人商标的区分和识别功能造成损害的问题。❸ 对享有高知名度的驰名商标来说，由于其具备特殊的商业磁力，往往会吸引

---

❶ ECJ 14 September 1999 General Motors v. Yplon（"Chevy"），Case C-375/97，[1999] ECR I-05421.

❷ 利基市场是指被那些被市场中的统治者或者说有绝对优势的企业忽略的某些细分市场，即企业选定一个很小的产品或服务领域，集中力量进入并成为领先者，从当地市场到全国再到全球，同时建立各种壁垒，逐渐形成持久的竞争优势。

❸ 文学：《商标使用与商标保护研究》，法律出版社 2008 年版，第 117 页。

其他经营者在不相同或不类似商品或服务上使用与之相同或类似的标志，这种情况下，仅有混淆理论不足以保护驰名商标，美国发展出淡化理论，而欧洲则通过对"声誉商标"的扩大保护加以弥补。

所谓"声誉商标"是指具有一定知名度、但不需要达到驰名程度的商标。在 Chevy 一案中，总检察长雅各布指出，"无论声誉商标是定性概念抑或定量概念，还是两者兼具，个人以为，尽管驰名商标的概念在《巴黎公约》中缺乏清楚的界定，但声誉商标无疑不需要如同驰名商标一般知名。"❶ 有关声誉商标的保护包括通过声誉商标的显著性或声誉获取了不正当的利益，或者给声誉商标的显著性或声誉造成了损害。

《欧共体商标一号指令》和《欧共体商标条例》对具有知名度商标进行特别保护的前提条件有五：（1）知名度，商标需要"被其所使用的商品或服务的相当部分公众所知"。❷（2）联系，当"相关部分公众在该标志与商标之间建立联系时"，标志间一定程度的近似性条件得到满足。特别是，当"在后商标唤起了被充分通知并合理、细心和周到的普通消费者意识中关于在先商标的声誉时"存在一种"联系"。❸（3）不正当优势。"第三方使用与具有知名度的商标近似的标志产生的优势，是一种由该第三方通过对具有知名度商标的攀附性使用，以从其吸引力、知名度和声望中受益而不支付任何金钱补偿以及掠夺商标所有人为创造和维持商标形象而付出之市场努力的方式，是不正当地从商标的显著特征或信誉中攫取的优势。"❹（4）损害。作为选择性要求。（3）或（4）满足其一就足够了。①当"该商标确认商品或服务来源于其注册和使用的所有人之能力因为在后商标导

---

❶ ECJ 14 September 1999 General Motors v. Yplon（"Chevy"），Case C-375/97，［1999］ECR I-05421.

❷ 同上。

❸ ECJ 27 November 2008 Intel Corporation Inc. v. CPM United Kingdom Ltd.，Case T 252/07，［2008］ECR Page 00000.

❹ ECJ 18 June 2009 L'Oréal SA，Lancôme parfums et beauté & Cie SNC，Laboratoire Garnier & Cie v. Bellure NV，Malaika Investments Ltd，trading as "Honey pot cosmetic & Perfumery Sales"，Starion International Ltd，Case C-487/07，［2009］ECR I-00000.

致了身份的分散和拉远了公众对在先商标的印象削弱时",对具有知名度商标的显著特征的损害发生了。"显然在这种情形下,用以激发商标与其注册商品或服务之间即刻联系的在先商标,已经无法再做到这一点。"② 当第三方使用标志的商品或服务"可能使公众认为在先商标的吸引力减退"时存在对在先商标的损害。这尤其发生在当商品或服务"具有某种可能对具有知名度之在先商标的形象产生负面影响的特征或性质"的情形。
(5) 缺乏正当理由。在第三方"无法合理地避免使用商标"或有"具体的权利使用该标志"的情形存在正当理由。❶

由上可知,欧盟对声誉商标的保护范围远远超过了普通商标,但其对声誉商标知名度的要求却低于驰名商标,对商标权人来说,无疑是相当有利的。声誉商标的所有人不仅有权制止他人将有关标志在商品或服务上作标志性使用,而且有权制止他人对有关标志作除识别性目的之外的使用,只要相关使用行为无正当理由从商标的显著性或声誉中获利或对它们造成损害。❷ 因此,有学者指出,《欧共体商标一号指令》对声誉商标的保护很容易使责任范围过分扩张,从而对自由竞争产生窒息效应。❸

---

❶ 欧洲内部市场协调局上诉委员会,2001 年 4 月 25 日,好莱坞案。http://www.ipr2.org/storage/Sironi_ 2-CN-EN914.pdf,访问日期:2011 年 11 月 7 日。

❷ 徐聪颖:"制度的困境及其出路——由'LV'商标侵权案所引发的思考",载《特区经济》2010 年第 4 期。

❸ 魏森:《商标侵权认定标准研究》,中国社会科学出版社 2008 年版,第 152 页。

(二) L'Oreal 案件引发的争议

在 L'Oreal v. Bellure 比较广告商标侵权案❶之前，欧洲法院（ECJ）对比较广告中商标使用是否构成侵权的标准是，只有"引起相关公众混淆广告者商品和竞争者商品联系"，才能构成"不正当利用对方商誉"，并认定为商标侵权。❷ 然而，这一标准在 2009 年 6 月，欧洲法院对英国上诉法院就该案提交的法律问题作出的初步裁决则表明，其判断标准发生了重大逆转。欧洲法院（ECJ）在初步裁决中指出，《商标一号指令》第 5 条第 2 项所谓"利用知名商标之商誉获取不正当利益之情形"，不以构成混淆误认之虞，或造成商标之识别性或信誉之损害为前提。所谓使用近似于知名商标之标志（如本案之包装与瓶身）而获取之不正利益，系指藉由攀附知名商标之魅力、知名度及声誉，以及在未支付任何金钱补偿下，利用知名商标所有人为了维护商标形象所付出之市场努力，所不当获取之利益。❸ 法院认为，Bellure 采用对比列表的方式指明自身产品特征，以比较广告使用他人知名商标用以促销自己的商品，纵使未构成消费者混淆误认或损及商品指示来源的功能，但只要有影响知名商标之其他功能（特别是保证商品或服务质量、沟通（communication）、投资（Investment）、广告（advertising）功能），或使广告主藉由知名商标之商誉获取不正当利益、或使消费

---

❶ L'Oreal 是高质量香水及各种美容用品之制造商，因为 L'Oreal 商品之高知名度及高单价，次级香水商 Bellure（相较于高级香水商，本案被告 Bellure 等香水商称为次级香水商）仿而效尤制造一些闻起来像（smell-alike）及包装像（lookalike）L'Oreal 知名品牌的香水。Bellure 还制作了自身产品与 L'Oreal 系列产品的对比列表（comparison list），该对比列表中使用了 L'Oreal 系列香水的知名商标，指出 Bellure 所售香水的香味分别类似于 L'Oreal 的哪一品牌，以便消费者选购。L'Oreal 因此提起诉讼，主张 Bellure 在对比列表中使用了其知名商标（Tresor、Miracle 等），违反《欧盟商标指令》Article 5（1）（a），构成商标侵权；Bellure 模仿其香水瓶身和包装盒并销售，违反《欧盟商标指令》Article 5（2），构成商标侵权。参见俞飞："从 L'Oreal v Bellure 案看欧盟商标保护新趋势"，载《中华商标》2011 年第 3 期。

❷ 俞飞："从 L'Oreal v Bellure 案看欧盟商标保护新趋势"，载《中华商标》2011 年第 3 期。

❸ http://caoyang.sxsjcy.fyfz.cn/art/489310.htm，访问日期：2011 年 11 月 8 日。

者误认所提供之商品系他人品牌之仿品或替代品,即不符合比较广告指令之合法要件,应认为构成商标侵权。❶

按照原来的标准,商标所有人必须举证消费者已产生混淆误认才得以阻止比较广告;然而按照欧洲法院对 L'Oreal v Bellure 案初步裁决中的标准,商标所有人即使并未因竞争对手之使用而产生实质损害或混淆误认,广告主仍不得以比较广告之形式搭便车进而获取不正当利益。显然,新标准压缩了商标合理使用的范围、降低了商标侵权认定的门槛,因此引发了争议。赞成者认为是对商标权利的有利保护,反对者认为这意味着商标权利的过度扩张,妨碍了竞争,造成商标权人、消费者、竞争者利益的失衡。为此,有学者指出,ECJ 的决定意味着在损害商标志别功能行为之外,其他使用他人商标行为都可能涉嫌损害商标的广告、投资功能。按此逻辑,商标所有人的领地会无限扩张,而商标的合理使用会动辄得咎。❷

正因为如此,该案引发的多米诺效应仍在持续中,欧洲法院在 L'Oreal v Bellure 阐明的判断标准已经不再局限于英国法院,还渗透到了英国商标局。❸ 但另一方面,欧盟委员会在《欧洲商标法律制度总体功能研究》(Study on the Overall Functioning of the European Trade Mark System) 指出,商标法与自由竞争互相间并不冲突,相反,商标功能的适当发挥是竞争必不可少的要素。在承认商标指示来源功能的同时,强调商标可以作为商业资产获得内在价值,作为对这一发展的回应,商标法在混淆之虞以外保护商标的声誉,其经济原理在于标志所享有的声誉通常是密集投资的成果,给予额外的保护是为了进一步刺激投资。然而,对竞争而言,这一现象并非毫无风险。声誉商标具有心理效应——具有表彰身份和生活方式的能

---

❶ 张碧勋、张富雅、林佳佳:"香水的纷争:以 L'OREALv. Bellure 案看比较性广告与商标侵害",http://www.saint-island.com.tw/news/shownewsb.asp?seq=386&stat=y,更新时间:2009 年 11 月。

❷ 俞飞:"从 L'Oreal v Bellure 案看欧盟商标保护新趋势",载《中华商标》2011 年第 3 期。

❸ http://www.wanhuida.com/ch/html/129526780892502306.html,访问日期:2011 年 11 月 8 日。

力——导致声誉商标的市场力量可以是十分强大的，可能带来诸如高标准的市场准入障碍以及市场透明度的降低之类意想不到的后果。因此，对商标的保护需要考虑利益平衡问题，毕竟，公平竞争是商标法的主旨所在。[1]

三、美国淡化理论对驰名商标的保护

20 世纪 20 年代之前，美国商标法及其不正当竞争法均以混淆理论作为判决商标侵权的标准。在 20 世纪初，全球经济贸易情况发生了重大转变，商品的流通跨越国界，历经通过复杂的销售渠道方能到达消费者手中，作为表彰来源和的功能的标志，商标的作用更加突出。到了 20 年代，商标更发展出广告宣传和承载商誉的功能。为保护商标、尤其是驰名商标在不存在竞争关系的商品或服务上免受不当侵害，谢希特通过《商标保护的理论基础》一文提出了不同于传统混淆理论的商标淡化保护理论[2]，为美国淡化法律制度的后续发展奠定了基础。

此后，淡化理论首先获得了州立法的确认，历经波折终于 1995 年通过美国《联邦商标淡化法》（Federal Trademark Dilution Act，FTDA），并于 1996 年被纳入《兰哈姆法》。由于 FTDA 存在一些语焉不详的地方[3]，美国最高法院于 2003 年通过 Moseley 确立实际淡化的商标侵权认定标准，试图以此解决原有的分歧，然而，这一标准因抬高了驰名商标获得淡化保护的门槛条件引来一致批评。在各方力量的推动下，美国国会于 2006 年 9 月通过《联邦淡化修正案》（Tademark Dilution Revision Act of 2006，TDRA），进一步澄清过往的误解，完善了美国的商标淡化制度。

TDRA 将淡化明确划分为弱化和玷污两种。所谓弱化是指因商标或商业名称与驰名商标的相似性而产生的，使驰名商标的显著性受到损害的联

---

[1] http://ec.europa.eu/internal_market/indprop/docs/tm/20110308_allensbach-study_en.pdf，访问日期：2011 年 11 月 8 日。

[2] Frank. I. Schechter, The Rational Basis for Trademark Protection, *Harvard Law Review* (40). 813 (1927).

[3] 文学：《商标使用与商标保护研究》，法律出版社 2008 年版，第 124~129 页。

想；玷污是指因商标或商业名称与驰名商标的相似性而产生的，使驰名商标的声誉受到损害的联想。❶ 受到淡化保护的驰名商标包括具有固有显著性或获得显著性的、为美国一般消费公众广泛认知的驰名商标，但仅在利基市场具有声誉的商标不在保护之列。TDRA 对 FTDA 规定不受到联邦淡化法规制的行为进行了修订。不受到联邦淡化法规制的行为共三种：（1）他人并非用来指示自己的商品或服务，而对驰名商标在下列情况下进行的指示性或描述性合理使用。①对商品或服务进行比较的广告或促销；②对驰名商标所有人或者驰名商标所使用的商品或服务进行识别并滑稽模仿、批评或者评论。（2）非商业使用。（3）新闻报道及评论。❷

与欧洲商标法关于声誉商标的法律保护相比，美国的淡化制度仅保护驰名商标而不是声誉商标，并且也没有涉及不正当利益问题，但在学界及司法实践中有关不正当利益或者"搭便车"的讨论或意见并不少见。有学者就主张抛弃以损害为基础的淡化理论，选择更容易证明的反对搭便车或不当得利理论来保护驰名商标。❸ 但这种意见仅为一家之言，并未得到立法的采纳成为主流观点。美国对驰名商标的淡化保护之所以没有纳入反对搭便车，自有其商标保护政策方面的考虑。从促进市场竞争、维护资讯自由流通的立场出发，商标的法律保护应当鼓励而不是阻碍自由竞争，这与美国知识产权的政策目标是一致的。"自由竞争经济政策演化出对商业构思和治理创造的自由竞争原则，即自由复制的原则：任何商业构思/发明/或者标志，一旦向公众披露，就可能进入公众领域并可以被自由复制"。❹ 尽管"竞争就是复制"❺ 的说法有些过头，但不可否认，自由竞争必然需

---

❶ 文学：《商标使用与商标保护研究》，法律出版社 2008 年版，第 130 页。

❷ 同上书，第 131 页。

❸ David J. Franklyn, Beyond Dilution: Toward a Coherent Theory of the Anti Free Rider Impulse in American Trademark Law, 56 *Hastings Law Journal* 117 (2004).

❹ J. Thomas McCarthy, McCarthy on Trademarks and Unfair Competition Ch. 1 Refs. §1: 2.

❺ Ralph S. Brown, The Joys of Copyright, Yale Law Report, Fall-Winter 1982~1983, at 22. 转引自 Robert C. Denicola, Freedom to Copy, 108 *Yale Law Journal* 1661 (1999).

要依靠复制或模仿。毕竟,知识产权法并不禁止一切形式的复制或者模仿,"复制并非总是被维护竞争经济的法律所禁止……允许复制在很多情况下也会产生有益的后果"。❶ 无论如果,"某些东西,不论有形或无形,只要是通过独创、努力工作和支出而形成的,那么法律就应该承认其具有可强制执行的所有权,这一说法太过于简单化。"❷ 值得探寻但同时为人们有意无意忽略的一个问题是,第三方经营者使用他人驰名商标的行为即使真的属于对驰名商标声誉的利用,此种使用是否必然产生驰名商标所有人因此遭受损失的结果。

市场经济以市场主体的自主和理性经济决策为前提,商业表达自由的正当性是以商业表达对当代社会公民所具有的积极效用为基础的,因此,商业表达自由是经济发展和公平竞争不可缺少的必要内容。如果按照不正当利益或者反对"搭便车"理论,则只要在商业中使用了与驰名商标相同或者近似的标志,就可以直接推导出使用人获取了不正当利益(或者搭了驰名商标的便车),进而构成使用人承担法律责任的基础。❸ 这种主张与欧洲法院在 L'Oreal v Bellure 案初步裁决中确立的声誉商标保护标准——商标所有人并未因竞争对手之使用而产生实质损害或混淆误认,广告主仍不得以比较广告之形式搭便车进而获取不正利益——具有相同的不良效应。即很容易带来权利范围的过分扩张,其后果是压抑自由竞争、导致竞争者和消费者利益无法安置。相形之下,美国的淡化理论较好地把握了驰名商标的法律保护与维护自由竞争之间的平衡关系。

正如有关学者所指出的,ECJ 的决定没有论及对社会福利可能产生的消极影响,它限制了商标"作为一般传递工具"的使用范围,却未注意到由此强加给其他交易者和消费者的成本。L'Oreal v Bellure 案中 ECJ 在认定

---

❶ Traffix Devices, Inc. V. Marketing Displays, Inc., 121 S. Ct. 1255, 1260, 149L. ED. 2d 164, 58 U. S. P. Q. 2d 1001 (U. S. 2001).

❷ S Ricketson, Character Merchandising in Australia: Its Benefits and Burdens, *Intellectual Property Journal* 191, 1 (1990).

❸ 文学:《商标使用与商标保护研究》,法律出版社 2008 年版,第 152 页。

攀附商誉时没有考虑"混淆"因素，忽视了商标法在反不正当竞争时应当恪守的原则，即有混淆才有规制。❶ 无论如何，消费者的利益和公平的竞争秩序都不应当为了维持商标权而被牺牲，这也是违反商标法的立法宗旨的。

本章小结

为了保护商标所有人的利益，商标法授予权利人使用其商标的排他性权利，商标权人有权禁止他人在相同的商品或服务上使用相同的标志，有权禁止他人在相似或不相似的商品或服务上使用其商标以避免混淆，有权禁止他人利用其商标的声誉及显著性进行不公平竞争。表达自由因此与商标权利人禁止他人使用的权利发生了冲突。

作为一种排他性权利，商标权利的实施必然会在一定程度上影响到社会公众的利益。❷ 从商业表达自由的角度审视，商标权利的行使可能损害第三方经营者与消费者之间的交流以至侵害他们的商业表达自由权利。为此，各国均在立法中给予一定的限制，这种限制可以理解为在一定的情况下，当商标权人的权利与其他人的正当利益发生冲突时，为平衡及公正地保护商标权人、其他经营者及社会公众的利益而对商标权做出的必要约束。其中，与商业表达自由有关、用于平衡商标权人的私益与社会公益之间冲突的正当合理使用主要包括商标的指示性使用、描述性使用和在比较广告中对商标的合理使用，这些使用即商标法上的合理使用。

商标法上的合理使用是各国立法中最重要的侵权抗辩事由之一，尽管美国和欧洲对商业表达自由的保护低于非商业表达自由，但从商标法的角度看，为促进经济发展和保护公平竞争，发布广告者的合理使用权、竞争者的商标权以及消费者的信息知晓权之间需要保持适度的平衡，而源自表

---

❶ Mats Björkenfeldt, The genie is out of the bottle: the ECJ's decision in L'Oreal v Bellure, *Journal of Intellectual Property Law & Practice*, Vol. 5, No. 2. 106 (2010).

❷ 吴汉东、胡开忠：《无形财产权制度研究》，法律出版社2005年版，第384页。

达自由的公共利益则为第三方经营者的使用行为以及消费者权益的保护提供了正当性。

第三方经营者对他人所有的商标在比较广告、指示性甚至描述性的使用，在大多数情况下都会落入商标法关于未经许可禁止使用的范畴，而这些使用的保护，则要寻求商标法有关合理使用的例外规定以及混淆理论有关侵权的判断标准。商标权人不能禁止他人对其商标的所有使用形式。至于商标所有人可以禁止什么样的使用，不能禁止什么样的使用，完全由商标法的最终标准来判定，即有关使用是否会造成商品或服务来源上的混淆，或者说是否存在混淆的可能性。❶ 这一点在美国及欧盟立法中均有体现。值得注意的问题有二：（1）第三人使用描述性商标以及对标志描述性部分的处理问题。在这个方面，商标的显著性、商标或服务之间的相似性以及所使用标志与商标之间的相似性对混淆可能性的评估具有重要意义；此外，需要考虑商标不含有其注册的货物或服务的描述性因素的情况以及组合商标中的描述性部分对侵权认定标准的影响。（2）就案件的处理而言，在对合理使用的判断中可能存在部分消费者混淆，而其他消费者却通过第三者商标使用获得大量信息的情况。从表达自由的角度来看，商标保护主要在于保障商标的识别和区分功能，在商标的功能没有受到威胁的情况下，一概认定为侵权，实无必要。❷

此外，如果立法者意图通过商标立法抑制对驰名商标显著特征和声誉的攀附和损害，就需要针对在特定条件下对没有相关公众混淆情形的商标进行保护的问题加以规制。其中，欧洲相关商标立法及欧洲法院（ECJ）的相关判决对声誉商标的保护相当有利于商标所有人，新标准压缩了商标合理使用可适用的领域、降低了商标侵权认定的原有标准，可能带来诸如抬高市场准入标准、市场透明度的降低、阻碍公平竞争之类意想不到的后

---

❶ 李明德：《美国知识产权法》，法律出版社 2003 年版，第 308～309 页。

❷ C-408/01 Adidas-Salomon AG and Adidas Benelux BV v Fitnessworld Trading Ltd., [2003] ECR I-12537 at 40. 转引自：http://law.ruc.edu.cn/iplaw/ShowArticle.asp?ArticleID=22047，访问日期：2011 年 11 月 9 日。

果。这种赋予了商标权人强大的禁止权利的做法，可能引发商标权利的不当扩张、以致损害第三方经营者的商业表达自由。相比之下，美国的淡化制度的保护对象仅限于驰名商标而不是声誉商标，并且也没有涉及不正当利益问题，较好地把握了驰名商标的法律保护与维护自由竞争之间的平衡关系。

对中国来说，上述立法及有关司法判例及其引发的种种争论，无疑为我们厘清商标权利范围及商标合理使用制度具有借鉴和启示意义，对此，笔者将于下一章节更为详细的阐述。

第六章 我国商标权保护与商业表达自由的平衡

各国商标法的一系列规定都围绕着加强商标权保护而展开。商标法对商标所有人利益的热切关注是自然的,因为离开商标权利的保护,商标法的宗旨无从实现。然而,商标权毕竟是一种专有权,商标权禁止他人使用的效用在防止商标利益外溢的同时,也体现出抑制市场竞争的消极影响。尽管授予商标权利人就商标符号享有独占的权利在法律上具有正当的理由,但目前商标法对商标权利的保护已经给竞争者带来过分沉重的负担,法律赋予竞争者在商业表达中使用商标以告知消费者的权利,已经受到一定程度的损害。

如前所述,在商标制度发达的欧美国家,对与商业表达自由相关的指示性使用、描述性使用及比较广告的规定已经比较完备,其既有的司法实践既有颇多可供借鉴之处,亦不乏足以警醒者。相形之下,我国现行商标法律制度则存在着诸如具体规定不周详、法律效力等级低之类的问题,司法实践中有关这方面的案例也已经不在少数,且总体上亦表现为侧重于对商标权专有性的保护,忽视了对商标权的限制。商业表达自由对商标权的限制与商标法对商标权利的保护,都是商标制度不可或缺的有机组成部分,在笔者看来,依据 TRIPs 协议第 17 条、吸收欧美发达国家的经验,借助商标法再次修改的契机,完善相关规定、指导司法机关审判,对合理保护商标所有人权益、平衡商标权人利益与竞争者利益、社会公共利益,具有重大的意义。

第六章 我国商标权保护与商业表达自由的平衡

第一节 我国现行立法的不足

与商业表达自由相关的商标使用行为，主要涉及商标的描述性使用、指示性使用及比较广告。我国立法有关这方面的规定并非一片空白，但其不尽完善也是显而易见的。笔者将从 TRIPs 协议的规定入手，分别针对商标合理使用和比较广告中的商标使用，结合商业表达自由的保护问题展开讨论。

一、TRIPs 协议中的"商标权例外"

随着知识经济的到来与全球化进程的加快，知识产权贸易已与货物贸易、服务贸易一起，成为 WTO 的三大支柱。商标是消费者购物的向导、经营者参与竞争的利器，在引导企业生产、促进经济发展、维持消费者权益上发挥着重大的作用。商标权作为市场经济所要建立和维系的不受扭曲的竞争制度的基本要素，成为国际间经济、贸易交流的一个重要工具。事实上，从一开始，人们就认识到，商标权直接表现为一种对市场的垄断权利，商标所有人维护和扩张自己利益的驱动与其他竞争者的利益、与公共利益相违背，因此，无论国际公约还是各国国内立法，都针对商标权利的限制问题作出了相应的规定。

TRIPs 协议第 17 条"商标权例外"针对商标权的限制做出了原则性规定，"各成员可考虑对商标所赋予的权利规定有限的例外，诸如对描述性术语的合理使用，只要这些例外顾及了商标所有人及第三方的合法利益。"❶ 在商标法中，商标所有人的利益、竞争者的利益、消费者的权益纠

---

❶ http://www.gdwto.org.cn/02/att_1c_01.pdf，更新时间：2007 年 3 月 29 日。此外，TRIPs 协定第 6 条规定："在符合第 3 条和第 4 条规定的前提下，本协定的任何规定不得用以处理知识产权的用尽问题。"而 TRIPs 协定第 22 条禁止 WTO 成员采用商标强制许可制度。因此，TRIPs 协定第 17 条的商标权例外不涉及商标权用尽和商标强制许可，而仅指商标合理使用。本书中的 TRIPs 协定相关条款的中文译文亦可参见国家知识产权条法司编：《最新专利国际条约汇编》（上），汤宗舜译校，知识产权出版社 2002 年版，第 136~174 页。

缠在一起，对立而又统一。从理论上说，当不同的利益主体处于一定的矛盾状况时，立法者的价值选择应当是兼顾利益分配所涉及的各个方面，❶以实现各方面利益的平衡。因此，TRIPs 协议在旗帜鲜明地保护商标权利的同时，对商标权进行了限制；在对商标进行限制的同时，又对此种"商标权例外"添加了反向的限制性规定：首先，各成员对商标权利的限制性规定应当是有限的；其次，这种限制应当顾及商标所有人及第三方的正当利益。显然，任何成员的商标法律规定与此相悖者，均系对 WTO 成员国际义务的违反。WTO 专家组在"欧共体农产品及食品商标和地理标志保护"一案中，对 TRIPs 协议第 17 条进行了解释，主要包括：（1）所谓"有限的例外"是指，在不削弱规则体系前提下的有限的减损，因此对商标权的限制只有是狭窄的而不是宽泛的。（2）TRIPs 协议第 17 条所列举的"对描述性术语的合理使用"，只为此种例外的范例之一，但它能够提供条约解释的指南。（3）成员国对商标权的有限限制应当考虑商标所有人和第三方的正当利益。由于 TRIPs 协议第 17 条是对于商标权的例外，因此，商标所有人的"正当利益"一定与其享有的全部商标权有所区别。❷ 这意味着，商标权人在没有商标权例外的情形下享有法律规定的商标权，超出了其应当享有的"正当利益"。❸ "加拿大药品专利保护案"的专家组认为，应当按法律中常用的方法来理解"正当利益"，鉴于在法律中，正当利益通常被视为一种正当的权利要求，即保护受相关的公共政策或其他社会准则支持的合理利益。❹

TRIPs 协议是迄今为止对各国知识产权法律和制度影响最大的国际条约，作为 WTO 成员，国商标法律制度的建设与发展应符合 TRIPs 协议的相

---

❶ 冯晓青：《知识产权法利益平衡理论》，中国政法大学出版社 2006 年版，第 28 页。

❷ European Communities-Protection of Trademarks and Geographical Indications for Agricultural Products and Foodstuffs. Report of the Panel, WT/DS174/R.

❸ 胡滨斌："论中国商标合理使用制度的建构"，载《北京交通大学学报（社会科学版）》2009 年第 2 期。

❹ 王火灿：《WTO 与知识产权争端》，上海人民出版社 2001 年版，第 288 页。

关要求，而该规定则构成我国确立和完善与商业表达自由有关的商标法律规定的条约义务或者说国际法依据。

二、商标合理使用制度设计的不足

在我国，1982年《商标法》及1993年《商标法》中有关商标注册的规定及"注册商标专用权的保护"中根本没有商业表达自由的规定，由于历史原因，当时的商标法对商标权利的保护尚且不完善，更遑论对商标权利的限制。目前的《商标法》，历经两次修改，其第11条有关"不得作为商标注册的标志"❶的规定，涉及商标权授予与商业表达自由的平衡，但在商标权利保护方面，仍未明确具体地将涉及商业表达自由的合理使用制度纳入整个商标法律体系内。而立法阶位较低的国务院于2002年9月颁布的《商标法实施条例》第49条明确规定，"注册商标中含有的本商品的通用名称、图形、型号，或者直接表示商品的质量、主要原料、功能、用途、重量、数量及其他特点，或者含有地名，注册商标专用权人无权禁止他人正当使用。"这被认为是我国现行的有关商标合理使用的立法依据。但是该款止步于商标的描述性合理使用，指示性使用则并未包括在内，其调整范围显然过于狭窄，且《商标法实施条例》作为行政法规，其法律位阶较低。

此外，北京市高级人民法院曾于2004年发布《关于审理商标民事纠纷案件若干问题的解答》，其第19条❷规定是首次以司法意见的形式对商标

---

❶ 第11条下列标志不得作为商标注册：（一）仅有本商品的通用名称、图形、型号的；（二）仅仅直接表示商品的质量、主要原料、功能、用途、重量、数量及其他特点的；（三）缺乏显著特征的。

前款所列标志经过使用取得显著特征，并便于识别的，可以作为商标注册。

❷ 商标合理使用应当具备以下构成要件：（1）使用人出于善意；（2）不是作为商标使用；（3）使用只是为了说明或者描述自己的商品或者服务；（4）使用不会造成相关公众的混淆与误认。北大法律信息网 http://vip.chinalawinfo.com/newlaw2002/slc/slc.asp? gid =16831929&db = LAR&keyword =%C3%F1%CA%C2%BE%C0%B7%D7%B0%B8%BC%FE。

合理使用进行了规定，但该解答于 2006 年随着《北京市高级人民法院关于印发〈北京市高级人民法院关于审理商标民事纠纷案件若干问题的解答〉的通知》❶ 的实施被废止。《北京市高级人民法院关于审理商标民事纠纷案件若干问题的解答》就商标近似的判断、正当使用商标标志行为的构成要件、正当使用商标标志的行为、注册商标的通用化及他人使用该商标文字是否构成商标侵权等问题作出了远较商标法详细具体的规定，但该规定属于地方司法文件，其效力等级不高。

近年来，有关商标权的保护与限制一直是世界各国的商标法及国际条约关注的对象。目前商标法对商标权保护不断扩张的态势，已经引发不少学者的关注，商业表达自由关系到竞争者的利益和消费者的知情权，有关商标合理使用制度的设计应当保持参与市场竞争主体各方利益的平衡，而不是片面支持商标所有人对商标权利的滥用。这是商标法律制度发展的必然趋势，也是解决现实问题的必需。因此，我国应从实际出发，顺应国际立法趋势，构建自己的商标权合理使用制度。

有学者认为，合理使用已经成为表述对此类行为的正式用语，"正当使用"的表述不如合理使用准确，对此，笔者并不反对。但笔者想要指出的是，上文有关 TRIPs 协议第 17 条的阐述已经表明，正当与合理的用语选择并非问题的关键，解决问题的钥匙是对所选用语的解释，即无论选择哪一用语，都必须解决如何界定的问题。学者们讨论合理使用的立法问题时，总会以"过于原则"的理由加以批判，却又近乎一致地拿不出更为具体的条文。事实上，立法一直存在抽象的用语与具体的事实判断之间的矛盾需要解决。反观 TRIPs 协议第 17 条、《欧共体商标一号指令》和《欧共体商标条例》及美国《兰哈姆法》的规定，也存在无法进一步具体化的问题。在商标法制发达的欧美国家，对商标所有人之外的竞争者的使用行为属于合理使用还是侵权的判断，审理案件的法官依靠的并不仅仅是法条，还有

---

❶ 该解答于 2006 年 3 月 7 日发布，于 2006 年 3 月 7 日起实施。http://www.sipo.gov.cn/zcfg/flfg/sb/dfsfwj/200804/t20080403_369235.html，访问日期：2011 年 11 月 9 日。

他们对立法精神的领悟和把握，而不是对具体至微的条文的僵硬适用。WTO 专家组的意见意味着，在立法对合理使用的规制的情况下，需要结合现实中"受相关的公共政策或其他社会准则支持的合理利益"来判断有关行为。当然，完善立法是司法公平公正的前提，现行相关商标立法需要扩大调整范围和进一步完善以适应现实的需要，但仅仅依靠立法上的完善是不可能解决所有问题的，如果在实践中不适度地处理好商标人权利保护与其他利益的冲突，目前的问题依旧无法解决。

三、比较广告侵权认定法律依据的不足

比较广告是竞争者有效的竞争手段之一，恰当合法的比较广告可以向消费者传达有关产品或服务的大量真实有用的信息，因此在一定程度上有助于竞争，也有利于保护消费者权益。比较广告既可以提及商标，也可以不提及商标；可以以明示的方式提及比较对象，也可以以暗示的方式提及；比较广告对他人商业性标志的提及不以商标为限，还可以包括企业名称或商号；并且，不是所有提及他人商标的比较广告都会构成商标侵权，而提及他人商标的比较广告也不会构成所有类别的商标侵权。

当代世界上大多数国家都肯定了比较广告的积极效用，为避免比较广告使用他人商标可能带来的不良影响，同时在法律层面上加以规制。与其他国家的立法相比，我国法律有关比较广告的规定较现实需要落后许多：（1）我国现行广告法缺乏针对比较广告的具体规定，也没有有关比较广告的特别立法。（2）目前涉及到比较广告的规定散见于相关法律、法规和部门规章之中，显得零散无序。1994 年《广告法》[1] 第 3 条要求"广告应当真实、合法"，第 4 条则要求"广告不得含有虚假的内容，不得欺骗和误导消费者"，第 7 条第 2 款第 3 项规定广告不得"使用国家级、最高级、最佳等用语"，第 12 条规定"广告不得贬低其他生产经营者的商品或者服

---

[1] 《中华人民共和国广告法》由中华人民共和国第八届全国人民代表大会常务委员会第十次会议于 1994 年 10 月 27 日通过，自 1995 年 2 月 1 日起施行。

务"，第 14 条第 3 项规定药品、医疗器械广告不得有"与其他药品、医疗器械的功效和安全性比较"的内容，第 47 条第 3 项还规定了"贬低其他生产经营者的商品或者服务"的法律责任。由于未对比较广告作出明确规定，有学者断言司法实践全面禁止比较广告❶，也有学者主张我国允许真实且不误导消费者的比较广告，虚假的和具有误导性的比较广告是一种不正当竞争行为。❷ 此外，1993 年颁布的《反不正当竞争法》第 2 条第 1 款、第 5 条、第 9 条、第 14 条和第 20 条，也是有关比较广告的规定，并且在涉诉案件中广为适用。与比较广告相关的部门规章则主要包括：1993 年的《国家工商行政管理局广告审查标准（试行）》，该标准第四章共设置 6 个条文对比较广告进行专门的法律规制，并在其他章节对药品、农药、医疗器械、医疗、化妆品等广告的对比性内容分别作了禁止性规定。此外，国家工商行政管理局颁布的《医疗器械广告审查标准》《药品广告审查标准》《农药广告审查标准》等规章中，也都有"不得贬低同类产品""不得与其他同类产品进行功效和安全性对比"及相关的禁止性规定。总体而言，我国有关比较广告的现行规定存在以下缺失：作为直接规制广告行为基本法的《广告法》，法律位阶虽高，有关比较广告的直接规定却付诸阙如，没有就比较广告的概念、适用条件、适用范围等作出明确的规定，现有规定大多数法律位次太低，还存在法条较为原则抽象、缺乏可操作性和有关法律责任的明确规定等不足。

在比较广告中使用他人商标的行为，实际上是利用了商标表彰来源和区分识别的功能，因此，这种使用行为构成商标侵权的，首先损害或削弱的是商标的显著性和识别功能，割断了商标与商品或服务之间的独特联系，因此，往往落入禁止混淆的范围。而这种使用，由于妨碍或限制人们为指示商品或服务的用途或者为向消费者传达有关商品或服务的资讯而使用他

---

❶ 苗启林："探寻市场规制法中比较广告行为的立法基础"，载《黑龙江省政法管理干部学院学报》2006 年第 6 期。

❷ 刘德芸："论比较广告的合法性之度——中美比较广告法律规制的比较和借鉴"，载《经济研究导刊》2006 年第 5 期。

人商标的自由,自然不在商标法所要保护的商业表达自由范围之内。此外,在比较广告中使用他人商标的行为,也可能构成对驰名商标声誉即知名度的攀附、损害。是否允许在比较广告中使用他人注册商标,我国《商标法》和《广告法》中均无直接规定。《反不正当竞争法》第9条规定,"经营者不得利用广告或者其他方法,对商品的质量、制作成分、性能、用途、生产者、有效期限、产地等作引人误解的虚假宣传。"该条也没有对比较广告使用他人商标的问题做出明确规定。

比较广告分为直接比较广告和间接比较广告,根据《商标法实施细则》第29条第2款,"将商标用于广告宣传"属于商标使用行为,则直接比较广告中使用他人商标引起混淆的,涉及商标侵权。至于间接侵权,是并非直接针对商标权的侵害行为,主要包括销售侵权、标志侵权和其他侵权,比较广告中的商标侵权行为由于只是使用侵权,因此也只限于直接商标侵权,而不包含间接商标侵权。❶ 对商标侵权的认定,仍然需以《商标法》有关一般侵权及对驰名商标特殊保护的规定为依据。《商标法》第52条、最高人民法院《关于审理商标民事纠纷案件适用若干法律问题的解释》第8条、第9条、第10条、第11条、第12条是有关一般商标侵权认定的具体规定,《商标法》第13条和《驰名商标认定和保护规定》对有关驰名商标的特殊保护进行了规定,但这种保护仍是以禁止混淆为前提,并没有涉及商标的声誉,对驰名商标的淡化问题也未加以规定。

第二节 商标与商业表达自由保护的实践

随着商业竞争的日益加剧,我国有关商标归属及商标侵权的案件也随之大比例提升,其中不少争议涉及商业表达自由,有些纷争不仅引发了个别企业与所属行业其他竞争者的对立,更引起整个社会的广泛关注。人民

---

❶ 董静:《驰比较广告中商标侵权的认定研究》,南京理工大学2007年硕士论文。

法院在"百家湖"案、❶《家庭》杂志案、❷ Owen 商标侵权案、❸ "银杏"商标侵权案❹等案件中,对合理使用和侵权做出了准确的界定,但也有些案件值得进一步探讨。如前所述,由于我国商标法律规定仍存不足,审理案件的法官在认识上有分歧,对"打擦边球"的侵权行为认定有不同的看法,对此,笔者将通过对实际案件的分析,就司法实践中存在的不足提出一些建议。

一、商标权的授予与商业表达自由

我国在商标权取得问题上采用的是注册主义模式,因此,对商标注册申请的审查不仅关系到经营者能否获得商标权利,更关系到其他经营者的竞争利益,并将最终影响到消费者的权益。换言之,商业表达自由与商标权利取得之间的冲突在申请注册商标的阶段已经存在,商标评审委员会对申请注册商标的标志的审查,直接影响到二者关系的平衡。

事实上,在实践中已经出现因评审不当引发纠纷,2009 年方便面行业的"大骨"风波便是一则典型的案例。白象集团的母公司——河南正龙食

---

❶ 一审法院认定"百家湖"为一地名,为保护公众利益,不支持商标专用权人因注册商标即获得该地名的独占性垄断,被告善意使用该地名为属于正当使用;二审法院从保护商标注册人角度出发,支持了原告该商标的专用权,但再审法院又推翻二审判决,最终支持一审判决。

❷ 两审法院一致认为,"家庭"一词为人们日常生活、工作和学习中常用的基本词汇,只是因为原告的使用才获得了第二含义,即代表杂志。而被告使用的恰恰是第一含义的家庭,而非指向杂志,且使用中没有突出使用,属于正当使用。

❸ 原告注册了"owen"商标,被告为服装生产企业,在运动服装前胸及后背连同"10 号"一起使用了"owen",法院认为,"owen"使人第一反应为联想到英国著名球星欧文,而非原告商标,被告使用"owen"的功能主要是通过欧文的个人形象做广告性宣传,而非识别商品来源的符号,故此驳回原告的商标侵权的诉求。

❹ 法院认为,被告为表明其产品中含有"银杏",可以通过在产品外包装上增加原配料表,或直接表明本产品含有银杏成分方式来描述其产品的原料,没有必要突出使用"银杏"来表明其产品原料,显然不是对该词第一含义的正当使用,而是商标性使用。故此,支持原告诉求。商家泉:温宇洋正当使用在商标侵权中的抗辩分析,http: // www. fylz. com. cn/shownews. aspx? newsid = 5219,访问日期:2011 年 11 月 10 日。

品有限公司（以下简称正龙公司）是国内知名的方便面生产企业。2004年8月，正龙公司在第30类商品上申请注册大骨商标。2007年6月，大骨商标获准注册，核定使用的商品包括第30类的方便面、挂面、面包、面条、米粉等，专用期限自2007年6月14日至2017年6月13日。2007年8月，今麦郎公司以大骨商标缺乏显著性为由向商标评定委员会提出撤销申请。❶2008年8月，商标评定委员会作出第08350号裁定，认定大骨为肉类商品的常用词，将其用于方便面等食品上，与产品的原料、风味相关，缺乏显著性，应予撤销。但该商标用在面包商品上，并不违反《商标法》第11条的规定，在此商品上的注册予以维持。正龙公司不服商标评定委员会裁定，向北京市一中院提起行政诉讼。❷

在"大骨"商标行政诉讼中，正龙公司主张，大骨是该公司在先独创的一个臆造词，并非描述性词语，没有对方便面食品的特点进行直接的表示或描述，其含义是大骨气、大志向，具有显著性。❸作为同业竞争者的其他方便面生产商则主张，在日常生活中，大骨又名猪骨、排骨、大骨头，消费者看到在方便面上的大骨，通常的理解就是指方便面的主要原料。现有市场上既有华龙推出的骨汤弹面和大骨拉面，也有康师傅推出的骨汤行家和统一推出的上汤大骨等，正龙公司所谓"大骨"是一个臆造词，缺乏依据。反对者指出，大骨是肉类食品的常用词，被广大消费者所认知，消

---

❶ 中国商标网：商标纠纷方便面行业再起"大骨"风波，http：//www.25logo.com/Html/20103-2103.html，更新时间：2010年3月21日。

❷ 法院经审理认为，正龙公司在商标评审过程中提出大骨商标经过使用具有显著性的主张，并且提交了该商标经过使用的大量证据。商标评定委员会没有就正龙公司提出的该主张及相关证据进行审理，即直接得出大骨商标指定使用在面包之外的商品上不符合《商标法》有关规定的结论，属于漏审，其审理程序依法应予撤销。另外，由于双方在本案审理过程中提交了新证据，为了给当事人一个补救的机会，以维护其合法权益，商标评定委员会应当在考虑全部证据的基础上，重新作出裁定。中国商标网：商标纠纷方便面行业再起"大骨"风波，http：//www.25logo.com/Html/20103-2103.html，添加时间：2010年3月21日。

❸ 中国商标网：商标纠纷方便面行业再起"大骨"风波，http：//www.25logo.com/Html/20103-2103.html，更新时间：2010年3月21日。

费者看到大骨第一时间就会联想到这个方便面是大骨头汤味的方便面,而不会联想到是精神层面的大骨气、大志向的含义。大骨风味方便面在业内使用多年,已经成为约定俗成的固定称谓,不应为一家独占,原告通过商标注册的方式,把公共资源占为己有,违反了诚实信用的原则,构成不正当竞争行为。❶ 对此,笔者予以赞成。

我国《商标法》第 9 条规定,"申请注册的商标,应当有显著特征,便于识别,并不得与他人在先取得的合法权利相冲突。"第 11 条规定,"仅有本商品的通用名称、图形、型号的;仅仅直接表示商品的质量、主要原料、功能、用途、重量、数量及其他特点的;缺乏显著特征的"标志不得作为商标注册,这类标志经过使用取得显著特征,并便于识别的,可以作为商标注册"。据此,描述性标志、通用名称以及其他缺乏显著性或者属于对产品质量、主要原料、功能、用途、重量、数量及其他特点的直接表示的标志,在没有取得显著性的情况下,得被拒绝注册。在商业中,此类标志由于容易为消费者理解、接受和记忆,常常被商家用于申请注册商标,商标法不授予此类标志商标权的原因是,让这些标志可以一直为所有人、尤其是为竞争者所用这一公共利益,这一公共利益源自第三方经营者为了告知消费者有关产品和服务的信息以及消费者接收此类信息而使用商标符号的商业表达自由。而正龙公司和白象集团在获准注册后即开始挥动"大骨"棍棒,以其他企业的部分产品含有该字样、构成侵权为由,对其他竞争者进行打压❷的行动,恰恰说明商标权的授予应当充分考虑各方利益,慎重决定,以避免损害公平竞争。

二、商标合理使用与商业表达自由

商业表达自由与商标所有人权利的冲突,集中体现在第三方经营者未经许可使用其商标的行动上;而这种使用冲突的加剧,最终又往往会演化

---

❶ 中国商标网:商标纠纷方便面行业再起"大骨"风波,http://www.25logo.com/Html/20103-2103.html,更新时间:2010 年 3 月 21 日。

❷ http://www.tmchn.com/shiwu/zy/4079.htm,更新时间:2008 年 5 月 7 日。

为诉讼——商标权人作为原告主张侵权,身为被告的第三方经营者则通常主张合理使用。尽管我国商标法有关合理使用的立法仍不完善,但商业中绝不缺乏由对他人商标的描述性使用、指示性使用而引发的纠纷。

在美国 ETS 考试中心诉新东方侵犯著作权商标权一案中,一审法院判决被告对原告商标的使用构成侵权,二审法院则认为,新东方对"TOEFL"商标的使用是描述性或叙述性的使用,不构成商标侵权;在李学东诉中国政法大学出版社侵犯商标权纠纷中,法院认定,被告在"法律人丛书"上对"法律人"的使用属于正当合理的,这种使用是对"法律人"三字本意的使用,并不是商标意义上的使用,并且被告的使用行为不是出于误导公众的考虑,也没有使得读者产生误认的结果,进而给原告造成损害。❶ 在浙江省食品有限公司诉上海市泰康食品有限公司,浙江永康四路火腿一厂商标侵权纠纷一案中,法院指出,"金华火腿"原产地域产品名称,被告永康火腿厂的使用行为属于正当使用。❷ 有关指示性使用,较为典型的有(日本)丰田自动车株式会社诉浙江吉利汽车有限公司、北京亚辰伟业汽车销售中心侵犯注册商标权纠纷案。原告主张,自己依法享有丰田图形商标、"丰田"商标和"TOYOTA"商标的注册商标专用权,被告吉利公司在对自己的美日汽车进行宣传时使用了"美日汽车 丰田动力"、"丰田 8A 发动机"、"技术参数:TOYOTA8A"等宣传用语误导消费者,违背了诚实信用原则,也同时构成了侵犯商标权和不正当竞争。❸ 对此,法院认为,被告吉利公司在对涉案美日汽车进行宣传时使用"丰田"及"TOYOTA"文字,是对涉案美日汽车发动机所具有的性能、来源进行说明,是向消费者介绍汽车产品配置的主要部件的技术、制造等来源情况,以便于消费者

---

❶ http://www.hziplaw.com/DesktopModule/BulletinMdl/BulContentView.aspx?BulID=4388&ComName=default,发布时间:2010 年 4 月 6 日。

❷ 上海市第二中级人民法院民事判决书(2003)沪二中民五(知)初字第 239 号,http://www.cnad.com/html/Article/2008/0702/2008070214491074.shtml,访问日期:2011 年 11 月 10 日。

❸ http://www.chinaipmagazine.com/journal-show.asp?id=682,访问日期:2011 年 11 月 10 日。

对汽车产品的基本情况有所了解,这种对汽车产品配置进行介绍或说明的方式是符合商业惯例的;吉利公司并未将"丰田"及"TOYOTA"文字作为涉案美日汽车的商品标志予以使用,"丰田"及"TOYOTA"文字在此不具有用来标志美日汽车产品和吉利公司的意义,未对"丰田"及"TOYOTA"注册商标权造成损害。❶

而目前,最引人注目且涉及商业表达自由与商标权利保护之间关系的纠纷,莫过于有关通用名称"解百纳""兰贵人"以及"海娜"商标争议。无论是尘埃已定的"兰贵人"❷,还是一度甚嚣尘上的

---

❶ http://www.chinaipmagazine.com/journal-show.asp?id=682,访问日期:2011年11月14日。

❷ 2002年4月9日,位于海南的澄迈万昌苦丁茶场将"兰贵人"作为商标提出申请,2003年5月28日该商标获得注册,核定使用商品范围为"茶、茶饮料"。随后澄迈万昌苦丁茶场委托律师在海南等地以打假维权为名,向行业内众多的茶商发难,仅在海南省内就提出365万元的索赔额。为了维护海南广大"兰贵人"茶叶生产商、经销商的利益,海南省茶叶协会于2003年7月15日对"兰贵人"注册商标向商标评定委员会提起撤销申请,历经多次调查取证以及审慎的审查,2008年8月,商标评定委员会裁定撤销"兰贵人"商标。2009年3月,澄迈万昌苦丁茶场不服北京市第一中级人民法院的一审判决,向北京市高级人民法院提起上诉。北京市高级人民法院审理认为,海南省茶叶协会提出争议商标的撤销申请不违反法律规定,商标评定委员会对相关证据的采纳与采信符合《商标评审规则》的有关规定,商标评定委员会的撤销裁定和原审判决认定事实清楚,判决驳回上诉,维持原判。至此,"兰贵人"商标终被撤销。http://www.cta.org.cn/sbdt/sldt/201008/t20100815_5738.html,访问日期:2009年5月25日。

"解百纳"[1]，无不与商业表达自由相关。根据商标法的规定，注册商标的专用权，以核准注册的商标和核定使用的商品为限。但对专用权的保护则是通过侵犯注册商标专用权的行为来实现的。商标禁止权通过排斥他人对权利客体的占有、使用和控制实现商标所有人的对商标使用上的独占和垄断；与此同时，这种排他性权利对竞争对手的经营活动造成阻碍，因此，商标法需要限定商标权利的范围，在商标权利的法律保护与商业表达自由之间取得平衡。"徒法不足以自行"，在这种情形下，第三方经营者的商标使用行为究竟是作为商业表达自由主要形式的合理使用，还是侵犯他人商标权利违法行为，人民法院认定的意义重大，其判决结果不仅对个案发挥效力，更会影响到某个行业的整体发展，进而辐射至作为整个消费群体人社会公众，引发公众对司法公平公正的评议。

司法界已经就正当使用商标标志达成一致，判断使用行为系商标合理

---

[1] 张裕公司曾于1959年、1985年和1992年三次向国家商标局提出"解百纳"商标注册申请，但最终只获准"备案使用"。2001年，张裕公司再次向国家商标局提出"解百纳"的商标注册申请，于2002年4月14日由国家商标局核准注册，2002年6月，长城等企业联合向国家商标局提交撤销注册申请书，反对张裕注册"解百纳"商标。7月10日，国家商标局作出《关于撤销第1748888号"解百纳"注册商标的决定》，认为"解百纳"是红葡萄酒的原料品种的名称，对该注册商标予以撤销，而张裕公司不服此决定，由此进入行政复议阶段。2008年5月，商标评定委员会裁定，驳回中粮酒业、中粮长城、王朝、威龙四家企业向商标评定委员会提出的撤销解百纳商标注册申请，维持解百纳商标注册。2008年6月，中粮酒业、中粮长城、王朝、威龙四家企业对商标评定委员会裁定不服，向北京市第一中级人民法院提起诉讼。在本案一审期间，经人民法院准许，威龙公司撤回了对商标评定委员会的起诉。2009年12月，北京市第一中级人民法院作出判决：商标评定委员会做出的裁定程序并无不当，不支持原告"争议商标属不当注册"的诉讼请求。但双方当事人均在诉讼程序中提交了大量有可能影响商标评定委员会实体裁决结果的证据，据此，商标评定委员会应当在考虑当事人提交的新证据的基础上，重新做出裁定。2010年1月，原告企业对一审判决不服，向北京市高级人民法院提起上诉。2010年6月，北京市高级人民法院作出终审判决：驳回上诉，维持原判。2010年12月，争议各方在国家工商行政管理总局商标评审委员会调解下，达成调解协议，张裕集团拥有"解百纳"商标，张裕集团许可长城、王朝、威龙三家企业使用"解百纳"商标，其他葡萄酒企业（包括洋葡萄酒）使用"解百纳"商标均属侵权。http://baike.baidu.com/view/223772.htm，访问日期：2011年11月14日。

使用的关键是，对商标的组成部分（文字或图形等）的使用并不是商标意义上的使用，即不是作为区分商品来源的符号使用，而是为了说明或描述自己的商品或服务。❶ 其构成要件有三：是出于善意、不是作为自己商品的商标使用、使用只是为了说明或者描述自己的商品。这反映在《北京市高级人民法院关于印发〈北京市高级人民法院关于审理商标民事纠纷案件若干问题的解答〉的通知》第 26 条中。该解答第 27 条对属于正当使用商标标志的行为进行了列举，使用注册商标中含有的本商品的通用名称、图形、型号的行为，使用注册商标中含有的本商品的通用名称、图形、型号的行为，以及在销售商品时，为说明来源、指示用途等在必要范围内使用他人注册商标标志的行为都在正当使用之列。❷ 在立法缺乏明确规定的情况下，司法机关通过审理案件总结得出的司法解答，对正确解决商标纠纷发挥了重要作用，也直接反映我国立法的亟待完善。

三、驰名商标的声誉保护与商业表达自由

在我国，有关驰名商标的法律保护见诸《商标法》《反不正当竞争法》《商标法实施条例》《驰名商标认定和保护规定》以及最高法院的司法解释，即《关于审理商标案件有关管辖和法律适用范围的解释》《关于诉前停止侵犯注册商标专用权行为和保全证据适用法律问题的解释》《关于审理商标民事纠纷案件适用法律若干问题的解释》以及自 2009 年 5 月 1 日起实施的《最高人民法院关于审理涉及驰名商标保护的民事纠纷案件应用法律若干问题的解释》。就司法实践而言，对案件的审理应当以法律为根据，

---

❶ 马宁：出版物对图书商标的使用行为研究，http://www.lawtime.cn/info/shangbiao/sbshiyong/20111012101305.html，访问日期：2011 年 11 月 14 日。

❷ 满足本解答第 26 条规定要件的下列行为，属于正当使用商标标志的行为：（1）使用注册商标中含有的本商品的通用名称、图形、型号的；（2）使用注册商标中直接表示商品的性质、用途、质量、主要原料、种类及其他特征的标志的；（3）在销售商品时，为说明来源、指示用途等在必要范围内使用他人注册商标标志的；（4）规范使用与他人注册商标相同或者近似的自己的企业名称及其字号的；（5）使用与他人注册商标相同或者近似的自己所在地的地名的；（6）其他属于正当使用商标标志的行为。

但最高法的司法解释显然更具操作性。笔者以为,就驰名商标的保护与商业表达自由的平衡来看,《最高人民法院关于审理涉及驰名商标保护的民事纠纷案件应用法律若干问题的解释》第 9 条值得深入讨论。下面,笔者尝试结合案例就此提出自己的看法。

2004 年,鑫贵公司和丽都公司树立一块户外广告牌为楼盘进行宣传,广告中模特手拎一只印有"LV"字母及花形状图案提包。该广告牌高 300 米、宽 60 米,其中广告牌的左右两侧均为广告语,主要介绍"丽都新贵"楼盘的地理位置及开发商等,而广告牌的中间部分为一半蹲模特图像,模特手中拎一手提包,包身为均布的"LV 花图形"图案,其中包含了"LV"商标图案。"LV"商标注册人法国路易威登马利蒂公司认为其未经注册人许可擅自使用"LV"商标,侵犯其商标权,且构成不正当竞争,遂向上海市第二中级人民法院提起诉讼。对此,两被告辩驳,广告使用的并非"LV"商标,而是"LV"品牌手提包,该手提包不会使消费者将路易威登误认为楼盘提供者。❶

与一般的商标侵权案件相比,本案的特殊之处在于,两被告将原告的"LV"商标置于商品的广告背景中,这种使用不是商标意义上的使用。法院经审理认为,两被告在广告中并没有对"LV"商标图案做商标性标志使用,消费者不会因该广告而对楼盘的来源产生混淆,因此原告的商标侵权指控没有依据。从判决来看,审理案件的法院将此种使用定性为对他人商标声誉的攀附,被告在广告中使用"LV"商标图案的行为具有明显的搭便车意图,虽然没有导致消费者的混淆,但鉴于原告商标及商品声誉的取得是其投入巨额资金和长期经营的结果,被告的行为实属不正当获取、利用原告的资源,构成不正当竞争,法院判令两被告向原告共同赔偿 5 万元经济损失。❷ 笔者以为,就被告的行为来看,称其不正当利用原告的资源尚可,所谓"不正当获取原告的资源"则完全于理不通。如果将该案与

---

❶ LV 告赢上海房产开发商,http://www.cipnews.com.cn/showArticle.asp? Articleid = 2528,更新时间:2006 年 11 月 8 日。

❷ 参见 (2004) 沪二中民五 (知) 初字第 242 号民事判决书。

L'Oreal v. Bellure 比较广告商标侵权案进行类比，二者无疑有着高度的相似性，其实质都在混淆之虞以外对驰名商标的商誉进行保护，在利用驰名商标的商誉获取不正利益这个问题上，都不以构成混淆误认之虞或造成商标之识别性或信誉之损害为前提。这一观点在《最高人民法院关于审理涉及驰名商标保护的民事纠纷案件应用法律若干问题的解释》第 9 条❶第 2 款得到直接体现——"足以使相关公众认为被诉商标与驰名商标具有相当程度的联系，而减弱驰名商标的显著性、贬损驰名商标的市场声誉，或者不正当利用驰名商标的市场声誉的，属于商标法第 13 条第 2 款规定的"误导公众，致使该驰名商标注册人的利益可能受到损害"。

正如反对欧洲法院对 L'Oreal v. Bellure 所作决定的学者所指出的那样，这一规定用意在于，在混淆理论以外对驰名商标保护保护，以回应对商誉保护的需要并激励投资，然而这一倾向无疑存在损害其他经营者商业表达自由的风险，对商标的保护必须考虑利益平衡与公平竞争这两大政策目标。

第三节　商标权利保护与商业表达自由的协调

法的主要作用是调整相互冲突的利益。❷ 商标之设，在表达上旨在保护消费者不受混淆及商人不受不当竞争。❸ 然而，在实践中，商标所有人在私益的驱使下，不断推动商标权利的保护，对商标进行全面的法律保护成为欧美各国的商标法立法与司法的重要趋势。然而，从社会政策出发，

---

❶ 第 9 条足以使相关公众对使用驰名商标和被诉商标的商品来源产生误认，或者足以使相关公众认为使用驰名商标和被诉商标的经营者之间具有许可使用、关联企业关系等特定联系的，属于商标法第 13 条第 1 款规定的"容易导致混淆"。

足以使相关公众认为被诉商标与驰名商标具有相当程度的联系，而减弱驰名商标的显著性、贬损驰名商标的市场声誉，或者不正当利用驰名商标的市场声誉的，属于《商标法》第 13 条第 2 款规定的"误导公众，致使该驰名商标注册人的利益可能受到损害"。

❷ [美] E. 博登海默著，邓正来译：《法理学——法律哲学与法律方法》，中国政法大学出版社 2004 年版，第 413 页。

❸ 黄海峰：《知识产权的话语与现实——版权、专利与商标史论》，华中科技大学出版社 2011 年版，第 247 页。

商标法在保护商标权利的同时，也需要维持自由和公平竞争的空间，保护消费者的权益。正是在此种社会政策的影响下，各国商标法在保护商标权利的同时对其施加限制——商业表达自由即商标权利限制的内容之一，以满足社会政策的需要、平衡和协调各方利益。我国的商标法律制度当然也包含了对商标权利的限制，但与欧美国家相比，作为商业表达自由主要形式的描述性使用、指示性使用等，无论立法还是司法，都存在不足，有进一步补充和完善的必要，而商标法制发达国家的立法与司法实践将为我国相关法律制度的完善提供宝贵的经验。

一、商标注册与竞争者的商业表达自由

在商标权的授予问题上，我国采用的是注册主义模式，因此，商标权的取得必须经过注册，注册商标受法律保护，未经注册的商标可以使用，但一般不能享有商标权。《商标法》就有关注册的条件作出了与其他国家的规定并无实质差异，也符合TRIPs协议等我国参加或缔结的国际条约的要求。在笔者看来，在商标权授予与商业表达自由保护问题上，如何平衡经营者各方的利益，关键是主管机关对申请注册标志的审查。

商标局对商标的审查包括形式审查和实质审查。形式审查是对商标注册申请的文件、手续是否符合法律规定的审查，实质审查是对标志是否具有注册条件的审查。商标法规定的审查主要是指实质审查，包括对绝对条件和相对条件的审查。就申请注册的标志来说，对商业表达自由影响较大且常常为主要申请对象的有描述性标志和通用标志等缺乏显性的标志。

（一）描述性标志与商标注册的审查

将描述性标志核准注册为商标会剥夺其他经营者描述和宣传其产品的基本手段，影响其商业表达自由，增加消费者的搜寻成本，也容易引发纠纷，增加社会成本，毕竟，司法资源是有限而不是无穷的。关于描述性标志的判断，商标、工业品外观设计和地理标志法律常设委员会（SCT）指出，描述性商标是指那些提供有关商品和服务相关信息的商标，所谓描述性包括对商品或服务的成分、质量、特点、功能、特征、目的或用途等的

描述。这一界定对我国《商标法》第 11 条第 1 款第 2 项❶规定基本无差别，但笔者想强调指出的是，对描述性判断的实质标准是"提供有关商品和服务相关信息"，而这也是判断除"仅仅直接表示商品的质量、主要原料、功能、用途、重量、数量及其他特点"的标志以外的其他标志是否具有描述性的标准。此外，欧洲法院（ECJ）的经验也可以为提供值得借鉴之处，具体包括：（1）如果某一标志与产品或服务的特征之间存在"足够的直接关系和特定联系"时，可拒绝其商标注册的申请；（2）在判断标志的描述性时，有关标志不必是对商品或者服务必要特征的描述，也不必为其同义词；（3）对包含描述性部分的标志的判断应当根据描述性成分构成的标志的整体印象，不能是这些要素的简单组合，即必须足以与这种简单组合相区分。❷

2005 年描述性词汇"金嗓子"引发了一场发生在"金嗓子喉宝"与"金嗓子"之间的商标注册纷争。广为人知的"金嗓子喉宝"是金嗓子制药厂的拳头产品，已在市场上生产销售达 12 年之久。然而，其商标注册之路长达 8 年。1999 年 3 月，广西金嗓子制药厂委托广西商誉商标事务所向国家工商总局商标局申请在第五类药品上注册"金嗓子喉宝"商标，并于 2004 年 5 月在商标局第 927 期《商标公告》上公告。2004 年 6 月，"金嗓子"商标的合法使用人广州天心药业股份有限公司，对广西"金嗓子喉宝"商标注册提出异议。天心药业主张，"金嗓子喉宝"与异议人的引证商标"金嗓子"属于使用在类似商品上的相同商标，无论从两商标的文字组成、结构来看，还是从两个中文文字的读音和含义上来分析，两个商标并不能相互区分，"金嗓子喉宝"是对"金嗓子"商标的复制抄袭。"金嗓子喉宝"商标注册由此受挫。2005 年 12 月，国家商标局裁定，天心药业

---

❶ 第 11 条下列标志不得作为商标注册：（1）仅有本商品的通用名称、图形、型号的；（2）仅仅直接表示商品的质量、主要原料、功能、用途、重量、数量及其他特点的；（3）缺乏显著特征的。
前款所列标志经过使用取得显著特征，并便于识别的，可以作为商标注册。
❷ 详细内容参见本书第四章第三节的相关论述。

所提异议理由不成立,天心药业遂向商标评审委员会申请复审。2006年,商标评审委员会最后裁定,虽然异议人引证在先注册的"金嗓子"商标与被异议商标使用商品类似,且部分文字相同,但被异议人提供的证据材料证实,"金嗓子喉宝"经过多年来大量的实际使用,已为相关消费者所知晓,并具有较强的显著性和区别特征,在实际使用中,消费者应能够将异议双方商标区别开来。而且到目前为止,没有证据表明被异议商标的使用造成了消费者对其产品的真实来源发生了混淆误认。天心药业所提供的证据不足以证明其主张,其复审理由不能成立。因此,依据《商标法》第33条和第34条规定,商标评审委员会裁定,被异议商标"金嗓子喉宝"商标予以核准注册。❶

显然,就本案而言,"金嗓子喉宝"获得注册的原因应当不仅仅局限于获得显著性,更在于"金嗓子"作为"金嗓子喉宝"这一标志的描述性部分,与"喉宝"结合后给消费者的印象是由描述性成分构成的标志的整体印象,而不是"金嗓子"这一标志带给消费者的印象。笔者以为,如果在描述性标志申请商标注册这个问题上,评审机关自始就应当将描述性标志与某一标志的描述性部分区分开,或许可以提高争议的解决效率。

(二)通用标志与商业表达自由

从表达自由的角度而言,拒绝通用标志注册为商标的理由是,所有的经营者都需要使用这些通用标志,从而能够有效地与消费者交流,而这也正是公平竞争所需要的。通用标志有两类:一类是商业中普遍使用的产品或服务的名称或标志;另一类是原本为商标,后来显著性退化以至成为通用名称的标志。

目前的"海娜"商标,就存在是否将通用标志化为专有商标的争议。金海娜公司于2004年向国家工商行政管理总局商标局(以下简称商标局)申请注册了第3906343号"海娜"文字商标和第3984640号"海娜及图"

---

❶ 马津:"喉宝"呵护"金嗓子"整体显著可区别"金嗓子喉宝"商标之争有果,http://www.marketbook.cn/yyzylal/191552770.html,更新时间:2006年12月14日,访问日期:2011年11月15日。

商标,核定使用的商品为第 3 类染发剂、指甲油、祛斑霜、化妆品等,上述商标于 2006 年获准注册。2009 年,新疆天然护发品业内掀起波澜——新疆金海娜生物科技有限公司(以下简称金海娜公司)将新疆奥曼姿科技发展有限公司、乌鲁木齐天 LLJ 区黛妹化妆品店等 6 家企业诉至乌鲁木齐市中级人民法院,请求判令被告停止使用"海娜"注册商标,并赔偿经济损失。金海娜公司认为,被告在其生产和销售的产品中都使用了"海娜""HN""henna"以及"海娜"谐音"海拿"等字样,属商标侵权。被告则主张,自己在产品外包装上注明"海娜粉"的字样,只是想表明产品的原料及性状,不构成侵权,且"海娜"为通用名称。被告已经向商标局提出异议。申请商标局认定"海娜"为通用名称,并撤销"海娜"商标的注册。❶

据《维吾尔药志》记载:"'海纳古力',千屈菜科植物指甲花,灌木……我国广东、广西、海南、福建、云南等省区有栽培;世界东半球热带地区亦多有分布。"对此,《中华本草维吾尔药卷》称这种被人们叫做指甲花的植物为"合乃",异名为"海娜、合那"等。这个有着多种不同叫法的植物,长久以来被多家从事染发、护发品生产的企业作为原料使用,并将其标注于产品包装上。❷ 笔者认为:首先,被告在产品外包装上注明"海娜粉"的字样属于描述性使用,而非商标标志的使用;其次,如果"海娜"是通用标志,则商标审查机关的核准显然是有问题的,这直接导致通用标志的专有化,不但会让特定经营者享有不合理的垄断利益,而且损害了公众的利益,正如被告所言,如果不使用"海娜"来描述产品原料,又该使用什么称呼?

(三)广告用语注册申请的审查

在我国,将广告标语注册为商标者虽不多见,但也并非完全没有。例

---

❶ http://www.lsfww.com/bencandy.php?fid-61-id-3890-page-1.htm,访问日期:2011 年 11 月 15 日。

❷ http://www.lawtime.cn/info/shangbiao/sbnews/2009111933421.html,访问日期:2011 年 11 月 15 日。

如，日本奥林巴斯株式会社（OLYMPUS CORPORATION）就在2003年3月4日分别在国际分类第9类、第10类"照相机、数码相机"、"医疗用内窥镜、生物显微镜"等商品上申请注册了"Your Vision, Our Future"（中文含义为"您的想象，我们的未来"）商标。[1]

商标局于1994年12月修订的《商标审查准则》中规定："非独创性的广告用语，缺乏显著特征，不具备商标志别作用；但独创的且非流行的短语不受此限。"因此，用于宣传的短语、口号在我国鲜有注册为商标者。在欧洲、美国及澳大利亚等国家，此类标语如果符合商标法有关显著性要求的，也可以成为商标。有鉴于此，我国商标局于2001年制定了专门的《短语、句子作为商标的审查标准》，对短语、句子作商标的各种类型进行了分析和列举，但审查时应遵循的基本原则仍是《商标审查准则》中规定的内容。[2] 在实际操作中，商标评审却没有就此形成比较统一标准，以至于做出的审查结论有时会截然相反。例如，美国伊士曼柯达公司（EASTMAN KODAK COMPANY）于2002年11月12日分别在国际分类第40类"照相加工处理服务、照相底片冲洗"等服务、第16类"照片、影集"、第9类"摄影设备和仪器"、第1类"未曝光感光胶片、相纸"等商品上申请注册的"SHARE MOMENTS. SHARE LIFE."（中文含义为"分享瞬间，分享生活"）商标则遭遇到两种结果，前两个类别的注册申请获准初步审定并公告，而后两个类别的注册申请被驳回"。[3]

在欧洲，大多数颂扬标志和广告标语的注册申请不会被商标主管当局以描述性的理由拒绝，因为它们并不是对商品或服务特征的直接描述，也没有落入通用化的范围。在欧洲法院（ECJ）看来，如果某一广告标语强调的是某产品或服务共有的良好特征，则其显著性要求需要比其他标志

---

[1] 清源："短语、口号商标审查评审实例"，载《中华商标》，2005年第5期。
[2] 同上。
[3] 同上。

高。❶ 因为在通常情况下，由于缺乏显著性，消费者通常会把这类标志看成促销用语或广告信息，而不是作为产品商业来源指示的标志，除非它们直接被消费者视作商品或服务指示，从而促使相关公众将商标所有人的商品或服务与其他不同商业来源相区分，且没有任何混淆的可能。❷ 由此可得出的结论是，广告用语在内容上通常是对产品或服务的颂扬、赞美或者推销信息，因此通常是缺乏显著性的，从商业表达自由的角度考虑，我国对此类标志注册申请的核准应当慎重，以免过度限制竞争，影响经营者与消费者的信息交流。但在立法上也不必单独罗列，因为现有商标的规定足以涵盖这类标志，且其他国家也未曾就此特别规定。

二、商标合理使用制度的完善

商标权利保护与商业表达自由的冲突主要发生在未经许可使用他人商标的行为中，对商业表达自由构成冲突的使用包括在比较广告中使用他人的商标、描述性使用或者在产品上、服务中的指示性使用。这些纯粹的、商业性质的使用，构成对商标权利的限制，其正当性源于信息对消费者的积极效用。

从上文有关欧洲及美国商标合理使用的讨论可知，在欧美各国，商标的合理使用通常规定在"商标权的限制"中，一般采用罗列商标所有人不得禁止第三人在商业中合理使用其商标之情形的方式。❸ 在我国，《商标法实施条例》第 49 条❹有关描述性使用的具体规定也与欧美类似，指示性使用却并无一语提及。从上文对美国和欧盟及其成员国商标合理使用制度的

---

❶ ECJ 21 October 2004 Erpo MöbelwerkGmbH v. OHIM（"DAS PRINZIP DER BEQUEM-LICHKEIT"），Case C 64/02，［2004］ECR I-10031.

❷ CFI 30 June 2004 Norma Lebensmittelfilialbetrieb GmbH & Co. KG v. OHIM（"MEHR FÜR IHR GELD"），Case T-281/02.［2004］ECR II-01915.

❸ 详细内容见本书第五章第二节。

❹ 《商标法实施条例》第 49 条明确规定，"注册商标中含有的本商品的通用名称、图形、型号，或者直接表示商品的质量、主要原料、功能、用途、重量、数量及其他特点，或者含有地名，注册商标专用权人无权禁止他人正当使用。"

研究中，可得出如下启示：(1) 商标合理使用制度是商标法的重要组成部分。无论是美国商标制度还是欧盟及其成员国的商标法，均有商标合理使用的明确法律依据。(2) 商标合理使用至少包括两种不同类型，它们在法律特征、要件构成和所起的作用方面，存在差异。❶ 由于法律传统的不同，美国与欧盟在商标合理使用制度上采用了不同的立法方式，美国通过成文的《兰哈姆法》规定了描述性合理使用后，又通过判例发展出指示性合理使用弥补成文规定的不同；而欧盟则以成文法直接以"商标效力的限制"对商标合理使用制度加以规范，但在类型上，二者的合理使用制度均包含了这两种不同的正当使用行为。

目前，在商标合理使用制度建设问题上，指示性使用是讨论的热点和重点，学者们几无例外地赞同将指示性使用纳入合理使用制度，分歧在于，该制度是通过商标法还是通过《商标法实施条例》予以规定，至于国务院法制办公室2011年9月发布的《中华人民共和国商标法（修订草案征求意见稿）》，对商标合理使用制度依旧没有规定。

笔者揣测，如此这般的原因或许是意图将此重任留给《商标法实施条例》，借其修订将指示性使用纳入。但笔者认为，在《商标法实施条例》中规定商标合理使用并不妥当。首先，《商标法实施条例》法律位阶较低。在知识产权体系内，商标权与著作权、专利为三大支柱，我国《著作权法》第22条、《专利法》第63条都对合理使用进行了规定，则有关商标的同一效力等级的立法亦无须区别对待。其次，TRIPs协议中有关知识产权例外条款的规定包括第13条、第17条、第26条（2）、第30条，依次对应的是版权、商标、外观设计及专利制度。作为成员国，我国《著作权法》和《专利法》已经在立法上予以回应，所欠缺者唯《商标法》。最后，在我国法律体系内，《商标法》是法律，《商标法实施条例》是行政法规，在上位法没有明确规定的前提下，下位法加以规定，未免有违反《立法

---

❶ 胡滨斌："论中国商标合理使用制度的建构"，载《北京交通大学学报（社会科学版）》2009年第2期。

法》的嫌疑。此外，从保护公共利益的立场出发，由《商标法》规定商标合理使用制度显然更适宜。

欧共体商标一号指令和《欧共体商标条例》有关合理使用的构成要件的规定，包括三点：（1）出于善意而使用他人商标；（2）该使用没有超出合理的限度；（3）将他人商标用于描述自己的商品或服务的特征，或者为标指商品或服务的用途所必需。在美国，《兰哈姆法》有关描述性使用构成要件的规定与欧洲的规定并无差异，指示性合理使用有三个必备条件：（1）使用的必要性条件，即不使用该商标，则无法描述特定的产品或服务；（2）使用的合理性条件，即对他人商标的使用仅限于合理地明确使用者的产品或服务；（3）被告的使用不得暗示其与原告存在赞助或许可关系。❶ 事实上，在欧洲和美国，无论哪一种合理使用，都要求使用他人商标者出于善意，不得破坏商标与其核准使用的商品或服务之间的联系。我国立法没有规定商标合理使用的要件，在《北京市高级人民法院关于印发〈北京市高级人民法院关于审理商标民事纠纷案件若干问题的解答〉的通知》这一司法文件中，第 26 条规定，"构成正当使用商标标志的行为应当具备以下要件：（1）使用出于善意；（2）不是作为自己商品的商标使用；（3）使用只是为了说明或者描述自己的商品。"应当说，这一表述简明扼要，符合商标合理使用制度的宗旨，也基本与他国的普遍做法保持了一致。但也存在些许不足，未能就商标使用的必要性、合理性及相关公众的混淆或误认等作出规定，有关"使用出于善意"的用语亦过于原则。笔者认为，商标合理使用具体判断标准有：

（1）出于善意而使用他人商标，应符合工商业的诚实惯例。这是合理使用的主观要件。这种使用发生在商业领域，而商标法上的善意与民法上的善意略有不同。商标法上的善意以没有不正当的竞争作为判断标准，即没有故意混淆商品或服务来源、欺骗消费者、借助商标权人的商誉来获利

---

❶ New Kids on the Block v. News America Pub, Inc. 971 F. 2d 302, 309 (9th Cir. 1992). 转引自邱进前："美国商标合理使用原则的最新发展：The Beach Boys 一案评析"，载《电子知识产权》2005 年第 5 期。

的目的。但是，正确地判断第三人使用他人商标时的心理状态并不是一件容易的事，在司法实践中可以从使用人的外部行为推知其所持的态度。比如综合考虑使用行为发生的时间、使用方式以及使用的客观效果等因素，以判断使用人主观上是否是善意。❶

（2）对他人商标的描述性使用没有超出合理的限度。合理的限度并不取决于所有人的商标根据通常的方法是否归入叙述商标的类别，关键在于被告是否使用这些词汇公平且准确地描述其商品或服务。

（3）对他人商标的指示性使用没有超出必要的限度。指示性合理使用的实质在于，在符合工商业诚实惯例的前提条件下，行为人不使用他人商标来指示有关商品或服务，就无法向消费者恰当地传达相关信息。因此，必要的限度意味着为标指商品或服务的特征或用途所必需。

（4）没有造成相关公众的混淆或误认。商标的基本功能是表彰来源和区分产品，因此，尽管混淆不是判断商标侵权的唯一标准，但禁止混淆至少是一个相当重要的因素。在评估混淆的可能性时，应当考虑商标的显著性、商标或服务之间的相似性、所使用标志与商标之间的相似性这三大要素及其相互的影响。在某些情况下，商标的显著性将导致混淆的可能性降低；显著性、货物或服务之间的相似性以及标志之间的相似性可能互相补偿；还可能出现仅有部分消费者混淆的情形。这些需要根据个案的具体情况，在考虑和平衡各方利益的基础上决定。要言之，不是所有的混淆都可需要或必须予以制止。❷

三、比较广告与商标声誉的保护

比较广告有广义和狭义之分。狭义的比较广告指具有明确比较对象的直接比较广告；广义的比较广告则不要求比较对象或竞争对手必须明确具

---

❶ 钦国巍：“商标指示性合理使用的判断标准”，载《郑州轻工业学院学报（社会科学版）》2011年第1期。

❷ 详细内容参见本书第五章第二节论述。

体,只要求在广告中"提及竞争者或其商品或服务即可"。❶ 商标具有商誉承载功能,代表了企业的营业能力并传递有关企业的产品和服务信息,如今的商标早已经成为企业的一项资产,必须给予包括商标法在内相应的保护。由于狭义的比较广告过于局限,无法就此提供相应的救济,比较广告的广义界定因此获得广泛接受。欧美都肯定比较广告得以明示或暗示的方式提及竞争者,但比较广告中的竞争者是指不正当竞争法中的广义竞争关系,因此并不局限于相同市场的竞争者。此外,比较广告必须提及竞争者的商业性标志,而商业性标志不仅包括商标,还包括企业名称和商号。囿于本书讨论的主题,笔者仅就比较广告中的商标侵权问题展开讨论。

比较广告中的商标侵权行为不同于一般的商标侵权行为,此种商标使用行为既造成了商标志别性的混淆,也损害商标所承载的商誉,构成不正当竞争。在我国,根据《商标法实施条例》第3条规定,商标法和实施条例所称商标的使用,包括将商标用于商品、商品包装或者容器以及商品交易文书上,或者将商标用于广告宣传、展览以及其他商业活动中。根据实施条例的规定,直接比较广告中使用他人商标引起混淆的,涉及商标侵权,这一点几无争议;目前需要解决的是对驰名商标声誉的保护问题,显然,普通的、无名的商标没有被比较和攀附的价值。

在这个问题上,欧盟和美国采用了不同的保护路径。在欧盟,即使声誉商标所有人并未因竞争对手之使用而产生实质损害或混淆误认,广告主仍不得以比较广告之形式搭便车进而获取不正利益;美国则采用反淡化理论对驰名商标的声誉受到的损害提供保护,但仅在利基市场具有声誉的商标不在保护之列。欧盟成员国众多,有的商标整个欧洲驰名,而有的商标则仅在某一个或若干成员国驰名,对声誉商标进行保护显然更适合。而美国出于商标保护政策方面的考虑,将比较广告得以合法存在的范围限定在"混淆、错误陈述和欺骗"之内,即只有当比较广告造成对竞争对手的商

---

❶ 欧洲联盟理事会在1997年第84/450/EEC号指令中给比较广告下的定义是:"任何明确或含蓄地提及竞争者或竞争者商品或服务的广告"。

第六章 我国商标权保护与商业表达自由的平衡

品所使用商标的混淆，或是采用了错误的陈述或是欺骗了消费者，才构成商标侵权；驰名商标的声誉自有已经较为成熟的淡化理论承担保护之责。显然，各国都是从本国现实出发，根据自身法律传统采用应对之道，虽说方式有别，立法目的则无差，可谓异曲同工。❶

我国《商标法》第 13 条第 2 款❷针对驰名商标提供了跨类保护，在《中华人民共和国商标法（修订草案征求意见稿）》中，此条并无变动。《最高人民法院关于审理涉及驰名商标保护的民事纠纷案件应用法律若干问题的解释》第 9 条❸将《商标法》第 13 条进一步具体化为："足以使相关公众认为被诉商标与驰名商标具有相当程度的联系，而减弱驰名商标的显著性、贬损驰名商标的市场声誉，或者不正当利用驰名商标的市场声誉的，属于商标法第 13 条第 2 款规定的"误导公众，致使该驰名商标注册人的利益可能受到损害"。结合人民法院就 LV 诉鑫贵公司和丽都公司一案所做判决，不难发现，我国对驰名商标声誉的保护实际与欧盟的做法一致。最高法的司法解释是在总结我国各地法院司法实践的基础上制定出来的，具有相当的价值，该规定能够为向驰名商标提供与淡化理论同样效果的保护，可考虑在将来通过修改《商标法实施》将其吸收。但正如笔者反复指出的，不以构成混淆误认之虞或造成商标之识别性或信誉之损害为前提的做法，存在损害商业表达自由和破坏公平竞争的风险。为此，笔者认为，

---

❶ 详细论述参见本书第五章第二节。

❷ 第 13 条就相同或者类似商品申请注册的商标是复制、摹仿或者翻译他人未在中国注册的驰名商标，容易导致混淆的，不予注册并禁止使用。

就不相同或者不相类似商品申请注册的商标是复制、摹仿或者翻译他人已经在中国注册的驰名商标，误导公众，致使该驰名商标注册人的利益可能受到损害的，不予注册并禁止使用。

❸ 第 9 条足以使相关公众对使用驰名商标和被诉商标的商品来源产生误认，或者足以使相关公众认为使用驰名商标和被诉商标的经营者之间具有许可使用、关联企业关系等特定联系的，属于商标法第 13 条规定的"容易导致混淆"。

足以使相关公众认为被诉商标与驰名商标具有相当程度的联系，而减弱驰名商标的显著性、贬损驰名商标的市场声誉，或者不正当利用驰名商标的市场声誉的，属于商标法第 13 条第 2 款规定的"误导公众，致使该驰名商标注册人的利益可能受到损害"。

采用印象转移准则有助于判断这种使用行为的可诉性。

禁止第三人使用商标的正当性在于以下事实，该被使用的商标享有声誉，而第三人不当利用了该商标的特殊显著性特征或声誉。如果该特殊显著性特征或商誉未能适当确定，则不当利用的过程也无法适当定义。而判断被利用的适当方法是，关注拥有商誉的商标在人们心中的印象是否发生了转移。商标的显著性意指商标内涵的吸引力，然而禁止利用商标的显著性特征的权利不得被阻止，因为该显著性是商业竞争中固有的属性。根据德国法要求的"印象转移"，只有在消费者可能把某特殊商标的印象或个性元素当作是第三者使用的标志或其相关货物时，该利用才是可诉的。❶目前，印象转移法的要求已经构成欧洲法的一部分，因为欧洲法院在欧莱雅一案的判决中已经能够提到了该印象转移准则，不过在上述案件中没有明确限制搭便车❷；商标在比较广告中的使用还是允许的，除非能证明发生了不公平的印象转移。有学者指出，与仅仅要求利用吸引力程度的商标显著性相比，印象转移的要求有明显的优点；而信息交流的使用，是受到商业表达自由保护的。❸

OLG 汉堡的 Duplo 一案为印象转移的评估提供了很好的例证。该案中，巧克力华夫的生产者，针对剃须刀刀头生产商利用其所拥有的商标 Duplo 的行为提起了诉讼。在法庭的评估中，法庭认为，认定不当利用而侵权的先决条件是印象在产品之间发生了转移。OLG 诉称，"这意味着，消费者有理由认为这两家的产品可以用同一标准来衡量，从而消费者认为，一种

---

❶ P. Ströbele and F. Hacker, *Markengesetz*, Köln：Carl Heymanns Verlag. 727 – 729 (2006). 转引自 Wolfgang Sakulin, *Trademark Protection and Freedom of Expression*, the Netherlands：Boxpress BV, Oisterwijk. 235. (2010).

❷ ECJ 18 June 2009 L'Oréal SA, Lancôme parfums et beauté & Cie SNC, Laboratoire Garnier & Cie v. Bellure NV, Malaika Investments Ltd, trading as "Honey pot cosmetic & Perfumery Sales", Starion International Ltd, Case C-487/07, [2009] ECR I-00000.

❸ Wolfgang Sakulin, *Trademark Protection and Freedom of Expression*, the Netherlands：Boxpress BV, Oisterwijk. 235 (2010).

商品上具有的品质可以毫无疑问地适用于另外一种产品"。❶ 因此，商誉必须是可以转移的并且发生了真正的转移。至于 Duplo 商标，法院认为，巧克力华夫所具有的品质如魅力、摩登格调、吸引力和年轻感染力，是纯粹的"观念的联想"，是自有的、在一定程度上是毫无目的性的，但无法转移到剃须刀刀头上来。尽管法院承认剃须刀刀头可以用与巧克力华夫类似的质量词汇来描述，但法院最终认为，巧克力华夫的这些质量无法转移到剃须刀刀头上来，巧克力华夫的质量与剃须刀刀头的质量属于完全不同的语境。用法院的话来说，"可以这样说，没有人会认为，剃须刀的高品质是源于它使用了与巧克力华夫一样的商标。"❷

可以转移的成分是指在相关商品或者服务之间必须有现实的或者想象的连接点。德国法中的印象转换在以下物品之间是存在的：威士忌与豪华轿车、威士忌与男性化妆品、烟具与服装或提包；但在香烟与旅行设施、或动物食品与教育信息设施之间不存在印象转换。❸ 这一点很重要。就商业表达自由来说，采用印象转换要求具有两大优点。

首先，如果第三人仅仅使用标志的描述性含义，则描述性使用不会落入搭便车的禁止范畴。正如 OLG 汉堡在其 Duplo 案中陈述的："如果商标所选择的内容易于用其描述性内容解释，并且与在先标志没有联系，则该标志没有利用在先商标的显著性。"法院认为，标志 Duplo 是拉丁词，且是德语中众多单词的词根。因此，其通常含义仅被看做是"双重的"。❹ 同样，根据反不公平竞争法，在 Camel Tours 案中，德国联邦最高法院发现，消费者不会把用于香烟的"骆驼"商标与第三人使用在旅游服务中的"骆

---

❶ OLG Hamburg 18 September 2003（Duplo）. 转引自 Wolfgang Sakulin, *Trademark Protection and Freedom of Expression*, the Netherlands：Boxpress BV, Oisterwijk. 236（2010）。

❷ 同上。

❸ P. Ströbele and F. Hacker, Markengesetz, Köln：Carl Heymanns Verlag. 727, 178（2006）. 转引自 Wolfgang Sakulin, *Trademark Protection and Freedom of Expression*, the Netherlands：Boxpress BV, Oisterwijk. 236（2010）。

❹ OLG Hamburg 18 September 2003（Duplo）. 转引自 Wolfgang Sakulin, *Trademark Protection and Freedom of Expression*, the Netherlands：Boxpress BV, Oisterwijk. 236（2010）。

驼旅游"相联系。他们顶多会认为是有骆驼的旅游而已。因此，骆驼商标的商誉没有被利用。❶

采用印象转换的第二个优点是，消费者根本见不着的在元标志或广告词汇中的使用，可能也会落在禁止之外。这种使用对在搜索结果的页面中进行比较非常有帮助，并带给消费者大量的有益信息。在隐藏使用广告词的某案件中，OLG科恩认为，缺少来源指示使用的广告词排除了印象转换的可能。

然而，对于印象转换案件来说，限制搭便车禁令无法提供充分的保障以应对在比较广告、指示性使用或描述性使用中使用商标，比如，我们的产品使用A商标的标准，该使用典型地采用了比较，这样，相互说明的货物或服务及其印象易于转换。为了在这些案件中适当平衡商业表达自由与商标权利，有关不公平的判断标准、理由和限制必须得到全面的适用。

本章小结

他山之石，可以攻玉。研究他人法律制度的情况，不外乎学习借鉴之目的。就商标权利的保护而言，包括商标在内的整个知识产权均呈现出权利扩张和保护强化的态势，然而，正如英国知识产权委员会发布的《整合知识产权与发展政策》所指出的，不管对知识产权采取什么措辞，我们更倾向于把知识产权当成一种公共政策的工具，它将特权授予个人或团体组织完全是为了产生更大的公共利益。为了限制权利的过度扩张、为了保护公共利益，实现私益与公益的平衡，与知识产权的国际条约以及各国立法无不对商标权施加一定的限制。这种限制有助竞争者与消费之间的信息传递，有助于保护使消费者的知情权，降低其购买成本，并在保障商标权人财产权的同时保证了市场竞争的公平，是商业表达自由的一种体现。

比较而言，欧美国家有关商标权利保护与商业表达自由的制度建设较

---

❶ BGH 3 February 2005（Lila Postkarte），GRUR. 583（2005）.

我国更完善。在这个方面，我国无论立法和司法都存在一些不足。首先，我国商标法有关商标合理使用的规定不完善，缺少对指示性使用的规定，存在体系不完整的不足；其次，现有的就商标合理使用加以规制的《商标法实施条例》等规范性文件法律位阶较低；最后，现有立法中有关比较广告中使用他人商标行为的规定也存在不够具体明确、缺乏可操作性等不足，无法满足社会经济发展的需要。

然而，随着我国经济的进一步发展，商标所有人的维权呼声日益高涨，有关商标归属及商标侵权的纠纷不断攀升。从时间上划分，商业表达自由对商标权利的限制主要体现在商标权授予及商标权利行使两个阶段。我国采用的是商标注册主义，因此，商标注册主管机关对描述性标志、通用标志及缺乏显著性标志的注册申请的核准，直接影响到其他经营者的使用同一标志进行商业表达、向消费者传递有关产品和服务信息的自由，也给市场竞争带来不良影响，不利于经济发展。事实上，在商标权的授予与商业表达自由的平衡问题上，我国现有的关于商标注册条件的规定较为完备，对两者关系的协调主要由主管机关通过具体工作来完成，因此，商标权的授予应当充分考虑各方利益，慎重决定，以避免损害公平竞争。

在商标权行使过程中，商标所有人的排他权利与第三人使用其商标的自由经常发生冲突，冲突激化的结果往往是诉讼。我国相关立法虽不完善，但司法机关必须履行其审判职责，在审理中，起诉方主张侵权，而被诉方通常以合理使用等理由进行抗辩。总体而言，人民法院对此类案件的处理结果都取得了良好的社会反响，同时积累了丰富的经验，但各地法院在看法上有分歧，有些案件的处理也存在一些问题，需要通过立法加以明确或解决。

商标权无疑应当保护商标权，但任何权利都自有其边界，商标法也不例外。笔者承认，商标立法的历史是商标权利不断扩张的历史，但还应当看到，它也是一部不断完善对商标权利的限制、平衡私益与公益的历史。因此，笔者建议：在总结欧美国家经验的基础上，从保护商业表达自由的立场出发，商标注册主管机关应当尤其注意对描述性标志的判断以及通用名称和广告用语注册申请的审查，以避免过度限制竞争。完善商标合理使用制度的关键是立法明确规定指示性使用，可以考虑借商标法修改的契机将其纳入。

另外，商家往往通常在比较广告使用他人商标来突显自己的产品或服务，此使用行为可同时构成商标侵权和不正当竞争。驰名商标是商标法保护的重点，欧美各自采取了适合本国的保护途径，就目前积累的司法经验来看，我国对驰名商标声誉的保护实际与欧盟的做法一致，即如果对他人商标人的使用足以使相关公众认为被诉商标与驰名商标具有相当程度的联系，而减弱驰名商标的显著性、贬损驰名商标的市场声誉，或者不正当利用驰名商标的市场声誉的，不属于正当合理的使用。比较广告中的商标使用行为有其特殊之处，并且不是所有的比较广告都损害了他人商标的声誉，考虑到不以构成混淆误认之虞或造成商标之识别性或信誉之损害为前提对驰名商标进行保护可能给商业表达自由带来的风险，因此，笔者建议采用印象转移准则来判断这种使用行为的可诉性。

结 论

商标法律保护的原理不同于专利权和著作权，它不是基于著作权法和专利法中涉及智力成果的创造而产生的专有权，而是基于商标这种识别不同市场主体的标志而建立的、涉及营销努力的规则。❶ 商标的保护使商标与特定的商品联系，从而使经营者可以通过商标建立自己的声誉，带动商品或服务的销售，实现最佳经济效益。因此，商标制度具有竞争功能，它不仅要保护商标所有人的权利，还要维护消费者的利益，调整商标所有人与其竞争者之间的利益冲突。

作为人为创设的符号，商标标志受法律保护的理论基础是商标的特性与功能。商标作为指称者，具有指称作为客体的商品或服务的功能性价值，所携带的意义则是特定商品或服务的出处、与其他生产经营者的区别以及其生产者或销售者的商誉，某种品位、身份甚至社会地位。商标的作用就是：作为一种符号，来引导消费者消费；作为区分商品或服务之间差异的手段，让消费者通过商标认知商品进而影响其购买决定。为此，商标被赋予专有权的内容，并通过禁止他人在相似或不相似的商品或服务上使用其商标以避免混淆，禁止他人利用其商标的声誉及显著性进行不公平竞争，来保障商标所有人权利的实现。尽管赋予商标权利人就商标符号享有排他和独占的权利在法律上具有正当的理由，但商标权赋予商标所有人的禁止权具有限制模仿和竞争的效用，不可避免地影响到自由竞争。就商标的法律保护取得与商业表达自由之间的关系而言，可得出如下结论：

---

❶ 冯晓青：《知识产权法利益平衡理论》，中国政法大学出版社2006年版，第129页。

（1）基于分配正义这一最基本的前提，商标权这一财产权、排他权排除了第三人对商标符号的多种使用方式，阻碍了第三人提供信息和交流信息，因此需要若干理论基础的支持，以证明其正当性。

现有用于解释或者论证私人财产权正当性、并符合这些标准的大部分理论，可分为两大类。第一类是功利主义理论或者说结果主义理论，它们强调赋予权利的效益或者经济结果。第二类理论关注的是，在个人相互尊重权利和自由的社会契约背景下，财产权利主体在道德或伦理层面享有的权利持有资格，财产权利资格因此可以在劳动理论中寻找到依据。商标在贸易中具有标示商品来源、区分产品、表彰商业信誉、品质保障及广告宣传等功能。法律针对商标的不同功能而分别授予商标所有人两种权利：禁止混淆的权利和反对搭便车、模糊（弱化）、玷污（丑化）的权利。前一权利用于保护商标表彰来源、区分产品功能及品质保证的功能，后一权利用于保护商标的商誉承载功能和广告宣传功能。其中，商标承载商誉和广告的功能明显不同于另外三项功能。表彰来源、区分产品和品质保障的功能既有利于经营者，也有利于消费者。这意味着，对它们的法律保护因为这种整体利益的一致性而具有正当性和合理性。对商标权搜寻成本和动态效益的经济分析，无疑可以为保护商标、反对混淆提供正当性，用于对商标识别和区分基本功能的保护。但商标承载信息功能和广告宣传功能的主要受惠者却是商标所有人，由于对商标的这两项功能是通过限制、约束第三人的使用以保护商标的显著性和商誉来实现的，这意味着其正当性需要更多的理论支持。洛克的劳动理论可以扩展后的形式适用，为商标的显著性特征和商誉的保护提供正当性，但相关经济原理、道德与公平理论并不能为商标权利提供全部的正当性依据。传统法理和学说所采用的"功能路径"，没有考虑到商标权会对第三人表达自由构成限制的事实，没有对需要保护的第三人的权益及其比例给予足够的关注，因此需要转而求助表达自由的理论基础。

（2）商标权自有其正当性，但它也并非不受限制的权利。如今的商标，随着商业作用的变化、交流功能的发展以及新媒体的出现，已经从标示符号发展成为交流工具,承载着有关商品和服务的信息利益。商标法赋予商标所有人的禁止权排斥竞争者对商标符号的使用,这种保护给其他竞争者使用商标符号进行交流带来了负担,二者因此发生了冲突。商业表达自由的正当性建立在商业表达对当代社会公民所具有的积极效用的基础上。正如非商业表达自由对民主政治的意义与作用,商业表达自由也是市场经济和公平竞争不可缺少的必要内容。信息、思想、观点的自由流通对于市民社会的理性运转来说是必不可少的,如果交流的渠道被关闭或者扭曲了,那么理性的市场经济也是不可想象的。❶

商业表达自由源自消费者获取有关商品或服务的不同信息的利益,而这种利益反射为经营者向消费者信息的权利。这种理由与搜寻成本理论相类似,授予商标所有人商标权的理由是制止市场中的混淆,而支持商业表达自由的依据则是允许消费者将商标作为获取更多信息的工具。对(潜在的)消费者来说,提供信息的自由是理所应当的。目前的商标法已经给予商标权人过多的保护,可以说,商标法对商标权利与第三人商业表达自由的保护已经失衡。无论如何,确保消费者接受充足的信息以保护其权益是商标法的基础,商业表达自由为商标法对商标权利的限制提供了正当理由。虽然商业表达无疑也会带来一些直接的不良影响,例如欺骗误导的信息和香烟之类有害的产品,但其积极效应远远超过消极效应,并且法律在商业表达自由的管制上留有更多的余地;与之相应的是,商业表达自由所受到的法律保护也就弱于非商业表达。

(3)标志是否可以作为商标注册,根本条件在于是否具有显著性。然而,商标在实际使用之前获准注册也可能在经济上是没有效率或者效率低下的,特别是在某些标志符号被注册锁定而带来的其他经营者无权使用的情况下。纵观有关商标注册应当具备显著性的要求,实质是最低限度的显著性标准。这是一个相当宽松的标准,显著性的评估如果仅仅局限于商标

---

❶ 邓辉:"言论自由原则在商业领域的拓展——美国商业言论原则评述",载《中国人民大学学报》2004 年第 4 期。

所有人的视角，必然会妨碍市场竞争、损害消费者获得有关商品或服务信息的权利，并最终影响经济的发展。因此，对商标显著性的判断已经不应当局限于消费者的视角。在处理有关商标权争议时，在保护消费者合法权益和商标所有人商标权的同时，需要进一步从竞争政策出发，考虑其他经营者使用某一标志的合理性。如果从表达自由的角度考虑，就特定标志授予商标权将妨碍市场竞争，阻碍了经营者向消费者提供信息或进行交流，则有关注册将被驳回，已经注册的商标亦得撤销。

（4）法律之所以授予经营者以商业表达自由，是考虑到商业信息的自由流通给消费者带来的信息利益。为了避免与商标注册制度并存的负面效应，商标立法往往从反面针对商标注册申请的拒绝规定了相应的理由。总体看来，与商业表达自由相关的理由主要有描述性标志、通用名称和缺乏显著性的标志。在对商标注册申请进行审查的过程中，对商标显著性的判断不可仅仅于局限于消费者的视角，还需要从商业表达自由的角度出发，考虑商标权利的授予是否会妨碍市场竞争，是否会阻止经营者向消费者提供信息或进行交流。

（5）描述性标志不仅是指那些直接描述"产品或服务特征"的标志，还包括描述产品或服务环境或条件的标志，或被使用者理解为赞美的标志。此外，如果这些标志在特定领域具有极其重要的主要含义，则即使没有以直接方式描述商品或服务的特征，也应当构成拒绝注册的理由。从表达自由的角度审视，拒绝将描述性标志注册为商标的最重要理由是，这类标志在有关商品和服务的属性、特征的信息交流中有着极其重要的作用，为了保护作为商品和服务提供人的经营者与作为商业表达接受人的消费者的共同利益，立法需要拒绝描述性标志的注册诉求，将此类标志留下供所有人免费使用。有关描述性的判断标准可以简要分解为三点：①描述不需要与基本特征相关；②只要标志所有一个描述性的含义就为充分条件；③无论是否为同义词，只要间接描述性标志或者部分描述性标志具有多重含义或者含义含糊，其商标注册申请都应当驳回。

（6）通用标志是指某一类或者某一种产品或服务的名称或标志。有关拒绝描述性标志注册为商标的理由，同样适用于对通用标志注册申请的拒绝商标。从表达自由的角度审视，将通用标志留待公众自由使用具有重要意义。为了有效地与消费者交流，所有的经营者都需要使用这些通用标志。在通用标志被独占的情形下，其他经营者不得不舍弃原本常用的标志，采用其他诸如发明新名称或使用其他不够确切的称呼等方式或途径将产品或服务的相关信息传递给消费者，这不仅带来了表达上的不经济，更增加了其他竞争者的经济成本，还给消费者带来了购物上的不便，增加了他们的搜索成本。这类仅由在现代语言中或在善意和公认的商务实践中已经成为惯用的标志或名称构成的标志，通常不予注册。换言之，在相关行业人员看来，一个标志表示普遍意义上的一种产品或服务，而非表示来自某一具体商业来源的产品或服务的，可被认为已成为通用名称。缩写通常也包括在通用标志范围内，因为只有在其已成为惯用的之后其含义才可被了解。商标图形要素是商品和服务的常用指称，或者已成为标准指称的，也可以包括在内。❶

（7）商标权的授予可能以一种损害第三人表达自由的方式实施，拒绝注册缺乏显著性的标志因此可能对限制商标权利的授予起到帮助作用，从而对源自表达自由的公共利益也产生了一部分效用。对标志是否具有显著性的评判，涉及有关商品或服务的消费者是否会将某一标志看作特定来源的指示符号这一问题。消费者是一个法律概念，在评估时需要考虑其变动。❷ 拒绝缺乏性标志注册的理由必须根据"相关公众的感知"来评估，所谓相关公众是指"理性的、信息充足的、善于观察和谨慎周密的标准消费者"。❸ 根据拒绝注册的理由，对颜色标志、颂扬标志和广告标语等标志

---

❶ www.wipo.int/sct/zh/meetings/pdf/wipo_ strad_ inf_ 5.pdf，访问日期：2011 年 1 月 7 日。

❷ J. J. C. Kabel, Rechter en publieksopvattingen: *feit, fictie of ervaring? Over de beoordeling door de rechter van commerciële communicatie* (oratie: UvA), Amsterdam: Otto Cramwinckel Uitgever. (2005).

❸ ECJ 12 February 2004 Koninklijke KPN Nederland v. Benelux-Merkenbureau ("Postkantoor"), Case C-363/99, [2004] ECR I- 01619.

而言，只有在商标注册机构发现消费者将此类标志看作对商品的赞美而不是特定来源时，或者消费者将 T 恤上的口号和广告用语看做一种观点的表达而不是显著性标志的时候，这些标志才被拒绝注册为商标。

（8）源自表达自由的公共利益为竞争者的描述性使用、指示性使用及比较广告中的合理使用提供了正当性。在商标权利人禁止第三人通过使用商标这样有效的方式与消费者交流的情况下，竞争者的商业表达自由可能受到侵犯。通常情况下，这些使用行为都会落入商标禁止权的范围，在判断有关使用行为是否属于合理使用时，应当注意，显著性、货物或服务之间的相似性以及标志之间的相似性可能互相补偿，也可能出现仅有部分消费者混淆的情形。不能说这些使用对商标的功能完全没有影响，但只要不存在混淆，就不能妨碍或限制人们为了指示商品或服务的用途或者为了向消费者传达有关商品或服务的资讯而使用他人商标的自由。

（9）在没有混淆的情形下，商标法对商标显著特征和声誉的保护赋予了商标权人强大的禁止权利，该做法可能引发商标权利的不当扩张、以致损害第三方经营者的商业表达自由。由于此种保护不以混淆为要件，在具体适用中必须考虑竞争者的正当利益诉求。在混淆之虞以外保护商标的声誉，其经济原理在于标志所享有的声誉通常是密集投资的成果，给予额外的保护是为了进一步刺激投资。因此，此种保护只有在当所保护的权利毫无疑问的是权利人通过自己的努力获取的时候，才具有正当性。

（10）就我国商标法律制度的完善而言，立法机关应当借商标法修改的契机在完善有关指示性使用和比较广告的成文规定、商标注册主管机关在审查中应当注意考虑竞争者的利益、司法机关在保护商标的显著性和商标声誉的过程中，可以考虑采用印象转移准则帮忙判断这种使用行为的可诉性。总之，从表达自由的角度来看，我国商标法律制度有必要为第三方经营者的告知义务和消费者相应的知情权留下更多的空间。

参考文献

一、中文文献

（一）著作

［1］卞耀武主编．当代外国商标法［M］．北京：人民法院出版社，2003．

［2］曹新明主编．知识产权法学［M］．北京：中国人民大学出版社，2008．

［3］曹新明．知识产权制度法典化问题研究［M］．北京：北京大学出版社，2010．

［4］曹新明．知识产权保护战略研究［M］．北京：知识产权出版社，2010．

［5］崔立红．商标权及其私益扩张［M］．北京：山东人民出版社，2003．

［6］陈宗明．符号世界［M］．武汉：湖北人民出版社，2004．

［7］胡开忠．知识产权法比较研究［M］．北京：中国人民公安大学出版社，2004．

［8］黄海峰．知识产权的话语与现实——版权、专利与商标史论［M］．武汉：华中科技大学出版社，2011．

［9］黄晖．驰名商标和著名商标的法律保护［M］．北京：法律出版社，2001．

［10］李彬．符号透视：传播内容的本体诠释［M］．南京：复旦大学出版社，2003．

［11］李茂堂．商标新论［M］．台北：元照出版社，2006．

［12］李明德．美国知识产权法［M］．北京：法律出版社，2003．

［13］刘孔中．商标法上混淆之虞之研究［M］．台北：五南图书出版公司，1997．

［14］李琛．论知识产权的体系化［M］．北京：北京大学出版社，2005．

[15] 李扬,等. 知识产权的合理性、危机及其未来模式[M]. 北京:法律出版社,2003.

[16] 罗东川,马来客. 知识产权名案评析[M]. 北京:经济日报出版社,2001.

[17] 马东岐,康为民. 中华商标与文化[M]. 北京:中国文史出版社,2007.

[18] 彭学龙. 商标的符号学分析[M]. 北京:法律出版社,2005.

[19] 邵建东. 德国反不正当竞争法研究[M]. 北京:中国人民大学出版社,2001.

[20] 文学. 商标使用与商标保护研究[M]. 北京:法律出版社,2008.

[21] 王迁,王凌红. 知识产权间接侵权研究[M]. 北京:中国人民大学出版社,2008.

[22] 王莲峰. 商标法案例教程[M]. 北京:清华大学出版社,2008.

[23] 薛虹. 网络时代的知识产权法[M]. 北京:法律出版社,2000.

[24] 郑其斌. 论商标权的本质[M]. 北京:人民法院出版社,2009.

[25] 张平. 网络知识产权及相关法律问题透析[M]. 广州:广州出版社,2000.

[26] 张玉敏,等. 中国欧盟知识产权法比较研究[M]. 北京:法律出版社,2005.

[27] 李琛. 论知识产权法的体系化[M]. 北京:北京大学出版社,2005.

[28] 朱谢群. 创新性智力成果与知识产权[M]. 北京:法律出版社,2004.

[29] 吴汉东,胡开忠. 无形财产权制度研究[M]. 北京:法律出版社,2005.

[30] 吴汉东,等. 走向知识经济时代的知识产权法[M]. 北京:法律出版社,2002.

[31] 吴汉东,等. 知识产权基本问题研究[M]. 北京:中国人民大学出版社,2005.

[32] 郑成思. 知识产权法[M]. 北京:法律出版社,2003.

[33] 曾陈明汝. 商标法原理[M]. 北京:中国人民大学出版社,2003.

[34] [美] 麦克约翰. 知识产权法案例与解析（英文版）[M]. 北京：中信出版社, 2003.

[35] [美] 米勒, 戴维斯. 知识产权法（英文版）[M]. 北京：法律出版社, 2004.

（二）论文

[36] 蔡向华. 商号权与商标权的冲突和救济 [J]. 福建行政学院福建经济管理干部学院学报, 2006（1）.

[37] 崔立红. 商标权利益选择的合理性评价 [J]. 法学论坛, 2002（6）.

[38] 陈永平. 市场竞争中商标保护法律问题研究 [D]. 武汉大学法学院, 2002.

[39] 邓辉. 言论自由原则在商业领域的拓展——美国商业言论原则评述 [J]. 中国人民大学学报, 2004（4）.

[40] 邓炯. 中国解决域名抢注争端的司法实践与评析——兼论我国域名管理体制与争端解决机制的完善 [J]. 科技与法律, 2000（2）.

[41] 邓舟. 论我国驰名商标保护异化的回归 [J]. 法制与社会, 2011（11）.

[42] 丁尔苏. 符号学研究——世界与中国 [J]. 中国比较文学, 1994（2）.

[43] 段建强. 地名商标注册问题 [J]. 中华商标, 2011（4）.

[44] 冯晓青. 试论知识产权扩张与利益平衡 [J]. 湖南文理学院学报（社会科学版）, 2004（2）.

[45] 冯晓青. 商标法的竞争性利益平衡机制探讨 [J]. 中华商标, 2005（7）.

[46] 冯晓青. 商标权的限制研究 [J]. 学海, 2006（4）.

[47] 符正. 商标权与商号冲突的解决之道 [J]. 中华商标, 2011（1）.

[48] 高荣林. 驰名商标的另类保护方式探讨 [J]. 法治论丛, 2010（5）.

[49] 高荣林. 商标领域合理使用的检讨与重构 [J]. 中华商标, 2011（2）.

[50] 郭宜, 宇晖. 七匹狼商标权之争 [J]. 中国审判, 2006（3）.

[51] 耿俊德. 简论《保护工业产权巴黎公约》中的竞争法律制度 [J]. 经济经纬, 1997（3）.

[52] 顾霞. 从商标的显著性看我国商标权的取得 [J]. 法制与社会, 2007

（11）．

［53］古祖雪．论国际技术贸易中的知识产权限制［J］．当代法学，2005（2）．

［54］胡继先，杨成国．商标近似中的比对方法及混淆可能性认定［J］．人民司法，2010（16）．

［55］黄晖．商标权利范围的比较研究［D］．中国社会科学院研究生院，2000．

［56］黄倩怡．论美国法上商标权侵害之合理使用——以商业性言论为主［D］．"国立"中正大学法律学研究所，2007．

［57］康泰．浅析商标法对商标权的保护和限制［J］．深圳大学学报（人文社会科学版），1992（1）．

［58］姜海洋．角色商品化的商标法保护［J］．中华商标，2007（8）．

［59］贾莎莎．浅析网络搜索引擎所涉及的商标权保护问题［J］．北京邮电大学学报（社会科学版），2010（6）．

［60］金多才、张力．商标权、企业名称权相互冲突的法律思考［J］．河南省政法管理干部学院学报，1998（2）．

［61］金多才．商标法中的在先权制度探析［J］．人民司法，2002（3）．

［62］孔祥俊．商业标志权利冲突司法处理的逻辑标准与政策标准［J］．清华法学，2007（2）．

［63］赖文平．商业名称与商标之冲突［D］．中国政法大学博士论文，2002．

［64］李艳．论英国商标法与反不正当竞争法的关系［J］．知识产权，2011（1）．

［65］吕珊．''驰名''不能赢者通吃——三地"好太太"对簿公堂［J］．中华商标，2006（9）．

［66］吕国强．知识产权的权利冲突及其协调机制［J］．人民司法，2005（12）．

［67］刘维．我国商标侵权的法律构造研究——以混淆可能性为中心［J］．研究生法学，2010（5）．

［68］黎长志，余建强．"兔巴哥"不等于"BUGSBUNNY"［J］．中华商标，

2002（8）．

[69] 李飞．商号权与商标权冲突：一个解释性视角［J］．商事法论集，2008（1）．

[70] 李冬泳．商标权价值的经济分析［J］．经济与社会发展，2007（3）．

[71] 李靖海．商标权之间冲突的法律适用问题［J］．中华商标，2005（10）．

[72] 林婉琼．关键词广告商标侵权问题再探［J］．研究生法学，2010（5）．

[73] 李巧兰．皮尔斯与索绪尔符号观比较［J］．福建师范大学学报（哲学社会科学版），2004（1）．

[74] 李小武．商标反淡化研究［D］．中国社会科学院研究生院博士论文，2010．

[75] 罗晓霞．论商标法的多元价值与核心价值——从商标权的"行"与"禁"说起［J］．知识产权，2010（2）．

[76] 孟静，李潇湘．事实与经验——商标混淆可能性的要素分析［J］．宁夏大学学报（人文社会科学版），2011（2）．

[77] 孟静，李潇湘．商标混淆可能性认定问题探析［J］．法学杂志，2011（4）．

[78] 潘晓宁．商标权限制制度比较研究——以美国法和欧盟法为中心［D］．华东政法大学博士论文，2010．

[79] 裘桂华．商标权保护范围的确定应考察立法本意［J］．中华商标，2009（10）．

[80] 钦国巍．商标指示性合理使用的判断标准［J］．郑州轻工业学院学报（社会科学版），2011（1）．

[81] 邱平荣，张大成．试论商标法中在先权的保护与限制［J］．法制与社会发展，2002（3）．

[82] 宋红松，刘君．商标权的限制与漏洞补充［J］．中华商标，2002（2）．

[83] 宋建宝．论商标权的本质及其异化［J］．知识产权，2011（1）．

[84] 汤艳春．我国驰名商标反淡化保护立法研究［J］．长春理工大学学报（社会科学版），2011（2）．

[85] 唐广良．美国"反网域霸占法"确立的域名争议规则［J］．环球法律评

论，2001（1）.

［86］王半牧. 抢注域名行为及其法律适用［J］. 法律适用（国家法官学院学报），2001（9）.

［87］汪堂家. 记号、符号及其效力——从哲学与符号学的观点看［J］. 复旦学报（社会科学版），2004（3）.

［88］王莲峰. 驰名商标异化的法律规制［J］. 河南省政法管理干部学院学报，2010（6）.

［89］王思锋. 透析驰名商标法律保护困境——兼论经济法的介入［J］. 河北法学，2011（5）.

［90］王艳丽. 论商标权的限制［J］. 当代法学，2002（2）.

［91］汪泽，徐琳. 商标注册制度下对在先使用商标的保护［J］. 中华商标，2010（12）.

［92］汪正. "鸭王"商标确权案：保护在先权利要与维护市场秩序相协调［J］. 中华商标，2011（3）.

［93］韦家蓓. 与商标权相关的域名纠纷的法律问题探析［J］. 黑龙江省政法管理干部学院学报，2010（4）.

［94］徐杰. 我国驰名商标的退出机制［J］. 中华商标，2011（1）.

［95］徐莉. 驰名商标反淡化理论正当性之法理依据［J］. 求索，2011（3）.

［96］徐琳. 从"鲁锦"商标侵权案看商标通用名称的判定及其合理使用［J］. 理论界，2010（12）.

［97］薛虹. 域名抢注的法律分析［J］. 科技与法律，1999（1）.

［98］杨波. 从关联理论视角看商标翻译的实质［J］. 淮海工学院学报（社会科学版），2011（5）.

［99］姚洪军. 驰名商标相关法律问题研究［D］. 中国社会科学院研究生院博士论文，2009.

［100］杨建锋. 论 TRIPs 协定下商标注册制度［D］. 复旦大学博士论文，2009.

［101］杨红军. 欧美限制商标权利新动向［J］. 中华商标，2006（2）.

［102］叶强. 我国商标侵权治理的制度因素研究［D］. 南京航空航天大学博

士论文，2009.

[103] 赵娟，田雷. 论美国商业言论的宪法地位——以宪法第一修正案为核心[J]. 法学评论，2005（6）.

[104] 张江莉. 域名保护的法律与经济分析[J]. 经济学，2002（3）.

[105] 郑成思. 伯尔尼公约与我国著作权法的权利限制[J]. 法律科学（西北政法学院学报），1992（5）.

[106] 郑成思. 私权、知识产权与物权的权利限制[J]. 法学，2004（9）.

[107] 朱凡，刘书琼，张今. 商标撤销制度中"商标使用"的认定[J]. 中华商标，2010（12）.

[108] 朱兰萍. 我国驰名商标法律制度的完善——以驰名商标权利滥用及规制为视角[J]. 法制与社会，2011（10）.

[109] 张术麟. 企业商业标志权法律保护问题研究[D]. 中央民族大学博士论文，2006.

[110] 张再平，闫春德. 未注册中文译名商标的法律保护与司法实践评析[J]. 今日财富（中国知识产权），2010（10）.

（三）译著

[111] [澳] 彭道敦，李雪菁. 普通法视角下的知识产权[M]. 谢琳，译. 北京：法律出版社，2010.

[112] [德] 彼得·德霍斯. 知识财产法哲学[M]. 周林，译. 北京：商务印书馆，2008.

[113] [法] 波德里亚. 消费社会[M]. 刘成富，译. 南京：南京大学出版社，2006.

[114] [美] 韦斯顿·安森. 知识产权价值评估基础[M]. 李艳，译. 北京：知识产权出版社，2009.

[115] [美] Jay Dratler, Jr. 知识产权许可[M]. 王春燕，等，译. 北京：清华大学出版社，2003.

[116] [美] 墨杰斯，等. 新技术时代的知识产权法[M]. 齐筠，等，译. 北京：中国政法大学出版社，2003.

[117] [美] 威廉·M. 兰德斯，理查德·A. 波斯纳. 知识产权法的经济结构

［M］．金梅军，译．北京：北京大学出版社，2005．

［118］［日］富田彻男．市场竞争中的知识产权［M］．廖正衡，等，译．北京：商务印书馆，2000．

［119］［瑞士］索绪尔．普通语言学教程［M］．高名凯，译．北京：商务印书馆，1980．

［120］［意］翁贝尔托·埃科．符号学与语言哲学［M］．王天青，译．北京：百苑文艺出版社，2006．

［121］［英］霍克斯．结构主义和符号学［M］．翟铁鹏，译．上海：上海译文出版社，1987．

二、外文文献

(一) 著作类

［1］A. Kamperman Sanders. Unfair Competition and Ethics［M］//L. Bently, S. M. Maniatis. Intellectual Property and Ethics. London: Sweet & Maxwell, 1998.

［2］D. Scott, A. Oliver, M. Ley-Pineda. Trade marks as property: a philosophical perspective［M］//L. Bently, J. Davis, J. C. Ginsburg. Trade Marks and Brands: An Interdisciplinary Critique. Cambridge: Cambridge University Press, 2008.

［3］Frank I. Schechter. The Historical Foundations of the Law Relating to Trade-marks［M］. New York: Columbia University Press, 1925.

［4］Jacob Jacoby. The Psychological Foundations of Trademark Law: Secondary Meaning, Acquired Distinctiveness, Genericism, Fame, Confusion and Dilution［M］. NYU, Ctr for Law and Business Research Paper No. 00-03 The Trademark Reporter, Vol. 91, 2001.

［5］Jeremy Phillips. Trade Mark Law: A Practical Anatomy［M］. Oxford University Press, 2003.

［6］Jeremy Plillips. Trade Mark at the Limit［M］. MPG Books Ltd, Bodmin, Cornwall, 2006.

[7] Jeremy Plillips, llanah Simon. Trade Mark use [M]. NewYork: Oxford University Press, 2005.

[8] J. T. McCarthy. McCarthy on Trademarks and Unfair Competition [M]. Eagan: Thomson Reuters/West, 2008.

[9] L. Altman, M. Pollack. Callmann on Unfair Competition, Trademarks and Monopolies [M]. Eagan: Thomson Reuters/West, 2008.

[10] L. Bently, B. Sherman. Intellectual Property Law [M]. Oxford: Oxford University Press, 2004.

[11] Merges, Menell, Lemley: Intellectual Property in the New Technological Age [M]. Third edition, 2003.

[12] R. A. Shiner. Freedom of Commercial Expression [M]. Oxford: Oxford University Press, 2003.

[13] R. A. Smolla, R. L. Steinheimer. Smolla & Nimmer on Freedom of Speech [M]. Eagan: West, 2009.

[14] R. Coase. Advertising and Free Speech//A. Hyman and M. B. Johnson. Advertising and Free Speech [M]. D. C. Heath and Company, 1977.

[15] Roger Shuy. Linguistic Battle in Trademark Disputes [M]. Antony Rowe Ltd, Chippenham an Eastbourne, 2002.

[16] Ronld R. Buters. A Linguistic Look At Trademark Dilution [M]. Santa Clara University School Of Law Volume 24, Number 3 2007 – 2008.

[17] Wolfgang Sakulin. Trademark Protection and Freedom of Expression [M]. The Netherlands: Boxpress BV, Oisterwijk, 2010.

[18] W. R. Cornish. Intellectual Property: Patent, Copyright, Trademarks and Allied Rights [M]. UK: Sweet and Maxwell, 1981.

（二）杂志类

[19] Barton Beebe, The Semiotic Analysis of Trademark Law [J]. 51 UCLA L. Rev. 621.

[20] Bruce E. H. Johnson, Kyu Ho Youm. Commercial Speech and Free Expression: The United States and Europe Compared [J]. Journal of International

[21] E. Claeys. Takings, Regulations, and Natural Property Rights [J]. Cornell Law Review, 2003 (88).

[22] G. Calabresi, A. D. Melamed. Property Rules, Liability Rules, and Inalienability: One View of the Cathedral [J]. Harvard Law Review, 1972 (85): 1089~1128.

[23] Graeme W. Austin. Tolerating Confusion About Confusion: Trademark Policies And Fair Use [J]. Arizona Law Review, VOL. 50: 157.

[24] Irene Calboli. Trademark Assignment "With Goodwill": A Concept: Whose Time Has Gone [J]. Florida Law Review, 2005, 57.

[25] M. A. Lemley, S. L. Dogan. Trademarks and Consumer Search Costs on the Internet [J]. Huston Law Review, 2004 (41).

[26] Margreth Barrett. Reconciling Fair Use And Trademark Use [J]. Cardozo Arts & Entertainment Law Journal, Vol. 28: 1 . 1 −63.

[27] Mark Bartholomew. Marking A Mark In The Interent Economy: A Trademark Analysis Of Search Engine Advertising [J]. Oklahoma Law Review, Vol. 58: 179.

[28] N. Klein. No Logo: No Space, No Choice, No Jobs [J]. NewYork: Picador 2000.

[29] Pendleton. Excising Consumer Protection——The Key To Reforming Trade Mark Law [J]. Intellecutal Property Journal, 1992 (110).

[30] Rebecca Tushnet. Trademark Law As Commercial Speech Regulation [J]. South Carolina Law Review, Vol. 58: 737.

[31] R. G. Bone. Hunting Goodwill: A History of the Concept of Goodwill in Trademark Law [J]. Boston University Law Review, 2006 (86).

[32] T. D. Drescher. The Transformation and Evolution of Trademarks - From Signals to Symbols to Myth, Trademark Reporter, 1992 (82).

[33] William M. Landes, Richard A. Posner. Trademark Law: An Economic Perspctive [J]. Journal of Law and Economics, 1987, 30 (2): 265 −309.

[34] W. J. Gordon. A Property Right in Self-Expression: Equality and Individualism in the Natural Law of Intellectual Property [J]. Yale Law Journal, 1993 (102): 1533 – 1609.

（三）其他

[35] Kamil Idris, Intellectual Property -A Power Tool for Economic Growth, URL: http://www.wipo.int/about-wipo/en/dgo/wipo_ pub_ 888/index_ wipo_ pub_ 888.html.

[36] Tamara R. Piety, Against Freedom Of Commercial Expression URL: www.cardozolawreview.com/content/29-6/PIETY.29.6.pdf.

[37] Michael Rishton, Economic Analysis of Freedom of Expression, URL:

[38] http://digitalarchive.gsu.edu/cgi/viewcontent.cgi? article = 2551&context = colpub_ review&sei-redir = 1#search = "Economic + Analysis + of + Freedom + of + Expression".

[39] Paul J. Heald & Robert Brauneis, Trademark Infringement, Trademark Dilution, and the Decline in Sharing of Famous Brand Names: An Introduction and Empirical Study, George Washington University Law School, Public Law & Legal Theory Research Paper Series, August 20, 2010 [R].

后 记

　　研读知识产权实属机缘巧合,能进入中南财经政法大学攻读此专业,乃人生快意之事,至今犹记自己得知考上博士时的欣喜。时光如流水,回顾几年的学习和生活,感触良多,老师、同门及家人的帮助与支持,伴随我一路走过。如果没有他们,很难想象自己是否能够如此顺利地完成学业。

　　首先,感谢导师曹新明教授。恩师是知识产权的专家,思维开阔、心胸宽广。恩师对学生关怀备至,在学生困惑的时候,指点迷津;在学生困难的时候,提供帮助。无论在学业还是在生活上,恩师都给予悉心指导,感激之情,铭记肺腑。毕业论文的完成,得益于恩师的谆谆教导,从选题到修改乃至完成,无不受到导师的启发和指导。可以说,恩师的学识、人品和敬业精神,使学生终身受益。

　　其次,要对知识产权中心的吴汉东教授、赵家仪教授、胡开忠教授、彭学龙教授、梅术文教授等,表示诚挚的谢意。感谢知识产权中心所有给我传道、授业、解惑和提供帮助的老师,你们的关心和协助,使我得以顺利完成研究生学业。另外,要特别感谢华南师范大学的梁志文教授,为我提供的资料,如雪中送炭。

　　感谢我的同门和法学院的同学,正是你们,陪我度过这人生难忘的经历,留下诸多美好而弥足珍贵的记忆。

　　特别感谢我的丈夫和父母。读书期间的诸多家事和沉重的经济负担,本应由自己大力承担,却最终落在了他们的身上。家人的付出,是那么无私和诚挚,我终此一生不敢忘怀,唯愿将来事业有所成,能回报一二。